■基礎コース［法学］─6■

|基礎コース|

商法 I
総則・商行為法 手形・小切手法

第4版

丸山 秀平

新世社

第4版はしがき

　今回の改訂では，まず，平成29（2017）年5月に成立し，6月に公布された「民法の一部を改正する法律」（以下「民法改正法」）（平成29年法律第44号）および「民法の一部を改正する法律の施行に伴う関係法律の整備等に関する法律」（以下「整備法」）に対応し，記述を改めている。民法改正法は，民法の債権関係を中心とする規律を改正したものであり，整備法は，民法改正法によって改められた用語や規制に相応して，民法以外の法律についても改めるべき部分を法律ごとに明らかにしたうえ，当該法律の改正に伴う経過措置を定めたものである。

　続いて，平成30（2018）年5月に，「商法及び国際海上物品運送法の一部を改正する法律」（以下「平30年商法改正法」）（平成30年法律第29号）が成立・公布された。この平成30年商法改正法によって，商法の表記の口語化が完了された。そこで，本書の記述のうち商行為法に関する部分を中心に，関連する表記や規制内容について必要な補正を行った。

　なお，電子記録債権法を取り上げた「第2編　XX　手形の電子化」についても解説を拡充した。

　2018年8月

丸　山　秀　平

第3版はしがき

　今回の改訂にあたって，2005年の第2版刊行以降の法改正や新たな判例を取り込むことにした。法改正のうち，主なものは，2007年6月27日に公布され，2008年12月1日から施行されている「電子記録債権法」（平成19年6月27日法律第102号）である。これに関しては，「第2編　XX　手形の電子化」という新たな章を設け概説している。判例については，会社に関し商法503条2項の推定規定の適用を認めた最高裁平成20年2月22日判決（民集62巻2号576頁）について，第1編第Ⅰ章に，「1 [5] 会社の事業と商行為」という新たな解説を加えた。それ以外の法改正や判例についても相応の補訂を行った。

　　2009年11月

　　　　　　　　　　　　　　　　　　　　　　　　　　　　丸山秀平

第2版はしがき

　平成17年にこれまでの「商法」から，「第2編 会社」にあたる部分が独立して新たな単行法としての「会社法」となった（平成17年7月26日公布，平17法86号）。この新たな会社法では，従来から認められていた有限会社という法形態が廃止され，一方，新たに「合同会社」制度が認められている。これと並んで「会社法の施行に伴う関係法律の整備等に関する法律」（平成17年7月26日公布，平17法87号）によって，「商法」を含む多くの関連する法律の内容が改められたり，廃止されたり，また廃止に伴う経過措置が定められるなど，法規間の調整が図られている。そこで，本書の内容も（条文表記を含めて），これらの法改正に相応するように改めることとした。

　　2005年8月

　　　　　　　　　　　　　　　　　　　　　　　　　　　　丸山秀平

初版はしがき

　本書は,『基礎コース』シリーズとして刊行されているもののうち,商法総則・商行為法および手形・小切手法にあたる範囲を取り扱っている。この分野では,既に数多くの概説書が公刊されている。その中にあって,あえて本書を執筆するに至ったのは,次のような理由による。すなわち,本書は,商法総則・商行為法および手形・小切手法の分野における入門書として,読者にとって,それぞれの分野の全体像を把握することができるとともに,そこで問題となっている個別論点についても,ある程度理解できるようなレベルに達するための手助けとなるものと考えたからである。そのため,本書の執筆にあたって,次の点に心掛けた。

　まず,本書では,商法総則・商行為法の分野を「第1編」,手形・小切手法の分野を「第2編」とし,それぞれの編の冒頭にその編で取り扱われている分野の特色を明らかにしたうえ,その分野を理解するための勉強方法を示した。このことから,読者は,本書を順番に読み進んで行かずに,第2編から読み始めることもできるし,第1編と第2編とを同時に読み込んで行くこともできる。

　次いで,本書の論述では,当該テーマに関わる条文の内容を解説することを中心としつつ,各個の論述に際しては,基本的知識や基本的概念として覚えておかなければならない部分を色分けするとともに,論述の内容を理解しやすくするために,できるだけ図を挿入しておいた。なかにはかなり基本的な事項についてまで図示した部分もあるが,読者にあっては,それを当たり前のものとして無視せずに,その図が本書の論述のどの内容に対応しているのかをその都度確認して行ってほしい。そのことによって,本書で取り扱う分野の全体的イメージをよりスムーズに理解することができるものと思われる。

　さらに,当該テーマに関わる基本的知識や基本的概念を理解するために,また,それらの理解の上に立って応用能力をつけてもらうために,本書では,【設例】として,数多くの事例を掲げておいた。【設例】では,ある法的問題点に関する具体的事例が示されている。そこにどのような法的問題点が含まれているか,その問題をどのように解決しなければならないかは,読者がそれぞれの【設例】に続く論述を読み進んで行くことで,自ずから明らかになる。もちろん,そこで示された解答は一つの例にしかすぎない。読者は,本書に示された解答とは別の可能性があるかをさらに考えて行くことができよう。

以上のような内容を有するものとして，本書は，先に掲げた通り，商法総則・商行為法および手形・小切手法の「入門書」としての役割を果たすものであるが，読者が，個々の【設例】を考慮し，理解して行くことによって，具体的事例に対する応用力を身につけることもできるようになる。このことから，本書は，司法試験等の受験生にとっても，役立つものであると思われる。読者にあっては，それぞれ自由に本書を活用して頂ければ幸いである。

　本書の書籍化にあたっては，新世社の小関清氏，同編集部御園生晴彦氏および谷藤隆子氏に大変お世話になった。ここに心から感謝申し上げる次第である。

　1999 年 8 月

丸 山 秀 平

目　次

第1編　商法総則・商行為法　1

序論──商法の出発点 …………………………………3
　1　「商法」とは　3
　2　商法の法源　3
　3　「企業法」としての商法　6
　4　商法の特色　11
　　　[1]企業維持・取引の安全・営利性(11)　　[2]法と現実とのギャップ(12)
　5　商法の勉強方法　14

■ I　商法の単位としての「商人」 …………………………16
　1　「商人」とは　16
　　　[1]固有の商人(16)　　[2]擬制商人(17)
　2　「商行為」とは　18
　　　[1]商行為の種類(18)　　[2]絶対的商行為(19)　　[3]営業的商行為(22)
　　　[4]附属的商行為(26)　　[5]会社の事業と商行為(27)
　3　小商人　28
　4　商人資格の取得時期　29
　5　未成年者の営業　31

■ II　商人の名称としての「商号」 …………………………32
　1　「商号」とは　32
　2　商号はどのように選定されるか　34
　3　商号単一の原則　35
　4　登記商号と未登記商号　36
　5　商号の不正使用の排除　37
　6　商号の廃止・変更　39
　7　名板貸　39
　　　[1]名板貸人の責任(39)　　[2]責任が認められるための要件(40)　　[3]

名板貸人の責任の範囲(41)

■ III 営業の内部的補助者としての商業使用人 ……………………42
1 「商業使用人」とは　42
[1]雇用関係(42)　[2]対外的代理権(43)　[3]従事する労務(43)
2 支配人　43
[1]「支配人」とは(43)　[2]選　任(44)　[3]退　任(44)　[4]支配人の権利(44)　[5]支配人の義務(45)
3 部課長　45
4 一般商業使用人　46
5 表見支配人　46

■ IV 商業登記の公示力 …………………………………………49
1 「商業登記」とは　49
2 登記事項　50
[1]絶対的登記事項と相対的登記事項(50)　[2]登記事項に関する通則(50)
3 登記手続　50
[1]当事者申請主義(50)　[2]登記所の審査権(50)　[3]登記事項証明書の交付(51)
4 商業登記の効力　51
[1]商業登記の一般的公示力(51)　[2]特殊的効力(52)　[3]不実登記(52)　[4]表見規定と公示力(53)

■ V 営業譲渡 ……………………………………………………55
1 譲渡の対象としての「営業」　55
2 営業譲渡の効力　56
[1]当事者間における効力(56)　[2]債権者に対する効力(57)　[3]債務者に対する効力(59)　[4]詐害的な営業譲渡(60)
3 営業所　61

■ VI 商業帳簿 ……………………………………………………62
1 なぜ商業帳簿が必要なのか　62
2 商業帳簿の作成　64
[1]作成義務(64)　[2]公正妥当な会計の慣行に従うべきこと(64)
3 会計帳簿　65
4 貸借対照表　65

5　商業帳簿の提出・保存　66

■ VII　**代理商** ……………………………………………………………………67
　　　1　「代理商」とは　67
　　　2　代理商の権利　68
　　　　　[1]留置権(68)　　[2]通知受領権(68)
　　　3　代理商の義務　68
　　　　　[1]通知義務(68)　　[2]競業禁止義務(69)

■ VIII　**商行為の特則** …………………………………………………………69
　　　1　商行為の営利性　69
　　　　　[1]商行為の有償性(69)　　[2]立替金の利息(70)　　[3]消費貸借の利息(70)　　[4]法定利率(70)
　　　2　契約の成立　71
　　　　　[1]申込みの拘束力(71)　　[2]申込みに対する諾否通知義務(72)　　[3]申込みを受けた者の受領物品保管義務(73)
　　　3　債務者の連帯　73
　　　　　[1]多数債務者間の連帯(73)　　[2]保証人の連帯(74)
　　　4　債権担保　75
　　　　　[1]契約による質物の処分(流質契約)の許容(75)　　[2]商人間の留置権(76)
　　　5　債務履行　78
　　　　　[1]債務履行の場所(78)　　[2]取引時間(79)　　[3]消滅時効(79)
　　　6　有価証券に関する規定　79
　　　　　[1]「有価証券」の意義(79)　　[2]指図証券(81)　　[3]記名式所持人払証券(82)　　[4]記名証券(83)　　[5]無記名証券(83)
　　　7　商行為の代理と委任　84
　　　　　[1]商行為の代理(84)　　[2]本人の死亡と代理権の存続(86)　　[3]商行為の委任(86)

■ IX　**商事売買** ………………………………………………………………86
　　　1　「商事売買」とは　86
　　　2　売主の供託権・自助売却権　87
　　　3　確定期売買の解除　88
　　　4　目的物の検査・契約不適合に関する通知義務　89
　　　5　目的物の保管・供託義務　90

X 交互計算 …………………………………………………………………… 91
1 「交互計算」とは　91
2 交互計算の消極的効力──交互計算不可分の原則　93
3 交互計算の積極的効力　95

XI 仲立営業 …………………………………………………………………… 95
1 仲立営業と仲立人　95
2 仲立人の権利　97
　[1]給付受領権(97)　[2]報酬請求権(97)
3 仲立人の義務　97
　[1]見本保管義務(97)　[2]結約書作成・交付義務(98)　[3]仲立人日記帳作成・保存義務(98)　[4]氏名黙秘義務(99)　[5]介入義務(99)

XII 問屋営業 …………………………………………………………………… 100
1 問屋営業と問屋　100
2 問屋と委託者との関係　102
3 問屋の権利　104
　[1]介入権(104)　[2]自助売却権(104)　[3]留置権(105)
4 問屋の義務　105
　[1]通知義務(105)　[2]指値遵守義務(105)　[3]履行担保責任(105)
5 準問屋　106

XIII 運送取扱営業 ……………………………………………………………… 106
1 運送取扱営業と運送取扱人　106
2 運送取扱人の権利　107
　[1]報酬請求権(107)　[2]費用償還請求権(108)　[3]留置権(108)
　[4]介入権(108)
3 運送取扱人の責任　109
4 相次運送取扱　109

XIV 運送営業 …………………………………………………………………… 111
1 運送営業の必要性　111
2 運送人の意義　112
3 物品運送契約　113
　[1]物品運送契約の意義・当事者(113)　[2]荷受人の法的地位(113)
4 運送人の権利　114
　[1]運送品引渡請求権（⇔荷送人の運送品引渡義務）(114)　[2]「送り

状」の交付請求権（⇔荷送人の「送り状」の交付義務）(114)　　[3]運送賃その他の費用請求権(115)　　[4]留置権・先取特権(115)　　[5]供託・競売権(115)　　[6]運送人の債権の消滅時効(116)
    5　運送人の義務　　116
      [1]運送品引渡義務(116)　　[2]指図遵守義務（⇔荷送人の処分権）(117)
    6　荷送人の危険物通知義務　　117
    7　運送人の責任　　118
    8　高価品に関する特則　　118
    9　運送人の責任の消滅　　121
    10　相次運送　　122
    11　複合運送　　124

■ XV　**旅客運送**　……………………………………………………………124
    1　旅客運送契約　　124
    2　旅客運送人の責任　　125
    3　手荷物に関する責任　　125
      [1]引渡しを受けた手荷物に関する責任(125)　　[2]引渡しを受けていない手荷物に関する責任(126)　　[3]運送人の責任の消滅時効(126)
    4　乗車券の法的性質　　126
      [1]旅客運送契約と乗車券(126)　　[2]運賃値上げと差額支払(129)

■ XVI　**寄　託**　…………………………………………………………………130
    1　「商事寄託」とは　　130
    2　受寄者の義務　　130

■ XVII　**場屋営業者の責任**　……………………………………………131
    1　場屋営業者のレセプツム責任　　131
    2　責任の内容　　132
      [1]客から委託を受けた物品に関する責任(132)　　[2]客が寄託していない物品に関する責任(133)　　[3]特約による責任の免除(133)　　[4]高価品についての責任(134)　　[5]責任の消滅時効(134)

■ XVIII　**倉庫営業**　……………………………………………………………135
    1　倉庫営業と倉庫営業者　　135
    2　倉庫営業者の権利　　136
      [1]保管料・費用償還請求権(136)　　[2]留置権・先取特権(137)　　[3]

供託・競売権（自助売却権）(137)
　　3　倉庫営業者の義務・責任　137
　　　　[1]保管義務(137)　　[2]点検・見本摘出に応ずる義務(138)　　[3]倉荷証券交付義務・記帳義務(138)　　[4]損害賠償責任(138)　　[5]責任の消滅・責任に係る債権の消滅時効(138)

■ XIX　倉庫証券 …………………………………………………………… 139
　　1　「倉庫証券」とは　139
　　2　倉荷証券の要式証券性　141
　　3　不実記載（債権的効力・文言性）　142
　　4　物権的効力　144
　　5　倉荷証券の移転　145
　　6　倉荷証券の滅失・再交付　145
　　7　寄託物の返還　146
　　8　倉荷証券の電子化　146

第2編　手形法・小切手法　147

序論――手形法を学ぶために ………………………………………… 149
　　1　手形法における「対立」構造　149
　　2　「対立構造」をどう考えるか　151

■ I　手形にはどのような種類があるか。小切手とは何か …… 153
　　1　約束手形　153
　　2　為替手形　153
　　3　小切手　154
　　4　手形・小切手の振出から決済まで　154

■ II　約束手形の振出によってどのような法律関係が生じるのか
　　　…………………………………………………………………………… 156
　　1　約束手形の振出と振出人の責任　156
　　2　手形上の法律関係の特性　157
　　3　手形関係と原因関係　158

■ III　手形上の法律関係はいつ成立するか――手形理論 ……… 159
　　1　手形が交付されていない場合の問題点　160

2　手形理論との対応　160

■ IV　手形行為者の債務負担 ……………………………………… 162
　　　1　手形行為と債務負担　162
　　　2　債務負担の意思の内容　163
　　　3　債務負担と手形行為の独立性　164

■ V　手形署名の方式 ……………………………………………… 165
　　　1　手形要件　165
　　　2　手形署名　167
　　　　　[1]署名の意義(167)　　[2]署名に用いられる名称(168)
　　　3　記名捺印は手形署名の方式として認められるか　169
　　　4　民法上の組合の手形署名の方式　171
　　　5　民法上の組合の手形責任　173

■ VI　代理人による手形行為と無権代理 ………………………… 173
　　　1　代理の方式　173
　　　2　無権代理　174
　　　3　表見代理　176

■ VII　利益相反取引規制と手形行為 ……………………………… 177
　　　1　利益相反取引規制　178
　　　2　利益相反取引と手形行為　179
　　　3　相対的無効説　179

■ VIII　代行者による手形行為と偽造 ……………………………… 180
　　　1　代行の方式　180
　　　2　代理的代行　180
　　　3　手形偽造　182
　　　　　[1]手形偽造と無権代理(182)　　[2]偽造者の責任(183)

■ IX　手形行為と名板貸 …………………………………………… 184
　　　1　名板貸　184
　　　2　手形振出についての名義使用の許諾　185

■ X　手形の変造 …………………………………………………… 187
　　　1　意　義　187

2　責任関係　188
　　　3　挙証責任　188
■ XI　手形要件 ……………………………………………………………… 189
　　　1　完全手形と白地手形　189
　　　2　約束手形要件　190
　　　　　［1］約束手形文句(190)　　［2］支払約束文句(191)　　［3］手形金額(191)
　　　　　［4］満期の表示(191)　　［5］支払地(192)　　［6］受取人(193)　　［7］振出
　　　　　日(193)　　［8］振出地(193)　　［9］振出人署名(193)
　　　3　有益的記載事項　194
　　　4　無益的記載事項　195
　　　5　有害的記載事項　196
　　　6　手形金額の複数記載　196
　　　7　当座勘定規定，手形・小切手用法による取扱い　198
■ XII　白地手形 …………………………………………………………… 198
　　　1　「未完成手形」としての白地手形　198
　　　2　白地手形成立の要件　199
　　　3　白地補充権　200
　　　4　手形取得者の保護　203
　　　5　白地手形の喪失と除権決定　204
　　　6　白地手形による訴提起と時効の完成猶予　206
■ XIII　手形の流通 ………………………………………………………… 206
　　　1　裏書による手形上の権利移転　206
　　　　　［1］裏書制度(206)　　［2］債権譲渡の方法による譲渡(207)　　［3］裏書の
　　　　　方式(207)　　［4］裏書の効力(208)　　［5］裏書の連続(211)　　［6］裏書
　　　　　の不連続と権利行使(214)
　　　2　特殊な裏書　214
　　　　　［1］取立委任裏書(214)　　［2］質入裏書(218)　　［3］期限後裏書(218)
　　　　　［4］戻裏書(221)　　［5］裏書抹消による譲渡(221)
　　　3　善意取得　222
　　　　　［1］善意取得の要件(222)　　［2］譲渡行為の瑕疵と善意取得(224)　　［3］
　　　　　裏書不連続手形の善意取得(226)
■ XIV　手形保証 …………………………………………………………… 226
　　　1　手形保証の意義・方式　226

2　手形保証の従属性　227
　　3　手形保証の独立性　228
　　4　手形保証人による抗弁の援用　228
　　5　隠れた保証　230

■ XV　手形抗弁 …………………………………………231
　　1　「手形抗弁」とは　231
　　2　手形抗弁の種類　231
　　　[1]物的抗弁とは何か(231)　　[2]人的抗弁とは何か(233)
　　3　人的抗弁の制限　235
　　4　悪意の抗弁　236
　　5　融通手形の抗弁　238
　　　[1]融通手形の意義(238)　　[2]融通手形の抗弁(239)　　[3]債務者が抗弁を主張できる場合(240)
　　6　後者の抗弁　241
　　7　二重無権の抗弁　242

■ XVI　手形の支払 ………………………………………244
　　1　手形の呈示　244
　　2　支払呈示期間　245
　　3　支払呈示と支払地・支払場所　246
　　4　支払呈示期間経過後の支払地・支払場所の効力　247
　　5　支払による免責　248
　　　[1]支払をなす者の調査義務(248)　　[2]善意支払(249)
　　6　手形交換と不渡　250
　　　[1]手形交換所と手形交換(250)　　[2]交換呈示と支払呈示(250)　　[3]交換尻決済(251)　　[4]店頭返還・逆交換(251)　　[5]不渡事由(252)　　[6]異議申立提供金と異議申立預託金(253)　　[7]不渡異議申立預託金返還請求権による相殺の可否(253)　　[8]取引停止処分(254)

■ XVII　遡　求 ……………………………………………254
　　1　「遡求」とは　254
　　2　誰が誰に対して遡求をすることができるか　256
　　　[1]遡求権者(256)　　[2]遡求義務者(257)
　　3　遡求の要件　257
　　　[1]実質的要件(257)　　[2]形式的要件(258)　　[3]拒絶証書作成免除(259)

  4 遡求の方法　259
  5 遡求権保全手続の懈怠による遡求権の喪失　261

■XVIII　為替手形の法律関係はどうなっているか……262
  1 為替手形の法律関係　262
  2 為替手形要件　263
  3 引　受　264
  4 参加引受　265
  5 参加支払　266

■XIX　小切手の法律関係はどうなっているか……266
  1 「小切手」とは　266
  2 支払証券性の確保　267
  3 小切手の振出　268
  4 小切手要件　268
  5 支払委託の取消　270
  6 支払保証　270
  7 小切手の流通　271
  8 小切手の支払　271
  9 線引小切手　272
  10 遡求・時効　274

■XX　手形の電子化……275
  1 「電子記録債権法」制定まで　275
  2 「電子記録債権」の発生・譲渡・消滅　276
   [1]電子記録債権の発生(276)　　[2]電子記録債権の譲渡(278)　　[3]電子記録債権の消滅(280)
  3 電子記録債権制度と手形制度　281
  4 電子交換所による交換決済と「紙による」手形の利用廃止　282

  索　引　283
   事項索引(283)　　判例索引(290)

＊印部分一覧

第1編　商法総則・商行為法
序論　商法の出発点
商法対象論　7
企業形態　8

Ⅰ　商法の単位としての「商人」
旧担保付社債信託法による「信託の引受」　22

Ⅱ　商人の名称としての「商号」
周知性のある商号の保護　38

Ⅴ　営業譲渡
株式会社における事業譲渡　56
ゴルフクラブの名称の続用　58
会社分割と商号の続用　58
債務引受の広告　59

Ⅵ　商業帳簿
商業帳簿と他の帳簿・書類　63
企業会計原則　64

Ⅶ　代理商
代理商契約　67

Ⅷ　商行為の特則
利率の算定　71
共同事業体構成員の負う債務の連帯性　74
顧客の破産後の銀行による預手形の処分　76
民法上の規定の適用順位　80
履行期と附遅滞　82
平成29年改正前商法518条　82

Ⅹ　交互計算
段階交互計算　92

ⅩⅠ　仲立営業
仲立契約　96
見本売買　98
署名　98

ⅩⅡ　問屋営業
「といや」と「とんや」　102
委託者の取戻権に関する学説　103

ⅩⅣ　運送営業
「貨物引換証」に関する規定の削除　112
運送人の不法行為責任　120

ⅩⅦ　場屋営業者の責任
場屋営業者　132

ⅩⅧ　倉庫営業
倉庫業　135
倉庫寄託契約　136

ⅩⅨ　倉庫証券
倉庫証券に関する立法主義　140
荷渡指図書　141
倉荷証券の分割交付　141
物権的効力の理論的根拠　144
権利者指定の方式　145
会社印の押捺のみの裏書の有効性　145

第2編　手形法・小切手法
ⅩⅠ　手形要件
印紙　194

ⅩⅢ　手形の流通
「見せ手形」の抗弁　216

ⅩⅤ　手形抗弁
新抗弁論（有効性の抗弁）　234

ⅩⅥ　手形の支払
判例の理由づけ　247
学説の理由づけ　248
支払をなす者　249

ⅩⅦ　遡求
時効期間　255
利得償還請求権　256
約束手形の満期前遡求　257
約束手形の振出人による作成免除　259
合同責任と連帯責任との相違　260

・凡　例・

(1) **法令名略語**

改正民法（改民〇〇条）	平成 29 年成立民法改正法〇〇条
商法（商〇〇条）	平成 29 年民法改正法と連動して改正された部分以外の商法の規定（1 条～32 条，501 条～542 条）
平成 29 年改正商法（平 29 改商〇〇条）	平成 29 年民法改正法と連動して改正された商法の規定（商法以外の法律の場合も同様）
平成 30 年改正商法（平 30 改商〇〇条）	平成 30 年成立商法改正法〇〇条（543 条以下）

意匠	意匠法	手	手形法
会	会社法	電子記録	電子記録債権法
小	小切手法	特許	特許法
更生	会社更生法	破	破産法
実用新案	実用新案法	非訟	非訟事件手続法
商登	商業登記法	不競	不正競争防止法
商標	商標法	民	民法
職安	職業安定法	民施	民法施行法
信託	信託業法	民再	民事再生法
船員職安	船員職業安定法	民訴	民事訴訟法
倉庫	倉庫業法	無尽	無尽業法
担保社債	担保附社債信託法		

(2) **判例引用略語**

大判	大審院判決	金判	金融・商事判例
最判	最高裁判所判決	金法	旬刊金融法務事情
高判	高等裁判所判決	新聞	法律新聞
地判	地方裁判所判決	新報	法学新報
控判	控訴院判決	判時	判例時報
区判	区裁判所判決	判タ	判例タイムズ
支判	支部判決	評論	法律評論
大決	大審院決定		

下民集	下級裁判所民事裁判例集
高民集	高等裁判所民事判例集
裁判集民事	最高裁判所裁判集民事
民集	最高裁判所民事判例集
民録	大審院民事判決録

第 1 編

商法総則・商行為法

Contents

序論　商法の出発点
- □ I　商法の単位としての「商人」
- □ II　商法の名称としての「商号」
- □ III　営業の内部的補助者としての商業使用人
- □ IV　商業登記の公示力
- □ V　営業譲渡
- □ VI　商業帳簿
- □ VII　代理商
- □ VIII　商行為の特則
- □ IX　商事売買
- □ X　交互計算
- □ XI　仲立営業
- □ XII　問屋営業
- □ XIII　運送取扱営業
- □ XIV　運送営業
- □ XV　旅客運送
- □ XVI　寄　託
- □ XVII　場屋営業者の責任
- □ XVIII　倉庫営業
- □ XIX　倉庫証券

序　論
──商法の出発点──

1 「商法」とは

　本書において「商法」という場合，法律の中で「商法」と名付けられているもの（明治32年法48号）を指す場合と，法体系ないし学問体系としての「商法」を指す場合がある。前者を「形式的意義における商法」（単に「商法典」という場合もある），後者を「実質的意義における商法」と呼んでいる。この意味において，本書の記述は，「形式的意義における商法」を中心としつつ，「実質的意義における商法」の内容を明らかにしようとするものである。

　もちろん「実質的意義における商法」の中には，「形式的意義における商法」で規律されている内容が含まれている。しかし，「実質的意義における商法」の中には，それ以外に，さまざまな法令で規律されている内容や，さらには商慣習や約款で取り決められた内容も含まれている。

2 商法の法源

　商法の法源，すなわち「実質的意義における商法」を構成する要素は，①商事制定法，②商事条約，③商慣習，④商事自治法などに分類される。

　①　商事制定法に，「形式的意義における商法」すなわち商法典が含まれることはもちろんである。それとならんで，平成17年に商法典とは別箇の法律となった「会社法」も，会社に関する制定法として位置づけられる。さらに，商法典の付属法令として，商法施行法（明治32年法49号），商業登記法（昭和38年法125号），などがある。また，前記「会社法」以外の特別法令として，手形法（昭和7年法20号），小切手法（昭和8年法57号），拒絶証書令（昭和8年勅令316号），担保付社債信託法（明治38年法52号），国際海上物品運送法（昭和32年法172号），金融商品取引法（昭和23年法25号），商品取引所法（昭和25年

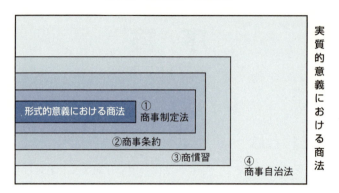

法239号),銀行法(昭和56年法59号),保険業法(平成7年法105号),海上運送法(昭和24年法187号),倉庫業法(昭和31年法121号),などが掲げられる。また,平成22年4月1日より「保険法」(平成20年法56号)が施行されている。

② 条約が国内法としての効力を認められるためには,それが批准され公布されなければならない。また,条約において,締約国に特定の内容の法規を施行させるべきことが義務づけられている場合には,相応する内容の国内法が制定されることによって,条約の法源性が認められる(通説)。商事条約におけるそのような例として掲げられるのは,「為替手形及約束手形ニ関シ統一法ヲ制定スル条約」(昭和8年条約4号),「小切手ニ関シ統一法ヲ制定スル条約」(昭和8年条約7号)に基づく,手形法,小切手法の制定である。また,国際海上物品運送法も同様の方法を選択している。

③ 商法は,商事に関し商法典の適用がないものについては,商慣習に従い,商慣習がないときには民法の定めるところによると定めており(商1条2項),商慣習は,民法に優先して適用される。

旧法下(昭和13年改正前商法150条,同改正後旧商206条2項)での,白紙委任状付記名株式の譲渡に関し,判例は,そのような譲渡方法を認める商慣習(法)の適用があるためには,附属書類(白紙委任状または処分承諾書)が真正なものでなければならないとした(大判昭19・2・29民集23巻90頁)。現行法上,株券発行会社の株式の譲渡は株券の交付のみによってなされるものとされており(会128条1項),その限りで上記判例を問題とする余地はない。しかし,上

記判例を，商事制定法を変更する商慣習（法）の成立を認める例として掲げる見解が多い。

商慣習がないときには民法の定めるところによる（商1条2項）。これによって，民法が商慣習とともに商法の補充的法源であるとみることもできるが，商法1条2項は，単に商慣習が民法より優先して適用されることを認めているだけで，適用の順序を明らかにしたにしかすぎないとする見解が多い。

④　商事自治法のうち，会社の制定する定款は，法によって制定されるべきものとされており，強行法規に反しない限り，その法源性が認められている。また，証券取引所や商品取引所の業務規定ないし受託規則準則も定款の細則たる内容を有しており，また法によって制定が命じられていることから，法源性を有するものと解されている。

普通取引約款の法的拘束力について，判例は，契約当事者が約款によらないとする意思を表示しない限り，当事者は約款による意思で契約したものとすると解している（大判大4・12・24民録21輯2182頁）（「意思推定説」）。これに対して，学説上，意思推定説のほか，自治法説，商慣習法説などが主張されている。自治法説は，当該約款を使用する当事者を含む取引圏を団体として，その団体が制定する自治法規として約款の拘束力を肯定するものである。商慣習法説は，ある取引分野において約款による契約が締結されている場合，当該分野における契約は約款によるという慣習法が存在するとするものである。

なお，保険契約において保険者が作成する保険約款（普通保険約款・特約条項）は，保険事業の免許申請に際して，その添付が求められており（保険業法4条2項3号），また，普通保険約款の変更には内閣総理大臣の認可が必要とされているなど（同123条1項），行政的規制の下にあるが，主務大臣の認可なくなされた普通保険約款に基づいて締結された保険契約も，私法上，有効である（多数説・判例（最判昭45・12・24民集24巻13号2187頁））。

これに加えて，平成29年に成立した民法改正法（「民法の一部を改正する法律」（平成29年法律第44号），以下「改正民法」）には，従来なかった「定型約款」に関する規定が設けられており（改民548条の2～548条の4），定型約款を契約の内容とする旨の合意をしたときは，原則として，右約款の個別の条項についても合意をしたものとみなされることになる（改民548条の2第1項1号，ただし，同

条2項参照)。ここにいう「定型約款」とは「定型取引」において，契約の内容とすることを目的として，ある特定の者により準備された条項の総体である（改民548条の2第1項柱書）。右「定型取引」とは，ある特定の者が不特定多数の者を相手方として行う取引であって，その内容の全部または一部が画一的であることがその双方にとって合理的なものである（同項柱書）。実際に約款が使用されていても，当該約款が前記の「定型約款」であるか否かは，前記の定義に合致するかによって判断されなければならない。改正法の審議段階における民事局長の政府参考人答弁によれば，鉄道の運送取引における運送約款，宅配便契約における契約約款，パソコンのワープロソフトの購入契約に附帯する購入約款，電気供給契約における電気供給約款，保険取引における保険約款，インターネットを通じての物品売買に関する購入約款などが定型約款に該当するとされている（第193回国会衆議院法務委員会議事録第19号）。

3 「企業法」としての商法

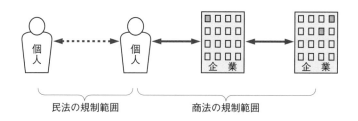

前記2で述べたように，「実質的意義における商法」の構成要素にはさまざまなものが含まれている。そのようなさまざまな要素を包摂し，独立した法体系としての「商法」（＝「実質的意義における商法」）が形成されているのである。

この「商法」は，法分野として「私法」（これに対立する概念は「公法」である）の分野に属している。同じ私法の分野に属する独立の法体系の一つである「民法」は，個人の生活や個人対個人の関係に関わる法律関係を規律の対象としている。これに対して，商法は「企業」に関わる法律関係を規律の対象とする法律であるといわれている（通説＝「企業法説」⇨＊1）。

序論　商法の出発点

＊1　商法対象論　商法の対象論争は，商法という法体系にあって，端緒的にその対象とされてきた「固有の商」概念だけでは，現在の商法を支えきれるものではないことから，改めて商法の対象を問い直そうとして展開されてきたものである。「固有の商」とは「経済的意味における商」ともいうが，生産者と消費者との間に立って財貨の転換流通を媒介する行為であるとされている（商501条1号，2号参照）。

　形式的意義における商法，すなわち，商法典をみても，固有の商のみならず，運送・保険・銀行のような補助商，さらには製造，加工業から原始産業の一部にまでその規制が及んでいる（商502条参照）。実質的意義における商においては尚更である。このことは商法がその歴史的経緯において「商人法から商行為法へ」という言葉で刻印づけられる発展を遂げてきたことの結果としても示される。従来の階級法としての商法を一般化するために「商行為」という概念を用い，民法と同様の地位を占めたにもかかわらず，商法がなお自主性を維持しているのは何故かが問われているのである。

　商法の対象論争の結果，商法を「企業」に関する法とみるのがほぼ通説の立場である。商法対象論をめぐる学説には次のようなものがある。

　① 　内容把握説

　イ）歴史説　法律上の「商」は，固有の商として把握されている財貨の転換の媒介から，漸次歴史的に分岐発展した営業活動の総体であるとする見解である。この見解に対しては，歴史的発展の跡を追うあまり，発展の内面的意味の把握が不十分であるとの批判がある。

　ロ）媒介説　法律上の「商」の基調は，媒介であるとする見解である。この見解に対しては，媒介概念だけでは，近代商法の対象はとらえきれないとの批判がある。

　ハ）企業法説　商法を企業に関する法であるとする見解である。これが現在通説となっているが，この見解に対しては，「商」を「企業」に置き換えただけではないかとの批判がある。

　ニ）実証説　「商」とは，形式的にそれぞれの商法典で現に「商」として列挙されている事項であり，商法は，このような「商」という法律事実に特有な法の全体であるとする見解である。この見解に対しては，商法の対象とするものの把握を途中で断念し，商法の自主性からも問題があるとの批判がある。

　② 　性格把握説

　イ）集団取引説　商法の対象とされる法律事実の本質は，法律行為の多数締結を核とする集団取引であるとする見解である。この見解に対しては，対

象の性格が一般的すぎるとの批判がある。

　ロ）**商的色彩説（田中（耕）博士の見解）**　一般私法の法律事実のうち「商的色彩」をおびるものが商法の対象となるとする見解である。この「商的色彩」は，専門化された営利活動たる投機売買から演繹される特性であって，集団性と個性喪失をその内容とするものである。この見解に対しては，「商的色彩」を生ずるに至った法律事実の内容を明らかにしていないとの批判がある。

　商法は「企業法」であるという「企業法説」による場合，そこでいう「企業」とは，資本主義経済組織における活動単位であって，さまざまな形態・規模で，それぞれの事業目的を実現しようとして営利活動を行っているものである。
　一般に「企業」という言葉からイメージとして浮かんでくるのは会社であるかもしれない。それでは会社に就職してサラリーマンとして働くことについて商法が問題になるのであろうか。ところが，その場面で問題となるのは，商法よりもむしろ民法や労働法に関わる法律関係である。つまり会社に就職することは会社との間に雇用契約を締結することであって，これについては民法の法律関係が問題となる。またサラリーマンとして働くことはその者が労働者としての立場に立つことになる。労働者の地位保障や職場環境保全の問題は労働法が取り扱うべきものである。
　それでは，商法は企業に関わるどのような場面で適用されるのか。その場面とは，企業の設立，組織構成，運営そして企業自身の活動のさまざまな場面であるということができる。そして，次に述べるように，企業はさまざまな形態をとっている。個人が自分の財産を元手としてまた自分自身で企業を経営している場合として個人企業の形態があり，複数の者が共同して企業を設立し企業経営をする場合として共同企業の形態がある。この共同企業のうちで，会社形態をとるものが会社企業となる（⇨＊2）。

　＊2　企業形態
　①　**個人商人**　個人商人は，会社形態をとらないで，営業主自身が自己の資本に基づいて企業を経営して行くものである。この形態においては，企業の所有者は同時に企業を経営する商人としての営業主個人（法律上は「自然人」である）であって，企業は営業主の意のままに経営されて行く。また，

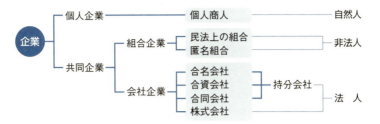

　企業財産の状況は記録され維持されていなければならないが（商19条2，3項），営業上の債権者に対しては，企業財産のみならず営業主個人の財産もその引当てとされる。すなわち，結果的に，企業はその担い手である営業主個人とは独立した存在となっていない。商法は，このような個人商人を，会社とともに，「商人」概念のうちに組み入れて，商法の基本的単位として扱っている（「商人」について⇨Ⅰ章1）。

　② **民法上の組合**　　民法上の組合は，組合員がそれぞれ出資をしあって，共同して企業を経営することを内容とする契約関係として理解されている（民667条）。会社と異なり，組合には法人格が認められず，組合財産は総組合員の共有に属し（民668条），共同企業としての組合の経営権は各組合員に認められ（民670条），経営権の行使は組合員が共同して行われるなど，共同企業としての組合には，個々の組合員の個性が強く反映されている。

　③ **匿名組合**　　匿名組合は，商法上，営業者と匿名組合員の契約関係として把握されている。すなわち，匿名組合員は営業者が営業をするための出資を行い，営業者は出資された財産を基礎に営業を行い，営業の結果生じた利益は，匿名組合員に配当されるという内容の契約が営業者と匿名組合員との間に締結される（商535条）。企業に出資をなす者と企業を経営する者とが分離し，当事者がそれぞれの役割を分担するという共同企業の端緒的形態として位置づけられる。その点で合資会社と匿名組合は，共同企業としての共通性を有するが，法律上，匿名組合は，営業者の個人企業であって，匿名組合員は営業上の債権者と直接の法律関係に立つわけではない（ただし，商537条）。なお，営業者と匿名組合員との関係について，商法上，特段の規定は置かれていないが，前者の後者に対する善管注意義務違反による責任を認めた判決例がある（最判平28・9・6金判1508号48頁）。

　④ **合名会社，合資会社，合同会社，株式会社**　　会社の形態をとるものは，合名会社，合資会社，合同会社および株式会社の4種類であり（会2条

1号), 法律上, そのすべてが営利を目的とする法人であるとされている (会3条, 同5条参照)。これらの会社は, それぞれの会社の構成員である「社員」がどのような責任を負っているかによって, 法的に区別される。また, 合名会社, 合資会社, 合同会社は「持分会社」と総称される (会575条1項)。

合名会社は, 会社債権者に対して直接に連帯して無限の責任を有する社員 (無限責任社員) だけによって構成されている (会576条2項)。したがって, 合名会社の債権者は, 会社の資産によって債権の回収をはかることができない場合でも, 合名会社の社員に対し直接自己の債権を行使して行くことができる。また, 合資会社は, 合名会社と同様の無限責任社員のほかに, 会社債権者に対して直接責任を負うものの, その責任の範囲が自己の出資額を限度とする社員 (有限責任社員) の存在が認められている (会576条3項)。

これに対して株式会社では, その社員である「株主」は, 会社債権者に対して直接の責任を負っておらず, また無限の責任も負っていない。株主は, 会社の発行する株式の割当を受け, 自己が株式を引き受けた部分に相応する株金額の払込をしなければならないが, それ以外にはなんらの責任も負っていない (会104条「株主有限責任の原則」)。このように株式会社は, 間接有限責任を負う株主だけから構成されている。なお, 合同会社の社員も有限責任を負うにしか過ぎず (会576条4項), 結果的には, 株式会社と同様である。しかし, 合同会社は, 持分会社であり, 内部関係については, 他の持分会社とほぼ同じ規制に服する。一方, 計算については, 他の持分会社よりも厳格な規制に服している (会628条以下)。

合名会社・合資会社・合同会社という持分会社にあって, 社員は, その責任が無限であるか有限であるかを問わず, 定款に別段の定めがある場合を除き, 会社の業務を執行する権限を有する (会590条1項)。また, 業務を執行する社員は, 持分会社を代表する (会599条1項)。この意味で, 持分会社における所有と経営は一致している。ただ, 社員のうちから, 定款によって業務を執行する社員が定められた場合には, 各社員には業務および財産の状況に関する監視権が認められる (会592条1項)。

これに対して, 株式会社にあっては, 経営は専門家としての取締役に委ねられている (会348, 349条)。このうち, 当該株式会社が取締役会設置会社 (会2条7号) であれば, 当該会社の業務執行の決定は, 取締役会で行い (会362条2項), 業務執行は代表取締役等の業務執行取締役 (会2条15号イ参照) に委ねられる (会363条1項)。一方, 出資者である株主は, 株主総会を通じて取締役を選任解任することができるが (会329, 339条), 直接経営権を有

するものではなく，所有と経営とが分離している。

　会社の種類を分ける場合に，社員という人的要素が重視されている会社を「人的会社」，社員よりも会社財産のような物的要素が重視されている会社を「物的会社」と呼ぶことがある。この意味で，持分会社のうち合名会社は典型的な人的会社であり，これに対して，株式会社は典型的な物的会社である。

　商法は，まず法体系として，その「総則」の部分（商法典でいえば，商法1～31条，会社法では1～24条に相応する）で，個人企業・共同企業に共通する企業の存立や組織に関する規制をなしている。そして，「会社法」の部分は，全体として商法から独立した法典（会1～979条）となり，共同企業のうち会社企業の設立・組織・運営に関し，それぞれの会社の種類に応じた規制をなしている。さらに，「商行為」の部分（商501～617条）では，このような企業が行う取引について，全体に共通する規制およびその取引類型に応じた規制をなしている（「海商法」の部分も，全体としての商法の法体系の内容として組み入れられている一方，「保険法」の部分は独立した）。そして，そのような企業取引の決済手段として手形や小切手が利用される場合，それらに関わる法律関係を規制する分野が「手形法」および「小切手法」となるのである（法典でいえば，それぞれ「手形法」および「小切手法」の規定が適用される）。

　このような内容をもった法体系としての商法は，その規律の対象が企業に関する法律関係であることから「企業法」と呼ばれているが，さらに，先に示した労働法やさらに経済法などを併せた全体としての法体系を「企業法」と呼ぶことがある。この場合には，法体系としての商法は，全体としての「企業法」の一分野として位置づけられることになる。

4　商法の特色

[1]　企業維持・取引の安全・営利性

　法体系としての商法（＝「実質的意義における商法」）の特色は，その規律の対象としている法律関係の特色に相応している。前記3で述べたように，民法は個人の生活に関わる法律関係を規律の対象とする法律であるが，その出発点となる法律関係は当事者間における単発的な法律関係である。これに対して，商

法の規律する法律関係は，企業に関わる大量的かつ継続的な法律関係である。

したがって，①商法の規律は，その規律の対象とされる法律関係の核心となっている企業の存立ないし継続性を確保するための特性を有していなければならない（企業維持）。たとえば，会社企業の典型である株式会社は，計算上算出された一定の金額を資本金として，それに相応する財産の確保・維持すべきことを経営者に要求している。このことは，企業の解体を防止し，企業を維持させようとする要求に基づくものである。

また，②企業の行う大量の取引は合理的かつ円滑に行われなければならない（企業取引の安全）。したがって，企業取引に関わる商法の規律も，取引の円滑化や取引の安全に向けた配慮がなされている。たとえば，企業取引の決済手段として利用される手形に関わる法律関係は，手形という証券上の法律関係として表されている。手形上の法律関係の内容は証券の記載を通じて明確化され，第三者にとってもわかりやすいものとなっている。また，手形上の法律関係に基づく権利の移転も，手形証券の裏書譲渡によってなされ，しかも，それに関わる抗弁制限の効果が認められている（手17条）。以上のことに関わる法制度が手形法に設けられていることは，すべて手形取引の円滑化，「手形取引の安全」に向けられている。また，企業の取引に関わる一定の外観を信頼した者に対しては，その外観に相応する実体がない場合であっても，その外観通りの法律関係があるものとして取り扱って行こうとすることも（商14条，24条，会354条など），取引関係の無効による解消を防ぎ，取引の安全を確保しようとする要請から出たものである。

そして，③このような企業は，それぞれの事業目的を実現するために，営利活動を行っている（「企業活動の営利性」）。たとえば，民法では委任関係について無償性を原則としているのに対して，商法がその有償性を原則とした規定を置いていることは（商512条），企業取引の営利性を反映したものである。

[2] 法と現実とのギャップ

このような特色をもつ商法の規律にとって，今一つ指摘しておかなければならないことは，①商法の規律の対象となっている企業に関する生活関係は，現に存在する企業の行っている活動のすべてを覆うものではないこと，そして，

②現実の企業活動は常に立法者の予測を超えて展開されていることである。なるほど①の点については先に示したように労働法など別個の法律によって規制される活動分野があることからも明らかであろう。とりわけ公正な企業活動の実現に向けた独占禁止法などいわゆる経済法による規制は商法の規律する範囲とは別の部分に及んでいる。一方，②の点について，一つには，現実の商法やそれに関連する法規定が，企業活動の全般を規制していないことが掲げられる。

たとえば，商法典の規定の中で企業活動の諸類型を示しているのは，商法501条および同502条であるが，現実の企業活動はここに規定されている範囲をはるかに超えて展開されている。そのことから，現実の企業活動においてはさまざまな約款が機能している。したがって，現実に利用されているさまざまな約款をいかに規制すべきかということも商法は勿論民法の重要な任務の一つとなっており，先に述べた「定型約款」に関する規制も新しい動きの一つである。

また，商法の規定があるものの，その規定が立法者の予定した通りに機能していなかったり，その規定を借りて立法者の予定していなかった現実の企業活動がなされている場合がある。たとえば，株式会社について，立法者が予定していたのは，多数の株主が存在し，大規模な企業経営をなしている株式会社であった。しかし，現実に存在する株式会社の大部分は，家族ないし同族によって経営され，資本規模の少額ないわゆる閉鎖的な株式会社である。とりわけ，従来，個人企業として経営されてきたものが，その内容を変えずに，そのまま途中から株式会社となることも見受けられる（いわゆる「法人成り」）。このことから，もともと多数の株主を伴った大規模企業のための法として設けられた株式会社に関する法規定が，現実に存在する小規模な閉鎖的株式会社のために機能することができるかが問題となってくる。それらのギャップを埋める役割を果たしているのは，裁判官であり学者である。すなわち，判例法の形成や法解釈による補塡である。しかし，それでもなお埋められない法と現実とのギャップは，最終的には，立法者によって架橋されなければならない。この点で，平成17年に成立した「会社法」は従来の有限会社に相当する企業も取り込む多様な規律を内容とするものとなり，その後も部分的に改正されている。

5　商法の勉強方法

　それでは，今まで示してきたような内容および特色を有する法体系としての商法を勉強するにはどのようにしたらよいか。まず，前記3で述べたことから明らかなように，商法を理解するためには，その前提としての民法の理解が不可欠である。なぜ，そのことが必要となるのか。それは，以下のことから明らかとなる。

　すなわち，商法の規定の中には民法で規定されている用語や表現を前提として，民法と共通する用語や表現が使用されている（「法人」，「代理」，「保証」など）。したがって，両方の法分野に共通する用語の理解が必要である。次に，商法の規定の中には民法で規定されている内容を原則としたうえ，それに対する例外を逆に商法の原則としていたり，民法の原則を修正していたりするものがある。たとえば，商事代理に関する非顕名主義の原則を規定する商法504条や商事売買に関する一連の規定（商524条以下）を掲げることができる。これらの規定の内容を理解するためには，その基となる民法の規定を理解することが必要となる。さらに，商法の規定には，そこで規律すべきすべてのことが規定されているわけではない。そこで，商法に規定されていない部分については，民法の規定によって補充すべき場合が生じてくる（商1条2項参照）（⇨2）。

　とりわけ問題となるのは，法体系としての商法の一分野に組み入れられている手形法の分野である。そこで適用されるべき法典としての手形法の規定はわずかなものでしかない。それでは，手形法に規定されていないことは，すべて民法の規定に立ち戻るとしてよいのであろうか。たとえば，手形上の法律行為である「手形行為」によって発生する手形関係は，いつ発生するのか。また，約束手形の場合，振出という手形行為によって発生する法律関係は，受取人が手形上の債権者となり，振出人が手形上の債務者となるものとして考えられるが，そのような債権・債務の関係は民法上の債権・債務の関係と全く同じものなのか。

　手形法では，右のことについて様々な説明がなされている。「手形行為」が民法上の法律行為と同じものであれば，民法上の法律行為に関する規定（とりわけ意思表示に関する改正民法93条以下）が適用されることになる。一方，手形

行為が民法上の法律行為と異なるものであれば，手形行為に対して民法上の法律行為に関する規定をそのまま適用する訳にはいかない（後記第2編Ⅲ・Ⅳ章参照）。

　いずれにせよ，民法の原則を理解しなければ，そこにどのような問題が生ずるのかも明らかにならない。したがって，やはりこの場合にも，民法の理解が必要とされるのである。

　しかし，実際の勉強にあたって，民法の内容の完全な理解がないと商法に進めないと言っているわけではない。両科目の勉強を同時に進めて行くこともできるし，場合によっては，商法の理解を先行して民法の原則に戻って確認して行くことも可能であるかもしれない。要は両方の法分野の関係を理解することによって，それぞれの法分野の特性や独自性を理解しようとすることが大切なのである。

I　商法の単位としての「商人」

1　「商人」とは

[1]　固有の商人

「固有の商人」とは，自己の名をもって商行為をすることを業とする者である（商4条1項）。

「自己の名をもって」とは，自分自身が権利義務の主体となることである。注意しなければならないことは，自己の「名をもって」と自己の「計算において」とは区別しなければならないことである。後者は，行為に基づく経済的効果，営業活動に基づく損益，が帰属することを意味している。たとえば問屋などの取次商は，自己の「名をもって」法律行為をなすが，それに基づく経済的効果は委託者に帰属するので，他人の「計算において」法律行為をしているのである（⇨2 [3] ⑪）。

ここにいう「商行為」とは，商人概念の基礎となる商行為，すなわち「基本的商行為」のことを指す。絶対的商行為（商501条）と営業的商行為（商502条）とがこれにあたる（⇨2 [1] (a)・(b)）。

「業とする」とは営業として行うということである。すなわち，営利の目的で同種の行為を，継続的・集団的に行うことである（後記XI～XVIII章の商行為法に関する各種の営業主体に係る規定においても「業とする者」という用語が使われている（平30改商543条，551条，558条，559条，569条，596条，599条）。本書では，右の

「業とする」という用語をそのまま使う場合もあるが，内容に応じて「営業として行う」と表記する場合があることに注意していただきたい）。

このような営業を行う意思は，営業活動に伴って認められるべきであるが，会社は営利を目的とする法人であるので（会3条），当然に商人であり（従来の「商事会社」・「民事会社」の区別はなくなった），その活動に際しては常に営業意思が存するものと考えられる（なお，後記2 [5] 最判平20・2・22民集62巻2号576頁参照のこと）。これに対して個人商人は，商人としての活動とは別に自然人としての活動が存する以上，常に営業意思が存するとは限らない。ただ，個人商人の商人としての活動は，その名称である商号を表してなされるものであるから，商号を伴う活動については，営業意思が存すると考えられる。

今一つ問題となるのは，営業開始前のいわゆる開業準備段階での活動である。会社は，法人として成立するのは，設立登記の時点であるので（会49条，579条），それ以前は法人としての主体性は認められず，したがって営業意思の存在を論ずることもない。これに対して，個人商人の場合には，開業準備段階においても営業意思をもった活動が行われることがある。このような活動によって，その個人は，その段階で商人資格を認められ，その活動は附属的商行為（⇨2 [4]）となると解される。しかし，開業前のどのような行為がそれにあたるかについては争いがある（⇨4,【設例5】）。

[2] 擬制商人

>【設例1】
>
>農業を営む甲は，自分の畑で収穫された野菜を，自宅前の無人店舗で販売している。商人でない乙が，甲の右店舗で野菜を購入する場合，甲乙間の売買に基づく法律関係について，商法の規定は適用されるか。

「擬制商人」とは，店舗その他これに類似する設備によって物品の販売をすることを業とする者，鉱業を営む者のことである（商4条2項）。

「店舗その他これに類似する設備」という企業的設備により販売行為をなす者は，基本的商行為を行わずとも商人性が認められている。【設例1】の甲のように，自分の畑で収穫された野菜を店舗で販売することを営業とすれば，そ

の販売者は商人となる。したがって，甲乙間の法律関係には，民法ではなく，商法が適用される（商3条1項）。もっとも，乙は商人ではないので，甲乙間の売買が，商人間の売買（商524条以下）となる訳ではない。

「鉱業」は原始産業であるが，それを行うために大規模な企業的設備，資本を必要とすることから，商人性が認められている。

2 「商行為」とは

[1] 商行為の種類

(a) **絶対的商行為・相対的商行為**　絶対的商行為とは，その行為の客観的性質から商行為であるものをいう。それをなした者が，商人であるか否か，また，それが営業としてなされたか否かを問わず，その行為がなされたことによって当然に商行為性が認められるものである（商501条）。これに対して，相対的商行為とは，その行為が営業としてなされるために，あるいは商人がこれをすることによって，商行為となるものをいう。相対的商行為の中で，営業としてなされるために商行為となる営業的商行為（商502条）と商人が営業（会社の場合には「事業」，以下同じ）のためにすることによって商行為となる附属的商行為（商503条，会5条）がある。

(b) **基本的商行為・補助的商行為**　基本的商行為とは，商法4条1項において商人概念を定める際の基礎とされる商行為のことをいう。絶対的商行為（商501条）と営業的商行為（商502条）がこれにあたる。補助的商行為は，商人とされた者が，その営業のためにする行為であり，附属的商行為（商503条，会5条）がこれにあたる。

| (c)　一方的商行為・双方的商行為 |　一方的商行為とは，その行為が当事者の一方にとってのみ商行為となるものをいう。これに対して，双方的商行為とは，その行為が当事者双方にとって商行為となるものをいう。たとえば，小売商と消費者との間における商品の売買は，小売商にとって商行為となるが，消費者にとっては商行為とならないので，これは一方的商行為となる。これに対して，卸売商と小売商との間における商品の売買は，卸売商・小売商双方にとって商行為となるので，双方的商行為である。しかし，この区別は商法の適用について相違を来すものではない。なぜなら，一方的商行為の場合も，当事者双方に商法が適用されるからである（商3条1項）。

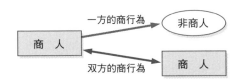

[2]　絶対的商行為

　絶対的商行為は，行為の客観的性質から商行為となるものである。それが営業としてなされたか否かを問わず，非商人によって1回限りでなされた場合にも，商行為性が認められる。商法を「企業法」であるとする立場からすれば，企業法における基本的単位とされる企業が継続的な経済活動を行っていることから，非商人による1回限りの行為についても商法を適用することは，好ましいことではない。このような絶対的商行為の存在は，商法を階級法から一般法へと解放する手段としての歴史的意義があるものの，企業法の立場からは，絶対的商行為の存在をそれ以上に評価すべきではない。したがって，絶対的商行為に関する商法の規定の解釈は限定的になされるべきであり，立法論としては，現在のままの状態でこの規定を残しておく意義はもはや存しない。

> 【設例2】
> 　甲は，自宅の付近に自生する野苺を摘んで帰り，それでジャムを作って自宅で消費していた。余ったジャムは，隣人乙が廉価で買い取っていた。乙は，甲から買い取ったジャムを，他の者に販売していた。乙に代金を払ったが，乙からジャムを渡してもらえなかった丙は，甲に対して，ジャムを渡すように求めた。

① 投機購買およびその実行行為（商501条1号）

　投機購買とは，利益を得て譲渡する意思をもってする動産・不動産もしくは有価証券の有償取得を目的とする行為である。実行行為とは，そのようにして取得した動産・不動産もしくは有価証券を売却する行為である。つまり，将来有利に転売する意思で，動産・不動産もしくは有価証券を買い入れ，これを売却することであり，たとえば，商品その他を安く買って高く売りその間の利ざやを稼ぐことである。

　厳密にいえば，売買だけでなく，交換や消費貸借によって動産・不動産もしくは有価証券を取得する場合も投機購買にあたるが，先占，捕獲によって取得した場合は除外される（民239条1項参照）。たとえば，海水から塩を製造し，これを販売することは投機購買およびその実行行為とはされない。投機購買およびその実行行為は，商法の出発点とされる「商」の具体的発現形態であり，財貨の転換流通を媒介することを基本としている以上，生産に直接関わる行為はこれにあたらないからである。

　投機購買として認められるためには，その購買の対象が，動産・不動産もしくは有価証券であること，有償取得であること，利益を得て譲渡する意思（投機意思）が存すること，が必要である。実行行為についても，同様の要件が充たされなければならない。ただし，以上の要件が充たされていれば，投機購買とその実行行為の間に，目的物の製造加工がなされてもよい（大判昭4・9・28民集8巻769頁）。例として，木材を買い入れて，これを木炭にして販売することなどが掲げられる。また，実行行為がなくても，投機購買がなされれば，それだけで商行為性が認められる。たとえば，有利に転売する意思で物を購入した後にそれを自家用に転じた場合にも，取得行為が商行為性を失うわけではな

い。

② 投機売却およびその実行行為（商501条2号）

投機売却とは，他人から取得する動産または有価証券の供給契約のことをいう。その実行行為とは，契約の目的物を後に取得することである。つまり，将来有利に買い入れてその履行にあてる意思であらかじめ動産または有価証券を売却し，のちにその目的物を買い入れる行為のことであり，たとえば商品を高く売りつけて安く買い付け，その利ざやを稼ぐことである。この意味で，①の行為と裏腹をなすものである。ただ，①と異なり，目的物として不動産が除外されているが，これは不動産が安く買い入れることを期待できない不代替物であるためである。

以上のことから【設例2】を考えてみよう。甲は自生する材料を使って作ったジャムを乙に廉価であるにせよ販売しているが，この行為自身に商行為性はない。これは先占（民239条1項）により取得したものの販売となり501条1号からは除外されるからである。商行為性は，むしろ，乙が甲から買い取ったジャムを他の者に販売していることにある。つまり，乙が，甲から買い取ったジャムを，他の者に販売することをはじめから考えているとすれば，乙が甲からジャムを買い取る行為は，①の投機購買にあたることになる。あるいは，乙丙間において，丙が先にジャムの代金を払っていることから，もし乙が甲からジャムを買い取ることをあてにして，丙との間にあらかじめ販売契約を結んでいたのであれば，②の投機売却に該当する。いずれにせよ【設例2】では，ジャムの販売契約は，甲丙間ではなく，乙丙間に結ばれているので，丙が甲に対してジャムの引渡しを要求することはできない。丙は，ジャムの販売契約の相手方である乙に対して，債務不履行に基づく損害賠償請求をなすべきであり，その法律関係について，先の商行為性に関する考慮の結果から，商法が適用されるべきかを問題とすべきである。

③ 取引所においてする取引（商501条3号）

証券取引所や商品取引所においてなされる売買・取次などの取引は，大量かつ定型的に行われることから，その商行為性が認められたものである。ただ，これらの取引は，①，②の行為あるいはその他の規定によって商行為性を認め

られており（商502条11号, 503条），それゆえ，商法501条3号の規定は実質的意義を有せず，単に注意を促す意味があるにしかすぎない。

④ **手形その他の商業証券に関する行為**（商501条4号）

「手形その他の商業証券」とは，手形・小切手のほか株券・社債券，倉庫証券・船荷証券など有価証券のことである。「商業証券に関する行為」とは，証券上になされる振出，裏書，引受け，保証などの行為をいう。もっとも，手形・小切手については，それぞれ「手形法」，「小切手法」の規定が適用されるので，商法501条4号の規定は，手形・小切手以外の有価証券について意味を有することとなる。

> **＊1 旧担保付社債信託法による「信託の引受」** 旧担保付社債信託法3条は「信託の引受」を絶対的商行為としていたが，新たな信託法（平成18年法108号）の制定に伴い，新担保付社債信託法上，前記の規制はなくなった。

[3] 営業的商行為

営業的商行為とは，その行為が営業としてなされることによって商行為とされるものである。すなわち，その行為が，1回限りではなく反復してかつ集団的になされることによって商行為性が表れるものである。商法を「企業法」とする立場からすれば，反復性・集団性を基準として商行為性を認めることは，[2]の絶対的商行為と比較すればより好ましい規制方法であるといえよう。

もっとも「企業法」の立場からしても，あまりにも小規模なものにまで商行為性を認めることはできない。商法502条柱書のただし書において「専ら賃金を得る目的で物を製造し，又は労務に従事する者の行為は」商行為としないと規定されていることは，これらの者の行為が単に生計の範囲で行われるものであって，企業性が認められないことを意味している。ここで，商行為性を有しない行為として，封筒貼りなどの手内職，個人タクシー営業などが掲げられている。

① **投機貸借およびその実行行為**（商502条1号）

投機貸借とは，賃貸する意思をもってする動産または不動産の有償取得もしくは賃借りである。その実行行為とは，取得もしくは賃借りした動産または不

動産の賃貸し行為である。絶対的商行為とされる投機購買が，物自体の転換ないし所有権の移転を目的としているのに対し，投機貸借の場合には，物の利用が投機の目的とされている点に特色がある。貸家，貸衣装，レンタカー，リースなどの行為がこれにあたる。

② **他人のためにする製造または加工に関する行為**（商502条2号）

他人の計算において製造または加工を引き受け，これに対して報酬を受けることを約する行為である。事実行為としての製造・加工ではなく，その引受行為が商行為となるのである。製造とは材料に労力を加えることによって新たなものを作り出すことであり，紡績・醸造などがこれにあたる。加工とは，物の同一性を変えないで材料に変更を加えることであり，染物，クリーニングなどがこれにあたる。

③ **電気またはガスの供給に関する行為**（商502条3号）

電気またはガスを継続して供給することを引き受ける行為である。「商法の一部を改正する法律案要綱」（昭10・12法制審議会決議）（以下「改正要綱」とする）では，水道事業，放送事業も含めるべきであるとしている。

④ **運送に関する行為**（商502条4号）

運送をなすことを引き受ける行為のことである。事実行為としての運送ではなく，その引受行為すなわち運送契約の締結が商行為となる。運送とは，物または人の場所的移動をなすことであり，その行われる場所によって，陸上運送・海上運送・空中運送に分類される。

⑤ **作業または労務の請負**（商502条5号）

作業の請負とは，不動産や船舶の工事を請け負うことをいう。労務の請負とは，労働者の供給を請け負うことをいう。現在，労働者請負事業は，労働組合が主務大臣の許可を得て無料で行うほかは禁止されている（職安44条，45条，船員職安50条，51条）。

⑥ **出版・印刷または撮影に関する行為**（商502条6号）

出版に関する行為とは文書や図画などを印刷し販売配布することを引き受けることをいう。出版業者，新聞業者の行為がこれにあたる。印刷に関する行為とは，文書や図画などを，機械力によって複製することを引き受けることであり，印刷業者の行為がこれにあたる。撮影に関する行為とは，写真の撮影を引

き受けることであり，写真館の行為がこれにあたる。なお，「改正要綱」では，「情報に関する行為」も含めるべきであるとしている。

⑦ **客の来集を目的とする場屋における取引**（商502条7号）

> 【設例3】
> 理髪店を営むAが，客Bの散髪をする行為は「場屋における取引」として，商法の適用を受けるといえるか。

客の来集を目的とする場屋における取引とは，公衆の来集に適する設備を設けて，これを利用させることを目的とする行為である。浴場，飲食店，映画館，ゲームセンターなどにおける取引がこれにあたる。

【設例3】の理髪店について，判例によれば，理髪業者と客の間には，単に理髪という請負もしくは労務に関する契約があるだけで，いわゆる設備の利用を目的とする契約が存しない，理髪業者の設備は理髪のための設備であり，客に利用させるための設備ではないから，理髪業者は場屋における取引を業とする者ではないとしている（大判昭12・11・26民集16巻1681頁）。判例の見解は，場屋における取引について，設備利用の面を強調している。しかし，この見解では，理髪店に客が行ってそこにあるバリカンを使って，自分で髪をカットするのでなければ，場屋における取引とはいえないことになってしまう。むしろ，客の来集を強調すれば，理髪業者も場屋における取引を業とする者であると解されよう。【設例3】で，もし理髪店における法律行為が，判例のように商行為でないとすれば，AB間の法律関係について，商法は適用されず，民法によることになる。

⑧ **両替その他の銀行取引**（商502条8号）

> 【設例4】
> 個人として貸金業を営むAからBが金を借りた。このAB間の消費貸借に基づく法律関係について商法の規定は適用されるか。

商法502条8号にいう「銀行取引」の意義について，判例によれば，銀行取引とは金銭の転換を媒介する行為をいうとしている。すなわち，一方における不特定多数人から金銭または有価証券を受け入れる受信行為と，他方における

I　商法の単位としての「商人」　25

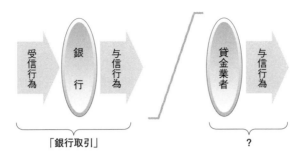

受け入れた金銭などを他人に貸し付ける与信行為とが併存する必要があり、したがって、与信行為のみを行う者は、銀行取引をなす者ではないとするのである（貸金業者について、最判昭30・9・27民集9巻10号1444頁、質屋営業者について、最判昭50・6・27判時785号100頁）。【設例4】について、判例の立場からすると、AのBに対する金銭貸出行為は「銀行取引」にはあたらず、したがって、その法律関係に商法は適用されないことになる。

　なお、注意しなければならないことは、【設例4】のAは、「個人として」営業を行っており、会社形態をとっていないことである。もし、会社形態をとっているのであれば、問題となる取引は、事業としてする行為（会5条、あるいは、少なくとも、事業のためにする行為）となり、その取引に基づく法律関係について、商法が適用されることになる。

⑨　**保険**（商502条9号）

　ここでいう「保険」とは営利保険をいい、相互保険、社会保険のことではない。営利保険とは、保険業者が保険契約者から対価を得て保険を引き受ける契約である。これに対して、相互保険は、同種の危険を感ずる者が直接団体を形成し、その構成員に危険を分配する制度であって、保険者と被保険者ないし保険契約者とが対立する営利保険とは異なる。また社会保険も、強制的であり営利性を有しないことから、「保険」には含まれない（同旨、東京地判大3・5・23新聞954号25頁）。

⑩　**寄託の引受け**（商502条10号）

　寄託の引受けとは、他人のために物を保管することを引き受ける契約をいう。倉庫営業者などの行為がこれにあたる（⇨XVI章）。

⑪ **仲立ちまたは取次ぎに関する行為**（商502条11号）

　仲立ちに関する行為とは，他人間の法律行為の媒介を引き受ける行為である。商行為の媒介を行う仲立人（商543条⇨Ⅺ章），一定の商人のためにその営業の部類に属する取引の媒介を引き受けることを営業とする媒介代理商（商27条）の行為がそれにあたる。それ以外にも，結婚の媒介や不動産売買の周旋のように，商行為以外の法律行為の媒介を行う民事仲立も，それが営業として行われる限りは，商行為となる。

　取次ぎに関する行為とは，他人の計算においてではあるが，自己の名をもって法律行為をなすことを引き受ける行為をいう。物品の販売または買入れをなすことを取次の目的とする問屋（といや）（平30改商551条⇨Ⅻ章），物品運送の取次をなす運送取扱人（平30改商559条），販売または買入れ以外の法律行為を取次の目的としている準問屋営業（平30改商558条）のする行為がこれにあたる。

⑫ **商行為の代理の引受け**（商502条12号）

　商行為の代理の引受けとは，委託者のために商行為となる行為の代理を引き受ける行為である。締約代理商（商27条）のする行為がこれにあたる（⇨Ⅶ章）。

⑬ **信託法による信託の引受け**（商502条13号）

　信託法2条5項によれば，信託行為の定めに従い，信託財産に属する財産の管理または処分およびその他の信託の目的の達成のために必要な行為をすべき義務を負う者が「受託者」となるが，この受託者が信託を引受けた者ということになる。この意味における受託者として信託を引き受ける営業が「信託業」であり（信託2条1項），信託業を営むのは，一定の要件（信託5条）を充足する「信託会社」（信託2条2項，3条，7条1項）である。

　従来は，無尽業法による無尽は営業的商行為とされていた（無尽（旧）2条）。しかし，平成17年法改正により，無尽業は株式会社が営むことになったので（無尽3条），無尽は，無尽会社の事業目的である行為として商行為性を有することとなる（後記[4]参照）。

[4] 附属的商行為

　附属的商行為とは，商人がその営業のためにすることによって商行為となる

ものである（商503条1項）。

　附属的商行為とは、「商人」の行為である。商人としての営業の開始のための準備行為についても、営業意思が客観的に認識される以上、商行為性が認められるとするのが判例の立場である（大判昭6・4・24民集10巻293頁）（⇨4）。

　附属的商行為とは、商人がその「営業のためにする行為」である。営業のためにする行為であるか否かは、その商人の営業目的との関係で決せられる。ただし、取引安全のため、商人の行為はその営業のためにするものと推定されている（商503条2項）。

[5] 会社の事業と商行為

　会社法5条によれば、「会社がその事業としてする行為およびその事業のためにする行為は商行為とする」と規定されている。このことをどのように解すればよいか。右会社法の規定を、「会社の行為はすべて商行為となる」と読むならば、会社については、商法503条2項の推定は働かないこととなる（神作・ジュリスト1295号135頁）。これに対して、会社の行為は「その事業としてする行為およびその事業のためにする行為」だけでなく、それ以外の行為も存するのであり、そのような事業としてする行為およびその事業のためにする行為以外の行為については、前記推定規定が働くと解する余地がある（川村・新しい会社法の理論と実務、川村=布井編、別冊金判13頁）。

　会社法制定前、東京地裁平成9年12月1日（金判1044号43頁）は、「会社は商行為以外の行為をなすことができず、その結果、会社の行為で商事債権以外の債権を発生させるものなどあり得ないとして、会社の行為につき商法503条2項により商行為性の推定を覆すこともあり得ないという考え方も成り立ち得る。……しかしながら……、会社の行為はその大半が商取引に関するものであって、簡易、迅速、不要式といった特性を原則とすべきであるけれども、ごく一部に例外とすべき行為が存することも、当然のことながら、否定できない。実質的に考えても、会社の行為であるという一事をもって、それはすべて商行為と定めてしまうことは、会社に対し、いわゆるポケットマネーを保有する余地を完全に否定することになり、会社活動の実態と大きくかけ離れた法的効果をもたらす結果を招来し、不都合である。……よって、会社についても、商法

503条2項の適用により、その行為について商行為性の推定が覆る可能性を肯定すべきである」と判示していた。

会社法制定後、最高裁平成20年2月22日判決（民集62巻2号576頁、判時2003号144頁、判タ1267号165頁、金判1303号30頁）は、会社の行為は、商法503条2項により、商行為と推定され、その商行為性を争う者において、当該行為が会社の事業のためにするものでないこと、すなわち、当該会社の事業と無関係であることの主張立証責任を負うと判示している。その理由として「会社がその事業としてする行為及びその事業のためにする行為は、商行為とされているので（会5条）、会社は、自己の名をもって商行為をすることを業とする者として、商法上の商人に該当し（商4条1項）、その行為は、その事業のためにするものと推定されるからである（商503条2項。同項にいう「営業」は、会社については「事業」と同義と解される）」と判示している。つまり、会社の商人性を前提に、商法503条2項の適用を認め、同項による推定が覆される場合もあり得るとされているのである。なお、最近の判決例で、監査法人の商人性を認めたものがある（東京地判令3・6・24金判1626号34頁）。

3 小商人

「小商人」には、未成年者登記、後見人登記、商業登記、商号の登記、商号譲渡の登記、営業譲受人の免責の登記、商業帳簿、支配人の登記に関する規定は適用されない（商7条）。

「小商人」とは、商人のうち、法務省令で定めるその営業のために使用する財産の価額が法務省令で定める金額を超えないものをいう（商7条括弧書、商法施行規則3条によれば、営業の用に供する財産につき最終の営業年度に係る貸借対照表（最終の営業年度がない場合には開業時貸借対照表）に計上した額が50万円を超えないもの）。小商人にあたるものとして掲げられるのは、「露天商」、「行商人」などである。もちろん小商人が、その営業をなすにあたって「○○屋」というような営業上の名称を使用することは差し支えないが、それを「商号」として登記することは認められない（商11条2項の不適用）。

4 商人資格の取得時期

【設例5】
　Aは，個人で喫茶店を開業しようと思い，店内の装飾に使うため知り合いの骨董家Bに絵画の買い入れを発注した。Bは右絵画をAに引き渡し，Aは喫茶店を開業したが，スペースの都合で，この絵画は店内に飾られないままに置かれていた。AB間の絵画の買入れに関する法律関係について，商法の規定は適用されるか。

　【設例5】で問題になるのは，AB間の絵画の発注および，引渡が，Aの喫茶店の開業前に行われており，また，絵画が開業後店内に飾られないままに置かれたことである。とりわけ，Bによる絵画の売渡しを内容とする取決めが，Aによる喫茶店の開業のための準備行為として行われたものであるかが考慮されなければならない。もし，その取決めが開業準備行為としてなされたものであれば，その附属商行為性から，AB間の法律関係には商法が適用されることになる。

　先に述べたように（⇨2[4]）個人が開業前になした行為について，どの段階で営業意思を認め，その行為を附属的商行為として認めて行けばよいかについて以下の見解が主張されている。

① 営業意思表白説
　広告，看板などによって営業意思が一般的に表白されることが必要であるとする見解である（大判大14・2・10民集4巻2号56頁）。この見解では，【設例5】で，Aが単に絵画を発注しただけでは，表白行為があるとはいえず，AB間の取決めについて商行為性を認めることはできない。

② 営業意思主観的実現説
　表白行為がなくても，資金の借入れなどによって営業意思を主観的に実現する行為がなされればよいとする見解である（最判昭33・6・19民集12巻10号1575頁）。この見解では，【設例5】で，Aが喫茶店を開業しようと思って，絵画を発注したことで商行為性を認めることができる。

③ 営業意思客観的認識可能説

　営業意思を主観的に実現する行為だけでは足りず，営業意思が外部的に相手方に客観的に認識されるような行為がなされなければならないとする見解である（最判昭47・2・24民集26巻1号172頁，多数説）。【設例5】では，まだ外部にも認識可能な状況とはなっていないので，AB間の取決めについて商行為性を認めることはできない。

④ 段階説

　商行為性の主張を当事者間の具体的事情に応じて段階的に考慮しようとする見解である。たとえば営業意思が主観的に認識されただけの段階で，行為者が相手方にその行為の商行為性を主張することはできないが，相手方は主張することができる。営業意思が特定の相手方に認識された場合には，行為者はその相手方に対して，その行為の商行為性を主張することができる。営業意思が特定の相手方だけでなく一般的に認識可能な状況になっている場合には，行為者は何人に対しても，その行為の商行為性を主張することができる。【設例5】では，上記段階に応じて，考えて行かねばならない。

　AがBに絵画を発注するときに，その絵画が将来開業する喫茶店の装飾用に使用されるということをBに告げていた場合には，AはBに対して商行為性の主張をなし得るが，そのことを告げておらず，単にAだけが店内装飾用とすると思っていただけであれば，Aは商行為性の主張をすることができない。なお，【設例5】では，結局，絵画は店内に飾られずに終わってしまっているが，このことはAB間の上記取決めの商行為性を左右する要素とはならないものと解される。

5 未成年者の営業

【設例6】
　Aは成年に達していなかったが，両親の許しを得て，両親が経営する個人商店の一部門の店舗の営業を任され，その旨の登記も行った。Aは，その店舗で販売するために新規商品を大量に仕入れたが，その仕入れについて両親は難色を示していた。結局仕入れた商品は全く売れず，その商品の仕入先Bに対する支払ができなくなってしまった。Bからの請求に対して，Aは，その商品の仕入れは，もともと両親の反対を押し切って行ったものだから，その商品を購入したことは，未成年がなしたものとして取り消すことができると主張し，代金の支払を拒んでいる。

　未成年者も，権利能力が認められる以上，商人となることはできる。しかし，民法では未成年者は，制限行為能力者であり，未成年者が法定代理人の同意を得ないでなした法律行為は取り消される（民5条2項）。【設例6】のAのなした商品の購入行為も法定代理人である両親（親権者）の同意なく行われたものであり，同様に取り消すべきものとも思われる。

　しかし，【設例6】では，Aは当該店舗の営業を任せられていたことに注意しなければならない。すなわち，未成年者が一種または数種の営業をなすことを許された場合には，その営業に関しては成年者と同一の能力を有するものとされる（民6条1項）。同様に，持分会社の無限責任社員となることを許された未成年者は，その社員としての資格に基づく行為に関しては行為能力者とみなされる（会584条）。したがって，これらの場合には個別に法定代理人の同意を必要としなくとも，未成年者は営業活動ないし社員としての活動を行うことができる。そのことを前提として，未成年者と取引する相手方のために，営業許可がなされているかを明らかにするために，未成年者が商人として営業を行うときにはこれを登記しなければならないものとしている（商5条）。また，持分会社の無限責任社員であることも登記事項となっている（会912条5号，913条5・6号）。

　【設例6】でのAは，両親から当該店舗の営業を任せられ，その旨の登記も経ていたと解されるので，それに基づく個別営業行為について一々両親の許可を

経なくても営業行為を行うことができたのである。したがって，Bからの新規商品の購入行為もそれ自体有効であり，商品の支払の義務をAが負担しなければならないことも明らかである。それゆえ，Aの主張は認められない。

なお，未成年者が営業許可を受けていない場合でも，未成年者を商人として，その法定代理人が未成年者に代わって営業活動を行うことができる。これに関して，法定代理人たる後見人が商人として営業を行うときにはこれを登記しなければならないものとされている（商6条1項）。

II 商人の名称としての「商号」

1 「商号」とは

商号とは，商人がその営業活動において自己の同一性を表すために用いる名称である。

商号とは，「商人」の同一性を表する名称である。民法上では，自然人（個人）が，その同一性を表すために用いるのが「氏名」であるのと相応している。つまり，「氏名」は個人関係における名称であり，「商号」は営業関係における名称である。なお，会社は，個人と同様商人であるものの，営利法人であり，事業活動を離れた個人関係というものは考えられない。したがって，会社の名称としては，その「商号」だけを考えればよい。これに対して会社以外の法人では，従来から「商号」という用語ではなく「名称」という用語が使われている（一般法人法11条1項2号，153条1項2号，中小企業等協同組合法23条1項2号，農業協同組合法28条1項2号，等）。そこで，改正商法においても，会社を含む法人については，従来の「商号」という用語ではなく「名称」という一般用語に変更している規定がみられる（平30改商546条1項1号，549条，571条1項4号，601条2号等）。

この関係で，確認しなければならないことは，会社を規制する法律である

「会社法」においても，「商号」に関する規定があることから，「商法」の総則における「商号」に関する規制は，会社および外国会社でない「商人」の商号に関するものであるということである（商 11 条 1 項括弧書）。

　注意しなければならないことは，商法が「企業法」であるといっても，現行法上，自然人，法人とならんで「企業」自体が，法律上の権利義務の担い手，すなわち権利主体となっているわけではないということである。「企業」は，現行法上は，企業財産を中心とする組織として，権利の主体というよりはむしろ権利の客体となっているのであって，個人商人や会社が，それぞれの企業組織を有する者として，権利の主体として位置づけられているのである。したがって，法的にいえば，「商号」は，権利の主体である自然人たる個人商人や法人たる会社の名称であり，「企業」そのものの名称であるわけではない。

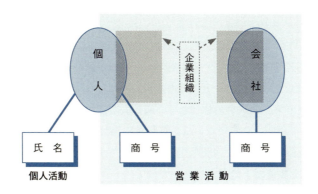

　「商号」は，以上のように「商人」の名称であるが，営業活動に関連して「商号」以外の名称が使われていることがある。たとえば，「商標」は，「商品」を表す名称として機能している。また，「営業」・「事業」ないし「役務」をイメージづける記号・図形として「営業標（サービスマーク）」がある（たとえば，ある宅配業者が使っているネコのマーク）。

　また，実際には企業活動を行っているものの商人でない者について，その名称は商号ではないことになる。たとえば，協同組合や保険相互会社の名称は商号ではない。さらに，小商人には，商号の登記に関する規定は適用されない（商 7 条 ⇨ I 章 3）。商号とは，「名称」である。したがって，文字によって表示

し得るものでなければならない。記号や図形によるものは商号ではない。ただし，ローマ字やアラビア数字による表記は認められる。

2　商号はどのように選定されるか

　商号の選定に関する立法主義として，選定する商号と実際の営業活動の内容との一致を要求する「商号真実主義」（フランス法系），商号と営業との一致を要求せず自由な選定を認める「商号自由主義」（英米法系）および新たな商号の選定については実際の営業活動の内容との一致を要求するが，既存の商号の譲渡・相続などの場合には営業活動の内容との一致がなくてもよいとする「折衷主義」（ドイツ法系）がある。

　わが国において，商人はその氏・氏名その他の名称をもって商号とすることができるものとされている（商11条1項，会6条1項）。すなわち，商号の選定は，原則として，自由である。たとえば鮮魚店が，その商号として「○○果物店」という商号を選んでもよいのである。なぜわが国が，そのように自由な商号の選定を認めているのか。その理由としてあげられるのは，わが国において，商法制定以前から，商人の名称として「屋号」が使用されていたことである。「屋号」として用いられていたのは，創業者の出身地，出自，称号であって，（「越後屋」，「信濃屋」，「鍵屋」の類），実際の営業内容が表示されていたわけではなく，「商号真実主義」の要求に沿うものではなかった。このような事情を，立法者が考慮した結果，上記のような法制が採用されたのである。

　もっとも，わが国において，商号の選定は絶対的に自由なわけではない。まず，会社の商号および会社以外のものの商号について一定の制限がある。すなわち，会社の商号中には，その種類により，株式会社，合名会社，合資会社または合同会社なる文字を用いなければならず（会6条2項），他の種類の会社であると誤認されるおそれのある文字を用いてはならない（同条3項）。また，会社でない者がその商号中に会社であると誤認されるおそれのある文字を用いてはならない（会7条）。さらに，誤認を生じせしめるような商号の使用も禁止されている（商12条1項，会8条1項）。

3 商号単一の原則

　商号は，商人の営業活動において使用される名称であり，法律的には，商人の同一性を表すものである。しかし，先に論じたように（⇨1）商人は営業組織ないし企業の担い手であり，それゆえ，事実上，営業組織ないし企業を表す機能をも有している。このことから，商人と取引する相手方さらには一般大衆の側からすれば，商号は当該商人の営業活動の指標として，信頼の対象とされているものといえよう。そこで，商号をそれに結びつけられた営業に関連させることによって，営業活動に関与する者の保護をはかり，営業の同一性について誤認を防ぐ必要が生じる。つまり，一個の営業には一個の商号しか認めないというものであり，これが「商号単一の原則」と呼ばれるものである。

　ここでも，法人としての商人，すなわち会社，と自然人である個人商人とを区別しなければならない。会社の場合，会社が複数の事業を営んでいても，会社自体が一個の営業組織であり企業の主体であることから，会社を表す名称である商号は常に1つである。これに対して，個人商人の場合，そこで複数の営業が営まれているときは，それぞれの営業につきそれぞれ別の商号を用いることができる。しかし，この場合でも，同一の営業に複数の商号を用いることはできない。たとえば同一の営業について複数の支店（営業所）がある場合でも，支店ごとに異なる商号を用いることはできない。これに対して，複数の営業所がある場合にそれぞれの営業所について別の商号を使用することができるとする判例もある（大決大13・6・13民集3巻280頁）が，商号単一の原則の趣旨が営業の同一性について誤認を防ぐという点にあることを強調すれば，この判断に賛成することはできない。ただし，本店の商号が「A商会」である場合に支店の商号を「A商会〇〇支店」とすることは許される。

　このように商号が営業組織ないし企業と関連づけられることから，商号の譲渡は，営業の譲渡とともにする場合に認められる。また，営業の廃止に際し商号のみを譲渡する場合に限られる（商15条1項）。

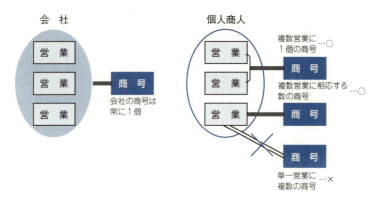

商号と営業との結びつき

4 登記商号と未登記商号

【設例7】
個人Aは，「甲商店」という商号で営業を行っており，その商号を登記していたが，その後，個人Bも「甲商店」という商号の登記を申請し，この申請が受理されてしまった。そこで，AはBに対して，Bのなした登記の抹消を求めている。

会社形態をとっている場合，その商号は必ず登記されなければならない（会911条3項2号，912条2号，913条2号，914条2号）。これに対して，会社形態をとっていない場合，（会社および外国会社でない）商人がその商号を登記するか否かは自由である（商11条2項）。したがって，商号には，登記商号と未登記商号とがあることになる。

しかし，商号を登記した場合には，未登記の場合とは異なる効力が認められている。商号の登記は，その商号が他人の既に登記した商号と同一であり，かつ，その営業所（会社にあっては，本店）の所在場所が当該他人の商号の登記に係る営業所の所在場所と同一であるときは，することができない（商登27条）。

同一商号を二重に登記できないということは，別の見方をすれば，既に登記されている商号と同一の商号の登記申請がなされても，その申請は却下される

ことになる（商登24条13号）。

　そこで問題となるのは，【設例7】のように，二重登記がなされてしまった場合に，先に商号登記をなしていた者（A）が，後に同一商号の登記をした者（B）に対し，その登記の抹消を請求することができるか否かということである。先商号権者であるAの保護を強調すれば，たとえ後に商号を登記したBに不正の目的（商12条1項）がなくても，登記を排除する権利を認めるべきことになろう。ただし，同一商号の二重登記の禁止を定めていた旧商法19条の規定に代わって，前記商業登記法27条が従来よりも詳細な要件を伴い定められたことで，前記19条について私法上の効力をも認めていた見解が，今後前記27条についても同様に解するのかについては，なお不分明な点がある（商登33条（後記6）参照）。

　判例には，先に商号登記をなしていた者が登記官庁に対して商業登記法（旧）114条ノ2（現142条）による登記抹消の審査請求を求めたことに対し，抹消手続は登記官による職権抹消事由のある場合（商登（旧）110条，109条（現135，136条））にのみ認められるとして，商法（旧）19条違反を理由とした審査請求を否定したものがある（最判昭60・2・21判時1149号91頁）。

5　商号の不正使用の排除

【設例8】
　個人商人Aは，「甲商店」という商号で営業を行っていたが，その商号を登記していなかった。甲商店の開業後，甲商店の近所にBが「甲商店新館」という商号で，Aとほぼ同一の営業を開始した。AはBに対し，「甲商店新館」という商号を使用しないように求めた。

　商人は，自分が選定した商号を，自分の営業活動において自由に使用することができる。このように，商号を選定した者が，その商号を使用することができる権利を「商号使用権」という。この「商号使用権」は登記商号・未登記商号を問わず一般に認められている。したがって，商人がある商号を選択し，それを営業活動に用いていれば，その商号が登記されていなくても，それと同一

あるいは類似の商号を選定し登記した者から，使用差止（商12条2項，会8条2項）を求められることはない（大阪地判昭11・10・24新聞4062号6頁）。

これに対して，【設例8】のような一定の場合に，他人が使用している商号の排除を求めることができることがある。他人の使用する商号を排除することができる権利を「商号専用権」というが，従来，この「商号専用権」は，登記商号について認められていたにすぎなかった。すなわち，昭和13年商法改正以前には，商号の侵害に関する規定は，商法（旧）19条および（旧）20条だけであり，他人の使用する商号を排除することができるとするのは，商法（旧）20条により，登記商号のみに認められていたと解されていたのである。しかし，昭和13年商法改正によって商法（旧）21条の規定が設けられた。このことによって，商号専用権は未登記商号にも認められると解されることとなった（多数説⇨*1）。現在は，個人商人であると会社であるとを問わず，相応する規定が設けられている（商12条2項，会8条2項）。

したがって，【設例8】において，Aが「甲商店」という商号を登記していなかったとしても，商法12条によって，Bの「甲商店新館」という商号の使用を停止するよう求めることになる。ただ，そのためには，Aが商法12条1項，2項の要件を充たしていなければならない。

すなわち，Bに「不正の目的」があるか，Bの「甲商店新館」という商号は，Aの「甲商店」という商号であると誤認されるような商号であるか，Bの商号使用によってAの営業上の利益が侵害されているか，である（Bが既に営業を開始しているので，Aの営業上の利益は侵害されていると思われる）。Aは，これらのことを主張立証できれば，Bの商号使用を排除することができるのである。

＊1　周知性のある商号の保護　不正競争防止法では，周知性を有する他人の商号と同一類似の表示を使用し，他人の営業上の施設または活動と混同を生じせしめた者に対し，営業上の利益を害されるおそれがある者は，その使用の差止を請求することができると規定する（不競2条1項1号，3条）。この規定によって保護される商号は，登記商号である必要はないが，周知性を有するものでなければならない。

6 商号の廃止・変更

　登記商号について，商号を廃止したり変更した場合には，その旨の登記が必要となる（商10条，商登29条2項）。また，登記商号について，登記商号の廃止，変更についてその旨の登記がなされないときや，正当の事由なく2年間商号が使用されなかったにもかかわらず当該商号の廃止の登記がなされないとき等一定の場合に，当該商号の登記に係る営業所（会社にあっては本店）の所在場所において同一の商号を使用しようとする者は，登記所に対して当該商号の登記の抹消を申請することができる（商登33条）。

7 名板貸

[1] 名板貸人の責任

　商法14条によれば，自己の商号を使用して営業または事業を行うことを他人に許諾した（会社および外国会社でない）商人（名板貸人）は，当該商人が当該営業を行うものと誤認して当該他人（名義借受人）と取引をした者（相手方）に対して，当該取引によって生じた債務について，当該他人と連帯して，弁済責任を負わなければならない（会社について，会9条）。この規定は，昭和13年商法改正に際して導入されたものであって，名板貸人を営業主であると信じて取引関係に入った相手方を保護するため，禁反言（エストッペル estoppel）ないし権利外観法理（レヒトシャイン法理 Rechtsscheintheorie）に基づく責任を，名義使用の許諾をなした名板貸人に課したものである。

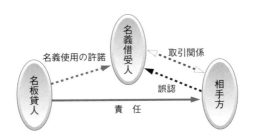

[2] 責任が認められるための要件

(a) 名義使用の許諾　名板貸人の責任が認められるためには、名板貸人による名義使用の許諾がなければならない。すなわち、名板貸人が「商号」の使用を許諾し、名義借受人が当該商号を使用することが必要である。名板貸人は「商人」または「会社（外国会社を含む）」でなければならない（商14条、会9条）。名板貸人による名義使用の許諾は必ずしも明示のものである必要はない。他人が勝手に自己の名義を使用する場合に、これを知りながら放置しておけば、黙示の許諾が認められるものと解される。

名板貸人による名義使用の許諾は、「営業または事業を行うこと」についてなされていなければならない。たとえば、甲が乙に対して、商品の仕入れについて「甲」の名で仕入れることを許可し、その代金支払のために「甲」名義の手形が振り出された場合、その手形振出行為について商法（旧）23条が適用されることに異論はない（最判昭42・2・9金判54号10頁）。これに対して手形行為についてのみ名義使用の許諾をなした者に、商法（旧）23条による責任を認めることについて、判例（最判昭42・6・6判時487号56頁）は否定的であるが、学説には肯定的な見解も多い（⇨第2編Ⅸ章）。

(b) 相手方の信頼　さらに、名板貸人の責任が認められるためには、名義借受人と取引をする相手方が、名義借受人ではなく名板貸人が商号使用を許諾された営業または事業を行うものと信じていなければならない。そのためには、そう信ずることが相当であるような外観が存在しなければならない。また、外観作出に対する名板貸人の帰責性がなければならない。さらに考慮しなければならないことは、外観を相手方が信頼したことである。これについて相手方は善意であるか少なくとも重過失のなかったことが必要である（多数説・判例（最判昭41・1・27民集20巻1号111頁））。

　（補注）　なお、金融商品取引法上の「金融商品取引業者等」（同法34条）は、名板貸しが禁じられている（同法36条の3）。

[3] 名板貸人の責任の範囲

【設例9】

個人商人YはAに，自己の商号を使用して営業をなすことを許諾していた。Aは，この許諾に基づいて営業を行っていたが，Aの従業員Bは，右営業に関わる商品の配送中，交通事故を起こし，Xに損害を与えてしまった。Xは，この損害の賠償をYに対して求めている。

　名板貸人は，名義借受人と相手方との間における「取引によって生じた債務」について，名義借受人と連帯して責任を負う。取引によって生じた債務である限り，取引によって直接生じた債務の他，その不履行による損害賠償債務についても責任を負う。これに対して【設例9】では，不法行為に基づく損害賠償請求が問題となっている。不法行為に基づく債務について，判例は，取引行為の外形をもつ不法行為（たとえば「取込詐欺」のような場合）とそうでないものを区別し，前者については名板貸人の責任を肯定し（最判昭58・1・25判時1072号144頁），後者については否定している（最判昭52・12・23民集31巻7号1570頁）。したがって，判例の立場によれば，【設例9】における不法行為，すなわち交通事故によって損害を与えたことは，取引行為の外形をもつものとはいえず，Xは，Aに対してはともかく，Yに対して責任を追及し得ないことになる。

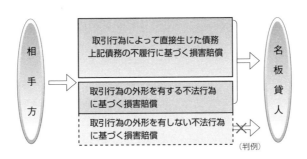

III 営業の内部的補助者としての商業使用人

1 「商業使用人」とは

　商業使用人とは，企業内にあって経営者に従属しながら，経営者の営業活動を補助する者である。

　商法は，このような商業使用人として，「支配人」，「部課長」（ある種類または特定の事項の委任を受けた使用人）および「物品販売店舗の店員」に関する規定を置いている（会社の使用人については，会社法10条以下の規定が適用される）。しかし，実際に経営者の活動を補助している者は，これに限られない。たとえば企業内部で，「支配人」，「部課長」あるいは「物品販売店舗の店員」としての権限を有しなくても，出納係のように，営業活動を内部的に補助する者がいる。さらに，代理商のように，自らが独立の営業者でありながら，他の者の営業活動を補助する場合もある。そこで問題となるのは，営業活動を補助する者として位置づけられる「商業使用人」とは，法律上どのような者であるかということである。

[1] 雇用関係

　商業使用人が営業主に従属してその営業活動を補助する法的基礎は，通常，雇用契約である。しかし，雇用契約が存しない場合でも，なお商業使用人として認められるか否かが問題となる。従来，通説は，商法（旧）45条を根拠として，雇用契約に基づく従属関係が商業使用人の概念の前提になっていると解していた。これに対し，少数説は，商法における商業使用人は商業代理人を意味し，したがって，雇用契約の存在を要しないとしていた。平成17年改正に伴い前記規定は廃止された。しかし，民法308条では「使用人との間の雇用関係」との文言が存置されており，問題は残されている。

[2] 対外的代理権

多数説は，商人的労務ないし商業上の労務に服する使用人であれば，たとえ対外的代理権を有しなくても，商業使用人であるとしている。これに対して，商法における商業使用人は商業代理人を意味するとする少数説によれば，内部的な労務に服するだけで代理権を有しない者（簿記係，現金出納係，など）は，商業使用人に属しないものとなる。

[3] 従事する労務

多数説によれば，使用人が従事する労務を，財貨の流通過程に関与するか，生産過程に関与するかで分け，前者のみを商人的労務としている。しかし，商法における商業使用人は商業代理人を意味するとする少数説からは批判がある。

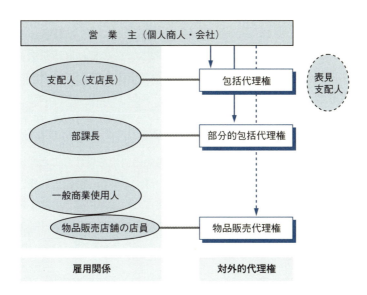

2 支配人

[1] 「支配人」とは

支配人とは，営業主に代わってその営業に関する一切の裁判上または裁判外

の行為をなす権限を有する商業使用人である（商21条1項，会11条1項参照）（通説）。これに対して，支配人とは営業所，本店または支店の営業の主任者である商業使用人のことをいうとする見解もある。この見解によれば，営業所，本店または支店の営業の主任として選任されれば，たとえその選任に際してその者の有する代理権に制限が附せられていたとしても，その者は支配人であることになる。一方，通説によれば，制限された代理権を伴って選任された者は，支配人ではないことになる。もっとも，この場合でも表見支配人に関する規定（商24条，会13条）の適用によって営業主が責任を負わなければならない場合がある（⇨5）。

[2] 選 任

会社および外国会社でない商人について，支配人は営業主である商人に代わって選任される（商20条）。会社の場合，株式会社では，取締役の過半数による決定（会348条2項，3項1号），取締役会設置会社では取締役会決議（会362条4項3号），持分会社では，社員の過半数による決定（会590条2項，591条2項）が必要である。

[3] 退 任

支配人は，①支配人の死亡，破産手続き開始の決定を受けたこと，後見開始の審判を受けたこと（民653条，111条1項2号），②解除，解任，辞任，③営業主について，破産手続き開始の決定を受けたこと，④雇用関係の終了，によって退任する。しかし，営業主の死亡によっては当然に退任しない（商506条）。

支配人の選任・退任は登記事項である（商22条，会918条）。

[4] 支配人の権利

支配人は，営業主に代わってその営業に関する一切の裁判上または裁判外の行為をなす権限（代理権＝「支配権」）を有する（商21条1項，会11条1項）。

支配人の有する代理権に制限を加えても，営業主はこの制限をもって善意の第三者に対抗することができない（商21条3項，会11条3項）。

支配人の代理権の範囲は，商号および営業所によって個別化された特定の営

業の範囲に限定されると解されている。たとえば，個人商人は数種の営業をそれぞれ別個の商号をもって営むことができるが（⇨Ⅱ章3），その場合に，一個の商号のもとに営まれている特定の営業の範囲で営業主が支配人を選任したときには，選任された支配人の代理権はその特定の営業の範囲に限定される。もちろん，この場合に数種の営業のすべてに共通して1人の支配人を選任することもでき，その場合に選任された支配人の代理権は，結果的に営業主の営業のすべてに及ぶ。また，営業主が数個の営業所によって営業を営んでいる場合には，支配人の代理権の範囲は，そのうち一個の営業所の営業の範囲に限定される。

[5] 支配人の義務

会社および外国会社でない商人について，支配人は，商人の許諾がなければ，①自ら営業を行うこと，②自己または第三者のためにその商人の営業の部類に属する取引をすること，③他の商人または会社もしくは外国会社の使用人となること，④会社の取締役，執行役または業務を執行する社員となること，はできない（商23条1項，会社について，会12条1項）（競業禁止・精力分散防止義務）。

支配人がこの義務に違反して前記②の行為をしたときは，当該行為によって支配人または第三者が得た利益の額は，商人に生じた損害の額と推定する（商23条2項，会社について，会12条2項）。

3 部課長

営業に関するある種類，または特定の事項の委任を受けた商業使用人は，その事項に関し一切の裁判外の行為をなす権限を有する（商25条1項，会14条1項）。このような部分的ではあるが，その範囲で包括的な代理権を有する商業使用人は，今日の職制では，部長・課長・係長・主任，などがこれに相当する。部課長等も，その有する代理権は支配人と同様の内容を有するものであることから，支配人に課せられる義務（⇨2 [5]）も，部課長等に，その職務の範囲内で，課せられると解すべきである。

4 一般商業使用人

　支配人および部課長以外の一般商業使用人（会社社員，行員，店員，雇員など）は，その者に対して商業活動に関して一定の代理権が与えられたとしても，その代理権は個別的なものであって包括的なものではない。したがって，これと取引をする相手方は，代理権の存否および範囲について一々調査しなければならない。しかし，物品販売店舗（物品の販売，賃貸その他これに類する行為を行うことを目的とする店舗）の店員については，店員はその店舗に存する物品の販売等に関する代理権を有するものとみなされている（商26条本文，会15条本文）。この規定は，物品販売店舗の店員が有する代理権の存在の外観を信頼した者を保護しようとするものである。それゆえ，相手方が悪意の場合には，この擬制は及ばない（商26条ただし書，会15条ただし書）。

5 表見支配人

　支配人の有する代理権の範囲については，前記2 [1] で述べたように争いがあるが，いずれにせよ支配人として代理権を与えられていない者は，たとえその者が営業所，本店または支店の営業・事業の主任者としての肩書があっても，支配人ではなく，その者のなした取引について営業主は責任を負わないことになろう。しかし，それでは営業所，本店または支店の営業・事業の主任者としての肩書を有する者を支配人であると信じて取引をなした相手方の利益が害される。そこで，このような相手方の保護のため，営業所，本店または支店の営業・事業の主任者であることを示す名称を付した使用人は，その営業所，本店または支店の営業・事業に関し一切の裁判外の行為をする権限を有するものとみなされる（商24条本文，会13条本文）。ただし，相手方が悪意の場合は除かれる（商24条ただし書，会13条ただし書）。このように営業所，本店または支店の営業・事業の主任者であることを示す名称を付した使用人，すなわち「表見支配人」が支配人とみなされることは，理論的には，権利外観法理あるいは禁反言の法理によって裏打ちすることができる。

III　営業の内部的補助者としての商業使用人

【設例10】
　Aは「甲商店B支店支店長」という肩書で，乙との間に，乙の取り扱う商品の購入契約を締結した。乙はAに製品を引き渡したが，代金は支払われなかった。乙は甲商店の営業主である甲に対して代金の支払を求めた。甲は，Aは甲商店の従業員でもないし，そもそもB支店なるものは存在しないとして，支払を拒んでいる。

　表見支配人の行為について営業主である商人・会社は責任を負わなければならないが，そのためにはどのような要件が充たされなければならないであろうか。

　まず，【設例10】におけるAの肩書が，営業所の営業・事業の主任者であることを示すべき名称，すなわち表見支配人としての名称であるか否かが問題となる。この点で，どのような肩書，名称が表見支配人としての名称であるかは，社会通念あるいは取引通念によって判断するしかないが，一般的な名称として「支店長」がこれに該当し，とりわけ「銀行支店長」が，支店の営業・事業の主任者であることを示すべき名称にあたることには問題はない（東京高判昭29・9・30判時43号21頁）。したがって，【設例10】におけるAの肩書が表見支配人としてのそれにあたることは肯定される。

　次に問題となるのは，【設例10】で「B支店なるものは存在しない」と甲が主張しているように，営業所の営業の主任者としての肩書が認められる前提として，その営業所が相応する実体を有していなければならないかということである。この点について，まず「表見支配人」による行為であることの要件として，営業所としての実質，すなわち，支店としての営業所は，本店に従属しつつ本店とは異なる場所に設けられ，一定範囲の営業についてある程度の独立性をもってそれを継続することのできる人的・会計的組織が存在する営業所としての実質，を備えた事業所においてなされた取引であることを要するとするのが多数説・判例（最判昭37・5・1民集16巻5号1031頁）である。この見解では，商法24条の趣旨が，本来支配人を置かなければいけない場所にあえて「支配人」という名称を避けて「支店長」その他の名称を用いることで包括的かつ定型的な支配権の作用を回避しようとする営業主を取引安全のために拘束しよう

とする点にあったのであるから,「営業所」とは,文字通り営業所としての実体を有していることが前提となるとする。

これに対して,名義上「支店」という名称を附した事業所における営業の主任者についてのみ,支店としての実体の有無を問わず商法24条(会社について,会13条,以下同様)の適用を肯定する見解や,「支店」という名称を付した事業所に限らず,客観的ないし社会通念上支店としての実体を備えているのが当然であると思われる名称が用いられている事業所の営業の主任者についても商法24条の適用を肯定する見解,さらに事業所の実体や外観よりもむしろ使用人に付された名称そのものに対する信頼を重視し商法24条の適用を肯定する見解もある。いずれの見解をとるかによって,【設例10】における甲の主張の当否が分かれることになる。

さらに【設例10】における「Aは従業員でもない」との甲の主張に関し,表見支配人として行為する「使用人」は,商人・会社との間に雇用関係がある者に限られるかが問題となる。この点は,商業使用人の意義に関する論争(⇨1)とも関連する。通説のように,商業使用人は商人・会社との間に雇用関係のある者とするとの立場に立てば,表見支配人の要件としても,雇用関係の存在を要すべきものとなる。

なお,【設例10】では,問題がないと思われるが,支配人の権限は営業に関する一切の裁判上または裁判外の行為に及んでいるのに,表見支配人については,裁判上の行為は除外されている(商24条本文,会13条本文も同様)ことから,表見支配人の行為について商人・会社の責任が認められるのは,支配人の権限内の「営業・事業に関する行為」であることになる。「営業・事業に関する行為」には営業・事業の目的たる行為だけではなく,営業・事業のために必要な行為も含まれると解される。

最後に【設例10】では明らかではないが,表見支配人の行為について商人・会社の責任を認めるためには,表見支配人と取引をなした相手方が悪意でないことが必要である(商24条ただし書,会社について,会13条ただし書)。すなわち,表見支配人として行為した者が,支配人でないことを知らなかったことが必要とされる。この点で,重過失によって知らなかった場合には悪意と同視されるという見解も有力である。

IV 商業登記の公示力

1 「商業登記」とは

　商業登記は，企業取引における公示主義の要請を実現するものとして制度化されている。すなわち，商業登記を通じて，企業取引における重要事項が公示されることによって，取引をする者は，あらかじめその取引や企業に関する必要な情報を得ることができ，安心して取引に入ることができる。また，取引の内容について誤解が生ずることもなく，取引をスムーズに展開することができる。

　このような公示の要請によって制度化された商業登記とは，商法・会社法の規定に基づき，商業登記法の定めるところに従って，商業登記簿になされる登記である。商業登記簿として，商号，未成年者，後見人，支配人，合名会社，合資会社，合同会社，株式会社そして外国会社の9種がある（商登6条）。なお，船舶登記は，上記の商業登記簿になされるものではないので，商業登記にはあたらない。また，商業登記は，権利義務の主体に関する登記であるので，権利の客体に関する不動産登記とも異なる。さらに，商業登記は，個人商人および会社に関する登記であるから，学校法人や一般社団・財団法人に関する登記，とも区別される。

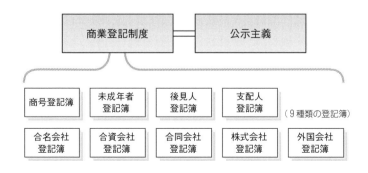

2 登記事項

[1] 絶対的登記事項と相対的登記事項

　絶対的登記事項とは，その事項を登記することが義務づけられているものである。これに対して，相対的登記事項とは，その事項を登記するかどうかが当事者の任意に委ねられているものである。ただ，相対的登記事項であっても，一旦これを登記すれば，その事項の変更または消滅は，これを登記すべきことになるので（商10条，会909条），その限りで絶対的登記事項と同じ扱いになる。絶対的登記事項は，当事者にその事項の登記が義務づけられているので，その登記を怠っているときは，利害関係者は，登記の履行を求めることができる。また，会社においては，登記義務の不履行に対して，罰則が科せられている（会976条1号）。

[2] 登記事項に関する通則

　登記事項の変更・消滅については，遅滞なくその旨の登記がなされなければならない（商10条，会909条）。この規制は，絶対的登記事項についてのみならず相対的登記事項についても適用される（前記[1]）。

3 登記手続

[1] 当事者申請主義

　登記は，当事者の申請に基づいてなされるのを原則とする（商8条，会907条）。これと並んで，登記事項が裁判によって生じた場合には，裁判所が職権で登記所に登記を嘱託する（商登14条，15条，等）。

[2] 登記所の審査権

　登記の申請に際して，登記所の登記官はどのような範囲で審査をする権限を有しまた審査しなければならないかについて，「形式的審査主義」と「実質的審査主義」とが対立している。

　「形式的審査主義」によれば，登記官は申請された事項が法定の登記事項で

あるか，申請者が権限を有しているか，申請の方式が具備されているかなど，申請の形式上の適法性についてのみ審査する権限があり，義務を有するとされる。その理由は，登記官は裁判官と職務が異なること，また，形式的審査による方が登記手続が迅速化されることにある。これに対して「実質的審査主義」によれば，登記官は形式的な審査だけでなく，実質的な審査をもなす権限があり，義務を有するとされる。その理由は，商業登記が，公示主義の要請に基づく制度であり，真実の公示を貫徹すべきことにある。

なお，商業登記法24条は，申請却下事項を列挙しているが，そのほとんどが形式的事由である。

[3] 登記事項証明書の交付

何人でも登記簿に記録されている事項を証明した書面（「登記事項証明書」）の交付を請求することができる（商登10条1項）。登記簿の附属書類についても，利害関係を有する者の請求に基づき閲覧することができる（商登11条の2）。

4 商業登記の効力

[1] 商業登記の一般的公示力

登記すべき事項は，登記の後でなければ善意の第三者に対抗することができない。登記の後であっても，第三者が正当な事由によってその登記があることを知らなかったときは，これを第三者に対抗することができない（商9条1項，会908条1項）。すなわち，まず

① 登記することができる事項については，それが登記されるまでは，その事項を悪意者に対して主張することができるだけであって，善意者にはその事項を主張することができない（消極的公示力）。

② それが登記された場合には，第三者が正当な事由で善意であれば，やはりその者にはその事項を主張することができない。

②について，正当な事由はきわめて狭く解されている（通説）。すなわち，登記を知ろうとしても知ることができないような客観的事由，たとえば地震災害による交通途絶，に限られる。したがって，ほとんどの場合，第三者の悪意が

擬制される，すなわち第三者は登記事項を知っているものと扱われる（積極的公示力）（通説）。

[2] 特殊的効力

(a) 創設的効力 登記によって一定の法律関係が創設されることがある。たとえば，会社の設立登記（会49条，579条）がある。

(b) 補完的効力 登記された事項に瑕疵があっても，登記によってその瑕疵が治癒されるという効力である。たとえば，株式引受人の意思表示の瑕疵の補完（会51条2項，102条6項），などがある。

(c) 強化的効力 登記によって法律関係の保護が強化されるという効力である。たとえば，商号の登記（商登27条），などがある。

(d) 副次的効力 登記がある行為の許容または免責の基準となるという効力である。たとえば，持分会社の社員の退社による免責の時間的範囲（会612条2項），などがある。

(e) 商号譲渡の登記 商号の譲渡は，それが登記されなければ，これを第三者に対抗することができない（商15条2項）。この場合の第三者の善意悪意は問わない。すなわち，商号の譲渡は，それを登記しなければ，譲渡を知らない者だけでなくそれを知っている者に対しても譲渡を対抗することができない。商号の譲渡は，このような画一的な取扱いがなされることから，商業登記の一般的効力を定めた商法9条1項は排除されるものと解されている（通説）。

[3] 不実登記

【設例11】
　甲株式会社の登記簿には，Ｙが代表取締役として登記されている。甲会社は営業担当者Ａの不正融資をきっかけに倒産し，そのことによって損害を被ったＸは，Ｙに対し会社法429条1項による取締役の第三者に対する責任を追及した。Ｙは，自分はＡに頼まれて，登記簿に代表取締役として名を載せることだけを承諾したのであり，正規の取締役として選任されたわけではないし，日常の営業にも全くタッチしていなかったので責任はないと主張している。

登記と事実が相違する不実の登記がなされた場合について，故意または過失によって不実の登記をした者は，それが不実，すなわち登記と事実とが異なっていることを，善意の第三者に対抗することができない（商9条2項，会908条2項）。登記によって示された外観を信頼した者の保護をはかるものである。

不実の登記に関し【設例11】のような場合に，登記簿上の取締役の責任を認めた判決がある（最判昭47・6・15民集26巻5号984頁）。その事案によれば，Zは乙株式会社の事実上の経営者Bから，同社の名目上の代表取締役に就任してくれと頼まれてこれを承諾し，その旨の登記がなされたが，乙会社の債権者Wは，その後同社が倒産したため債権の回収ができず，結局，Zに対して商法（旧）266条ノ3（現会429条1項）に基づく損害賠償を求めた。これに対して，最高裁は，正規の選任手続のないまま取締役および代表取締役に就任した旨の登記について承諾を与えた者について，商法（旧）14条（現会908条2項）にいう「不実ノ事項ヲ登記シタル者」とは，本来登記申請権者である会社を指すとしつつも，「その不実の登記事項が株式会社の取締役への就任であり，かつ，その就任の登記につき取締役とされた本人が承諾を与えたのであれば，同人もまた不実の登記の出現に加功した者というべく，したがって，同人に対する関係においても，当該事項の申請をした商人に対する関係と同様，善意の第三者を保護する必要があるから，同条の規定を類推適用して，取締役として就任の登記をされた当該本人も，同人に故意または過失のある限り，当該登記事項の不実なることをもって善意の第三者に対抗することができない」として，正規の取締役でない登記簿上の取締役Zに対し商法（旧）266条ノ3（現会429条1項）の責任を認めた（なお，退任取締役に関し，最判昭62・4・16判時1248号127頁参照）。以上の判例の法理によれば，【設例11】の場合も，Yは，Xに対する関係で，取締役として責任を負わなければならない。

[4] 表見規定と公示力

表見支配人や表見代表取締役の行為について善意の第三者に対する営業主や会社の責任を定めた商法24条あるいは会社法354条のような表見規定と，商法9条1項・会社法908条1項（⇨4[1]②）のような商業登記の一般的公示力を定めた規定とは相互にどのような関係にあるのか。

支配人についてその選任や支配人の代理権（支配権）の消滅は登記されなければならない（商22条，会918条）。また，代表取締役の住所氏名も登記事項とされている（会911条3項14号）。したがって登記がなされていればその事項については商法9条1項後段や会社法908条1項後段によって第三者の悪意が擬制される（⇨4 [1] ②）。一方，商法24条や会社法354条によれば，支配人たる肩書のある者や代表権ある取締役としての肩書のある者を信じて取引をなした善意の第三者は保護される。この限りで，両者は矛盾することになりはしないか。

この点について，商法24条や会社法354条の規定が商法9条1項（会908条1項，以下同様）に優先するのは，それらの規定が商法9条1項の例外をなすからであるとするのが通説である（例外説）。これに対して，商法9条1項後段の正当事由の内容を弾力的に解することで，会社法354条によって登記以外の表見的事実が特別に保護されるべき場合も正当事由の内容に含まれるとする見解（正当事由弾力化説），あるいは，会社法354条と商法9条1項とは異なる次元に属するものであるとする見解もある（異次元説）。

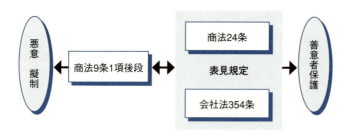

V 営業譲渡

1 譲渡の対象としての「営業」

　商法において「営業」という場合，「営業」という用語が商人の営業活動を意味するものとして用いられている場合（主観的意味における営業）と商人の営業財産を意味するものとして用いられている場合（客観的意味における営業）とがある。とりわけ後者について，「営業財産」とならんで「営業用財産」という用語が用いられる場合がある。しかし，「営業財産」と「営業用財産」とは区別されなければならない。「営業用財産」は，「営業財産」の構成要素としての個別財産である（機械，設備，等）。「営業用財産」をすべて合わせたものがそのまま「営業財産」になるわけではない。「営業財産」とは，「営業用財産」の集合を超えた組織的な有機的一体として機能する財産なのである。この意味における「営業財産」には，積極財産のほか消極財産（負債など）が含まれる。また，積極財産には，動産，不動産，債権，無体財産権などのほか，得意先，仕入元，営業上の秘訣，などの財産的価値ある事実関係（「のれん」）も含まれる。

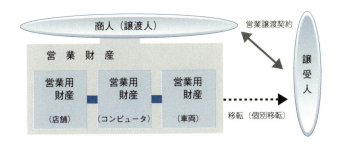

　「営業譲渡」とは，この意味における営業財産を移転することを目的とする債権契約である（会社法では「営業」ではなく「事業」という用語が使われているので，「営業譲渡」は「事業譲渡」となる）（多数説⇨＊1）。

＊1 株式会社における事業譲渡　商法（旧）245条1項1号（現会467条）にいう営業譲渡の意義について，判例（最判昭40・9・22民集19巻6号1600頁）によれば，商法（旧）245条1項1号にいう営業譲渡（現会467条1項1，2号にいう事業譲渡，以下同様）とは「一定の営業目的のため組織化され，有機的一体として機能する財産の全部または重要な一部を譲渡し，これによって，譲渡会社がその財産によって営んでいた営業的活動の全部または重要な一部を譲受人に受け継がせ，譲渡会社がその譲渡の限度に応じ法律上当然に商法（旧）第25条（現会21条）に定める競業避止義務を負う結果を伴うもの」であると判示した（多数意見）。この意味において，営業譲渡の内容は，商法総則で規律されている営業譲渡（商15条以下参照）と同一のものとなる。

これに対して，上記最高裁判決の少数意見では「商法（旧）245条1項1号の営業譲渡は組織化された有機的一体としての価値を有する財産の譲渡を意味し，営業活動の承継を要件としない。多数意見によれば，企業維持・株主保護に欠ける。また，営業の重要な一部の譲渡の『重要』という点について，たとえば，企業にとって重要な工場における重要な機械を他に譲渡する場合，その譲渡がその工場自体の価値を破壊するような場合は，営業の重要な一部の譲渡にあたる。そして企業の営業自体は，本来譲渡することを目的とするものではなく，その譲渡はむしろ例外的な事例であるから，取引の安全よりも譲渡会社自体の利益の保護を高度に考えなければならない」とする。

つまり，多数意見によれば，「営業財産」の譲渡のほか，「営業的活動」すなわち営業に伴う人的要素の移転，および譲渡人の「競業禁止義務」の負担を伴うものが，はじめて商法（旧）245条1項1号の営業譲渡とされ，譲渡会社の株主総会の特別決議を要することになる。これに対して，少数意見によれば，譲渡の対象が譲渡会社にとって重要な「営業財産」であれば，それだけで特別決議を要するものとなるし，譲渡の対象が「営業財産」を構成する個々の「営業用財産」であっても，それが譲渡会社にとって重要なものであれば，それだけで特別決議を要することになる。

2　営業譲渡の効力

[1]　当事者間における効力

(a) 営業財産移転義務　営業譲渡契約に基づいて，譲渡人は契約の目的とされた営業財産に属する各種財産を譲受人に対して移転する義務を負う（通

説，大判明33・11・7民録6輯10巻42頁)。ただ，営業譲渡は，合併と異なり，包括的な財産移転の効果を伴うものではないので，営業財産に属する各種財産 (積極財産および消極財産) について各別の移転行為および対抗要件を具備しなければならない。すなわち，当事者の意思表示に基づき移転の効果を生ぜしめたのち，動産であれば引渡し (民178条)，不動産であれば登記 (民177条)，債権であれば債務者に対する通知・承諾 (改民467条1項)，無体財産権については登録 (特許98条1項，99条3項，商標30条4項，31条4項，実用新案26条，意匠36条) などの対抗要件を具備しなければならない。なお，営業財産の組織的構成要素とされる事実関係 (「のれん」) については，譲渡人が譲受人を得意先や仕入元に紹介したり，譲渡人が譲受人に営業上の秘訣を伝授することなど，譲受人がその関係をそのまま受け継いで自己の営業のために利用できるようにするための手続がとられる。

(b) 競業禁止義務　営業を譲渡した商人 (譲渡人) は，一定の期間，譲渡された営業と同一の営業をなしてはならないものとされている。このことは，譲受人の保護の見地から正当化される。すなわち，競業禁止に関する特約，すなわち，「当事者の別段の意思表示」がない限り，譲渡人は同一の市町村 (特別区を含むものとし地方自治法252条の19第1項の指定都市にあっては区または総合区。以下同じ) の区域内およびこれに隣接する市町村の区域内においては，その営業を譲渡した日から20年間は同一の営業を行ってはならない (商16条1項)。また，譲渡人が同一の営業を行わない旨の特約をした場合には，その特約はその営業を譲渡した日から30年の期間内に限り，その効力を有する (同条2項)。無制限の競業禁止を定めることは，譲受人の保護の限度を超え，逆に譲渡人の営業の自由を制限することになるからである。さらに，譲渡人は不正競争の目的をもって，同一の営業を行ってはならない (同条3項)。同様の規制は会社 (外国会社を含む) について会社法21条に定められている。

[2] 債権者に対する効力

(a) 商号が引き続き使用される場合　営業譲渡に際して，営業を譲り受けた商人 (譲受人) が譲渡人の商号を引き続き使用する場合，譲渡人の営業によって生じた債務について，譲受人もその債務を弁済する責任を負う (商17条

1項，会社について，会22条1項）。

　営業譲渡に際して譲渡人の営業上の債務は，一般原則によれば，当然に譲受人に引き継がれるものでなく，営業上の債権者に対する関係で，譲渡人が債権者の承諾を得て免責されるか，債務引受けがなされなければならない。しかし，商号が引き続き使用される場合には，営業上の債権者は営業主の交替のあったことがわからないから，この営業が継続しているという外観を信頼した債権者を保護するために，一般原則によらず，譲受人にも弁済義務を負わせたものである（⇨*1，*2）。

　　＊1　ゴルフクラブの名称の続用　「商号」ではなく，ゴルフクラブの「営業上の名称」の続用がなされている場合に会社法22条1項（旧商23条）の類推を認めた判決がある（最判平16・2・20民集58巻2号367頁）。
　　＊2　会社分割と商号の続用　「会社分割」について，会社法22条1項の類推を認めた判決がある（最判平20・6・10金判1302号46頁）。

　これに対し，営業を譲渡した後，遅滞なく譲受人が譲渡人の債務を弁済する責任を負わない旨を登記した場合には，譲受人は前記の責任を負わない。営業を譲渡した後，遅滞なく，譲受人および譲渡人から第三者に対してその旨の通知をした場合に，その通知を受けた第三者についても同様である（商17条2項，会社について，会22条2項）。

【設例12】
　A株式会社は，新たに設立されたY株式会社に，自己の事業をすべて現物出資するとともに，Y会社はA会社の商号を引き継いで，事業を開始した。A会社の事業上の債権者Xは，A会社に対する債権をY会社に対して行使している。

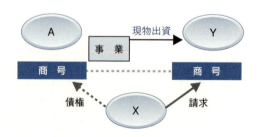

【設例12】のように，事業の現物出資を受けて設立された会社が，出資者の商号を続用する場合に，判例は，商法（旧）26条（現会22条1項）の類推適用によって，その会社の責任を認めていた（最判昭47・3・2民集26巻2号183頁）。その理由として掲げられていたことは，事業譲渡も，事業の現物出資も，目的物である事業が法律行為によって移転されるという意味では，両者同一であるし，債権者からみた信頼度も同様であるということであった。したがって，【設例12】において，XはY会社に対して権利を行使して行くことができるし，Y会社は，Xの請求に応じなければならない。

　(b) **商号が引き続き使用されない場合**　商号が引き続き使用されない場合でも，譲受人自らが譲渡人の営業上の債務を引き受ける旨の広告をなしている場合には，譲渡人の債権者は譲受人に対し，自己の譲渡人に対する債権を行使して行くことができる（商18条1項，会社について，会23条1項⇨＊1）。

　　＊1　**債務引受の広告**　判例では，債務引受の広告と認められるために，「債務引受」の文字は必ずしも必要でなく，社会通念上，譲渡人の営業によって生じた債務を引き受けたものと債権者において一般に信ずるような記載があれば足りるとして，「事業を……譲受け」という文言が用いられていることで，営業上の債務を引き受ける趣旨を包含するとしたものがある（最判昭29・10・7民集8巻10号1795頁）一方，「業務を継承」という文言が用いられているにもかかわらず，債務引受けの趣旨とは解されないとしたものがあり（最判昭36・10・13民集15巻9号2320頁），判断が分かれている。

　(a)・(b)において営業の譲受人が譲渡人の債務について責任を負う場合に，譲渡人の責任は，営業の譲渡または債務引受の広告の後2年以内に請求または請求の予告をしなかった債権者に対してはその2年を経過したときに消滅する（17条3項，18条2項，会社について，会22条3項，23条2項）。

[3] 債務者に対する効力

　(a) **商号が引き続き使用される場合**　営業譲渡に際して，譲受人が譲渡人の商号を引き続き使用する場合，譲渡人の営業上の債務者が譲受人に対してなした債務の弁済は有効なものとして取り扱われる（商17条4項，会社について，会22条4項）。商号が引き続き使用される場合に，営業譲渡の事実を知らない

債務者を保護する必要から上記の効力を認めたのである。したがって，上記の効力は債務者が善意でありかつ重大な過失がないときに限って生ずる（商17条4項，会社について，会22条4項）。

(b) **商号が引き続き使用されない場合**　商号が引き続き使用されない場合には一般原則によることになる。すなわち，営業譲渡に伴い，営業上の債権が営業の譲受人に譲渡され，対抗要件が具備された場合には，債務者は譲受人に弁済しなければならない。一方，債権が移転されなかった場合には，債務者は譲渡人に弁済すべきことになる。

[4]　詐害的な営業譲渡

平成26年の会社法の改正に伴い，商法18条の2の規定が新設された。同条は平成29年民法改正と連動して，さらに部分改正されている。すなわち，営業譲渡に際して，譲渡人が譲受人に承継されない債務の債権者（残存債権者）を害することを知って営業を譲渡した場合には，残存債権者は，右譲受人に対して，承継した財産の価額を限度として，当該債務の履行を請求することができる。ただし，右譲受人が営業の譲渡の効力が生じた時において残存債権者を害することを知らなかったときは，残存債権者による右債務の履行請求は認められない（平29改商18条の2第1項）。

譲受人の右債務の履行責任は，譲渡人が残存債権者を害することを知って営業を譲渡したことを知った時から2年以内に請求または請求の予告をしない残存債権者に対しては，その期間を経過した時に消滅する。営業の譲渡の効力が生じた日から10年を経過したときも同様である（平29改商29条の2第2項）。

また譲渡人について破産手続開始の決定または再生手続開始の決定があったときは，残存債権者は，譲受人に対して右債務の履行請求をする権利を行使することができない（商18条の2第3項）。

以上の規制は，会社法において，詐害的な会社分割・事業譲渡について残存債権者が害される危険性に配慮し，新たな規制がなされることになることから（会759条4～7項，761条4～7項，764条4～7項，766条4～7項，23条の2），商法上の営業譲渡についても，同趣旨の規定を置くことにしたものである。

3 営業所

　商人の営業活動は営業所を中心として行われる。すなわち，営業所では，営業上の指揮命令が発せられ，その営業活動に基づく成果も営業所に帰属するのである。営業活動に関わる場所であるからといって，商品を製造する工場や商品を保管するだけの倉庫は営業所とはいえない。

　営業所は，営業上の指揮命令が発せられる場所であればよく，それ以上に営業の目的である取引が行われる必要はない（多数説）。これに対して，判例は，営業所であるためには，外部的な営業過程に属する法律行為について，これを独自に決定施行し得る組織の実体を有することが必要であるとしている（最判昭37・12・25民集16巻12号2430頁）。

　営業所には，次のような法的効果が結びつけられている。すなわち，
　① 商行為によって生じた債務の履行場所（平29改商516条）
　② 裁判管轄の基準（民訴4条4項，5条5号）
　③ 商業登記の管轄の基準（商登1条の3）
　④ 民事訴訟の送達場所（民訴103条1項，104条3項2号）
　⑤ 破産・民事再生・会社更生事件の裁判管轄の基準（破5条，民再5条，更生5条）
である。

　商人の営業所が複数あり，そこに主従の関係がある場合，主たる営業所を「本店」，従たる営業所を「支店」という。「支店」であっても，営業所である限りは，上記の実体を有しなければならない。

　会社（外国会社は含まれない）の場合，その住所は本店の所在地にあるものとされる（会4条）。また，会社の本店および支店について，各会社では本店の所在地が定款の記載事項とされ（会27条3号，576条1項3号），また登記事項として，本店・支店の所在場所が掲げられている（会911条3項3号，912条3号，913条3号，914条3号。他方，支店の所在地における登記は必要とされなくなった［会930～932条削除］）。

　表見支配人について，「商人の営業所の営業の主任者」とされるために，その営業所としての実体があることの必要性については，前記【設例10】参照のこと。

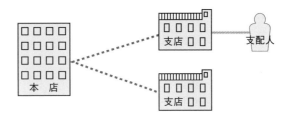

VI 商業帳簿

1 なぜ商業帳簿が必要なのか

　商業帳簿とは，商人がその営業上の財産および損益の状況を明らかにするため，商法上の義務として作成する帳簿である（⇨＊1）。商業帳簿によって，商人の営業上の財産および損益の状況が明らかにされる。それでは，商人の営業上の財産および損益の状況が明らかにされることが，誰にとってどのような意味を有するのであろうか。

　① 商業帳簿を作成する商人自身にとって意味を有する。すなわち，商人が，営業上の財産および損益の状況について帳簿を作成し，その内容を把握することは，合理的な経営のために必要である。

　② 商人の債権者にとって意味を有する。すなわち，商人の債権者にとって，債務者たる商人の営業上の財産および損益の状況が明らかにされることは，自己の債権回収の可能性を探るための手掛かりとなる。

　③ 出資者にとって意味を有する。すなわち，出資者は自己の出資した財産がどのように運用され増減しているかについての情報を商業帳簿から得ることができる。

　以上①～③のことから商業帳簿について利害関係を有する者の利益を保護するためにも，商業帳簿に関する一定の法的規制を行う必要が生ずるのである。
　商業帳簿の作成・整備ないし計算に関する法規制の内容および程度は，商人

のとっている企業形態によって異なっている。

　まず前記②に関し，株式会社のような物的会社（⇨序論3＊1企業形態）では，社員の責任が有限であるので，会社債権者に対する引当てとなるのは資本に相当する会社財産であり，会社財産の維持・確保に関する適正な情報が明らかにされていなければならない。そのために，株式会社においては，商人一般に対する法的規制とは別に会社の計算に関する詳細な規定が置かれている（会431条以下）。また，合同会社は，持分会社ではあるが，有限責任社員のみによって構成されることから，やはり，利益配当や出資の払い戻しに関して厳格な規制が設けられている（会625条以下）。これに対し，合名会社および合資会社が該当する人的会社（⇨序論3＊1企業形態）では，無限責任を負う社員が存在することによって，会社財産の維持・確保の要請は，物的会社の場合と比べてそれほど強いわけではない。そこで，合名会社および合資会社においては，個人商人の場合とほぼ同様の法規制が課せられている（会614条以下）。

　また，前記③に関し，会社における計算規制は，社員に対する利益の配当・剰余金の配当の額を確定するためにも必要となる。これについても，株式会社および合同会社の場合には，配当額の確定に関する詳細な規定が置かれている（会453条以下，628条以下）。これに対して，合名会社および合資会社の場合は，それほど厳格な規制は置かれていない。さらに，個人商人の場合には，計算に関する法規制は，もっぱら営業上の債権者の利益を考慮したうえでの商業帳簿の作成・整備に関する義務として表されている。

＊1　商業帳簿と他の帳簿・書類　　商人ではない相互保険会社や協同組合が作成する帳簿には，商法の規定は適用されない。また，小商人には，商業帳簿に関する商法の規定は適用されない（商7条）（前記Ⅰ3）。さらに，営業上の財産および損益の状況を明らかにすることを直接の目的としない，株主名簿（会121条），社債原簿（会681条），株主総会議事録（会318条），取締役会議事録（会369条3項），仲立人日記帳（平30改商547条1項「帳簿」），倉庫証券控帳（平30改商602条）などは商業帳簿ではない（通説）。なお，事業報告（会435条2項）の内容は，会社の事業の一般的状況を示すものであって，商業帳簿ではない。これに対して，損益計算書（会435条2項）は，商業帳簿と解されている（多数説）。

2 商業帳簿の作成

[1] 作成義務

　商人は，商業帳簿を作成しなければならない（商19条2項，ただし，商7条）。商法19条2項により作成を義務づけられている商業帳簿は，会計帳簿および貸借対照表である。持分会社は，会計帳簿および貸借対照表を含む計算書類を作成しなければならない（会617条2項）。株式会社は，会計帳簿，貸借対照表・損益計算書を含む計算書類，事業報告（前記1＊1参照）およびこれらの附属明細書を作成しなければならない（会435条2項）。

　商業帳簿の作成を怠ったりあるいは不実の事項を記載した場合，個人商人については，破産手続開始の決定の場合を除き（破265条1項3号），制裁規定はない。これに対して，会社の場合には一定の制裁規定が置かれている（会976条7号）。

[2] 公正妥当な会計の慣行に従うべきこと

　商人の会計は，一般に公正妥当と認められるべき会計の慣行に従うものとされる（商19条1項，商法施行規則4条2項）。同じく，会社の場合は，一般に公正妥当と認められる企業会計の慣行に従うものとされる（会431条，614条，会社計算規則3条）。

　以上の規定は，商法（旧）32条2項が「公正ナル会計慣行ヲ斟酌スベシ」としていたものを口語化したものである。従来の規定における「公正ナル会計慣行」とは「企業会計原則」（⇨＊1）とほぼ一致するものと解されていた。新法においても，この方向性は維持されているものといえよう。

> 　＊1　**企業会計原則**　「企業会計原則」は「企業会計の実務の中に慣行として発達したものの中から，一般に公正妥当と認められるところを要約したもの」であり，「公正なる会計慣行」そのものではないが，それとほぼ重なり合うものと認められる。したがって，「企業会計原則」に従い商業帳簿を作成すれば適法なものとされる。

3 会計帳簿

会計帳簿とは，商人が取引上その他営業上の財産に影響を及ぼすべき事項を記載した帳簿のことである。

現在多くの企業が使用している複式簿記の方法によれば，日記帳，仕訳帳および元帳が会計帳簿である。すなわち，商人は日々の取引を，取引の発生ごとに，その順番に従って要領を記載（記録）する。日記帳に記載（記録）された取引は，仕訳帳で，貸方と借方に分類され，記載（記録）される。さらに，これが元帳では，各勘定口座ごとに転記されるのである。これらの帳簿のほか，それに付随する現金出納帳，商品仕入帳，商品売上帳，手形控なども，会計帳簿に属するものと解されている。

会計帳簿は，法務省令で定めるところにより，適時に，かつ，正確な内容を有するものとして作成されなければならない（商19条2項，商法施行規則5条，会社について，会432条1項，615条1項，会社法施行規則116条1号，159条1号，会社計算規則4条以下）。

4 貸借対照表

貸借対照表とは，一定の時期における商人の全財産を，資産の部（借方）と負債の部（貸方）とに分けて表示し，それらを対照することによって，商人の営業財産の状態を表示する帳簿である。

貸借対照表は，法務省令で定めるところにより，適時に，かつ，正確な内容を有するものとして作成されなければならない（商19条2項）。会社の貸借対照表については，その成立の日および各事業年度に係るものを作成しなければならない（会435条1・2項，617条1・2項）。

記載方式について，「公正妥当」な「会計の慣行」に従うべきことになるが，具体的には法務省令（「商法施行規則」・「会社法施行規則」・「会社計算規則」）に委ねられている（商法施行規則6～8条，会社法施行規則116条2号，159条2号，会社計算規則58条，70条，102条以下）。

貸借対照表の例

借　方	貸　方	
資産の部	負債の部	…他人資本 } 投下資金調達
流動資産		
固定資産	純資産の部	…自己資本
繰延資産		
資産合計	負債・純資産合計	

（左側：投下資金運用）

5　商業帳簿の提出・保存

　裁判所は，申立てによりまたは職権をもって，訴訟当事者に商業帳簿の全部またはその一部の提出を命じることができる（商19条4項，会社について，会434条，443条，616条，619条）。

　商人は，帳簿閉鎖の時から10年間，その商業帳簿およびその営業に関する重要な資料を保存しなければならない（商19条3項，会社の場合，会432条2項，435条4項，615条2項，617条4項）。

VII 代理商

1 「代理商」とは

　代理商は，商業使用人ではないが，商人のためにその平常の営業の部類に属する取引の代理または媒介をする者である（商27条，会社について，会16条）。代理商の制度は，商業使用人の制度にその淵源を有する。ただ，代理商は，商業使用人と異なり，独立の商人として活動する点が異なる。商人の活動が拡大し，遠隔地で取引を行う機会が増大してきたときに，支店を設けたり，商業使用人を派遣するよりも，その地の事情に通じており，信用がある者を代理商として選任すれば，その者を通じて効率的な営業活動を行うことが可能となる。

　代理商は，「商業使用人ではない」独立の商人として，商人との間に委任または準委任契約を締結し（⇨*1），それに基づき独立の商人として，商行為の媒介または代理の引受けを営業として行うものである。ここにいう「商人」とは，1人であるとは限らない。したがって，代理商は同時に複数の商人のために代理商となることができる。また，「平常の営業」とは日常継続的に行われる営業のことである。したがって，1回ないし数回限りで営業の補助を行ったとしても，その者は，商行為の代理人であるが，代理商ではない。

　代理商のうち，代理をなす者を「締約代理商」，媒介をなす者を「媒介代理商」という。「締約代理商」は，本人のために取引行為をなす点で，問屋や運送取扱人のような「取次商」と類似するが，取次商は自己の名をもって取次行為をするのに対して，締約代理商は，本人の名をもって代理行為をする点で，異なる。また，「媒介代理商」は，媒介行為をなす点で，「仲立人」と類似するが，「仲立人」は不特定多数の商人のために随時媒介を行うのに対して，「媒介代理商」は，商人のために継続的に媒介を行う点で，異なる。

　　　＊1　代理商契約　　本人と代理商との間において「代理商契約」が締結される。この代理商契約は，締約代理商の場合は，本人から法律行為をなすことの委託を受けるので，委任契約（民643条以下）であり，媒介代理商

の場合は，法律行為以外の事務の委託を受けるので，準委任契約（民 656条）である。代理商契約において，当事者が契約の期間を定めなかった場合には，商人・代理商は，2ヶ月前までに予告をなし，その契約を解除することができる（商 30 条 1 項）。また，「やむを得ない事由」があるときは，契約期間の定めがあると否とを問わず，商人・代理商はいつでも解約することができる（同条 2 項）。この「やむを得ない事由」とは，代理商の競業禁止義務違反，本人の手数料債務不履行，営業の破綻など，代理商契約の存続が著しく困難であるとされる事由である。やむを得ない事由により解約された場合，過失ある相手方に対し，損害賠償を請求することが認められる（民 652 条，620 条）。

2　代理商の権利

［1］　留置権

代理商が取引の代理または媒介をなしたことによって生じた債権の弁済期が到来しているときは，その弁済を受けるまで商人のために当該代理商が占有する物または有価証券を留置することができる（商 31 条本文，会 20 条本文）。ただし，当事者が別段の意思表示をしたときは，この限りでない（同条ただし書）。

［2］　通知受領権

代理商が物品の販売または媒介の委託を受けた場合，代理商は売買の目的物の種類・品質または数量に関する契約内容との不適合性（平 29 改商 526 条 2 項）その他売買に関する通知を受ける権限を有するものとされている（商 29 条，会 18 条）。代理権を有しない媒介代理商にあっても，通知受領権があるとした点で，意義を有する。

3　代理商の義務

［1］　通知義務

代理商が取引の代理または媒介をなしたときは，遅滞なく商人に対しその旨の通知を発しなければならない（商 27 条，会 16 条）。民法の一般原則（民 645

[2] 競業禁止義務

　代理商は，商人の許諾がなければ，①自己または第三者のために，その商人の営業の部類に属する取引をすること，②その商人の営業と同種の事業を目的とする会社の取締役・執行役または業務を執行する社員となること，はできない（商28条1項）。代理商が前記①の行為をしたときは，当該行為によって，代理商または第三者が得た利益の額は，商人に生じた損害の額と推定する（同条2項）。

VIII　商行為の特則

1　商行為の営利性

　商行為（商501～503条）に基づく法律関係は，民法上の法律関係とは異なった効果が認められているものが多い。以下に，商行為の営利性に基づく民法に対する特則が定められている。

[1]　商行為の有償性

　商人がその営業の範囲内において，他人のために行為をしたときは，相当な報酬を請求することができる（商512条）。民法上，委任における受任者や寄託における受寄者は，特約のない限り報酬を請求することができない（民648条1項，665条）のに対し，商法上，営利活動を行う商人の行為の有償性が認められている。「営業の範囲内」とは，営業の目的たる行為に限定されず，営業のために行われる一切の行為をいう（大判大10・1・29民録27輯158頁）。なお，「相当な報酬」として，故障車のレッカー移動費用を認めた事例（堺簡判令3・1・14金判1656号46頁）がある。

[2] 立替金の利息

　商人がその営業の範囲内において，他人のために金銭の立て替えをしたときは，その立て替えの日以後の法定利息（後記 [4] 参照，改民 404 条）を請求することができる（商 513 条 2 項）。民法上，委任における受任者は委任事務処理費用について利息の請求をなすことができる（民 650 条 1 項）。寄託における受寄者も同様である（民 665 条，650 条 1 項）。これに対して，事務管理における管理者が利息の請求をなし得るか否かは明らかではない（民 702 条参照）。これに対して，商法上，商人は，事務管理の場合も含めて，立替金の利息を請求することができる。

[3] 消費貸借の利息

　商人間で金銭の消費貸借をしたときは，利息に関する約定の有無にかかわらず，貸主は法定利息（後記 [4] 参照，改民 404 条）の請求をすることができる（商 513 条 1 項）。民法上，消費貸借は無利息を原則とする（民 587 条，改民 589 条 1 項）。これに対して，商法上，営利活動を行う商人は，商人間の消費貸借について利息の請求をなし得るのである。前記 [1]・[2] とのバランスからして，利息請求が認められるのは，商人が「その営業の範囲内において」なした消費貸借とすべきである（多数説）。

[4] 法定利率

　民法改正及びそれに伴う商法改正によって，法定利率は商行為によって生じた債務についても，改正民法 404 条の定めるところとなる（⇨＊1）。従来，旧商法 514 条により民事法定利率に比べ商事法定利率が高い理由として掲げられていたことは，

① 営利活動を行う商人は非商人よりも有利に金銭を利用することができるから，商人が債務者となっている場合には，債権者は，非商人よりもより高い率の利息の支払いを期待してよいし，それは企業取引の信用確保のためにも認められるべきであること，

② 営利活動を行う商人が債権者となっている場合には，債務者に対して，非商人よりもより高い率の利息の支払を求めるのは当然であること，

であった。しかし，(1) 経済が発達した現代社会では，非商人も商人と同等に収益を得ることができること，(2) 改正民法が利率の変動制を導入したこと（改民404条2項以下参照）と平仄を合わせる必要があること，が考慮された結果（大野晃宏・金法2084号18頁参照），従来（平成29年改正前）の商法514条は削除され，改正民法404条各項による「法定利息」によることとなった。

＊1 利率の算定 改正民法404条では，同条2項で法定利率を，従来の年5分から年3パーセントに引き下げている。それと並んで同条3項以下で利率の変動性を導入している。

2 契約の成立

[1] 申込みの拘束力

　商法上，商人間の契約の申込みの効力，とりわけ承諾期間の定めがない申込みの場合について，商取引の迅速性を考慮して，民法に対する特則が認められている。すなわち，商人である隔地者間では，申込みを受けた者が，相当の期間内に承諾の通知を発しなかった場合には，その申込みは当然に失効する（商508条1項）。もっとも，相当の期間経過後に相手方が承諾の通知を発した場合，申込者がこれを新たな申込みとみなし，これに対して承諾をすれば，契約は成立する（平29改商508条2項，改民524条）。

　民法上，承諾期間の定めのある申込みの場合には，申込者が撤回権を留保していない限り，その期間内にこれを撤回することはできない。また，承諾期間が経過したにもかかわらず，申込者が承諾の通知を受け取っていなかった場合には，その申込みは失効する（改民523条）。これに対し，承諾期間の定めがない申込みの場合には，その申込みは，対話者間で対話が継続している間は，撤回することができるが（改民525条2項），対話が継続している間に申込者が承諾の通知を受けなかったときは，その申込みは失効するのが原則である（同条3項）（平成29年改正前商法507条と同趣旨＝同条は削除された）。他方，隔地者間では，申込者が承諾の通知を受けるに相当な期間，これを撤回することはできない（改民525条1項本文）。この点で，上記の商法上の規定は，民法とは異なり，商人間の契約の申込みについて，当然の失効の効果を認める点に特色がある。

[2] 申込みに対する諾否通知義務

【設例13】
　商人甲は，その取り扱う商品を乙から手紙による注文を受け，商品の在庫があることを確認したうえ，注文に応じる旨乙に通知したうえ，商品をほぼ毎月乙に届けていた。乙は，ある月の注文を手紙で発注し，甲に届いたが，甲は別の大口の取引があったので，乙の注文を後回しにし，そのため在庫がなくなってしまったので，商品は送られなかった。乙は，甲の債務不履行を主張したが，甲はその月の契約は，未だ成立していなかったと主張している。

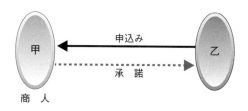

　商法上，商人が平常取引をする者からその営業の部類に属する契約の申込みを受けたときは遅滞なく，契約の申込みに対する諾否の通知を発しなければならず（商509条1項），この通知を発しなかった場合には，申込みを承諾したものとみなされる（同条2項）。民法上，申込みに対し，承諾の意思を表示するかは申込みを受けた者の自由であり，その者が承諾しなければ，契約が成立しないのは当然のことである。これに対して，上記の商法上の規定は，商取引の迅速性を考慮して，申込みに対して諾否の通知を発しなかったときには，承諾したものと扱うのである。ここで「営業の部類に属する契約の申込」みとは，その商人が営業している基本的商行為に関する申込であることを要する（最判昭28・10・9民集7巻10号1072頁）。

　また「平常取引をする者」とは，その者自身が商人であると否とにかかわらず，従来から継続して取引関係があり，今後とも取引関係が継続することが予想される者のことをいう。そのような継続的取引関係がある者から申込みを受けた商人は，その申込みに対する諾否を決することはさほど困難なことではなく，また申込みをした者もそれに対する回答が早期になされることを期待して

いる。そこで，商法は，申込みに対する諾否通知義務を商人に課しているのである。

【設例13】の場合も，甲乙間にはほぼ毎月取引関係があったものと思われるので，乙は「平常取引をする者」にあたる。乙からの注文があったにもかかわらず，甲は諾否の通知を遅滞なくなさなかったのであるから，前記規定により，甲は乙の申込みを承諾したものとされる。したがって，甲は契約上の債務として，商品を乙に引き渡さなければならなかったが，結局引き渡せなかったのであるから，甲の債務不履行が認められることになる。

[3] 申込みを受けた者の受領物品保管義務

商法上，商人がその営業の部類に属する契約の申込みを受けたときに，その申込みとともに受け取った物品がある場合には，その申込みを拒絶した場合にも，申込者の費用をもって受け取った物品を保管しなければならず，ただ，その物品の価額が保管費用を償うに足りないかまたは商人がその保管によって損害を受ける場合に限って，保管の義務を負わないものとしている（商510条）。この受領物品保管義務は，商取引の迅速性を考慮し，信用を保護するために課せられたものである。民法上，申込みと同時に物品を受け取った者は，その申込みを拒絶した場合にも，受け取った物品を保管する義務はないことと対比される。

3 債務者の連帯

[1] 多数債務者間の連帯

民法上，債務者が複数いる場合には，別段の意思表示がなければ，各債務者はそれぞれ等しい割合で義務を負担する（「分割債務」）（民427条⇨＊1）。

これに対して，商法上，数人の者がその一人または全員のために商行為となる行為によって債務を負担したときは，その債務は連帯債務となる（商511条1項）。連帯債務となることは，分割債務よりも債務者側にとって責任が重くなる一方，債権者からみれば，債務の履行が確実となり，取引の信用が強化されることになる。

前記の規制は，債務者側にとって責任が重くなるのであるから，連帯債務となるのは，「債務者」の一人または全員のために商行為となる行為によって生じた債務でなければならない。「債権者」にとってのみ商行為となる場合には，商法511条1項は適用されない（大判大10・12・7民録27輯2095頁）。

なお，「債務」には，商行為によって直接生じた債務のみならず，それと同一性を有する債務（債務不履行に基づく損害賠償債務や原状回復債務）も含まれると解される。

＊1 共同事業体構成員の負う債務の連帯性　商法511条1項に関する判例として，最判平10・4・14（民集52巻3号813頁）がある。本判決は，X株式会社およびY株式会社は，いずれも建築工事の請負などを目的としていたが，Aの発注する建物の改築工事を請け負い，そのためYを代表者とし損益分配および費用負担の割合を各2分の1とする建設工事共同事業体を結成した。しかし，後にYが前記共同事業体から脱退したので，Xは，Yの共同事業体離脱直前に，それまでの工事の出来高に対応する請負代金をYがAから受領したときにその2分の1をXに支払う旨の合意があったと主張して，Yに対し本合意に基づく，金銭の支払を求めたという事案に対する上告審判決である。Yは，本合意の成立を争うとともに，この出来高分に対応する費用として生じた共同事業体の債務を弁済したことにより取得したXに対する求償権を自動債権とする相殺を主張した。

原審（名古屋高判平6・7・14）は，Yによる相殺を一部のみ認め，残りのXの請求を認容した。これに対してYが上告。本判決は，共同事業体の構成員が会社である場合にはその事業を行う行為は会社の営業のためにする行為（附属的商行為）であり，事業のために第三者に対して共同事業体が負担した債務につき構成員が負う債務は構成員たる会社にとって自らの商行為により負担した債務というべきであるから，この場合，共同事業体の各構成員は，共同事業体がその事業のために第三者に対して負担した債務につき，商法511条1項により連帯債務を負うのが相当であると判示したうえ，相殺の可否に関する原審の判断を違法として原審判決を破棄し，原審に差し戻した。

[2]　保証人の連帯

民法上，保証は，特約がない限り連帯保証とはならず，保証人は，催告の抗弁（民452条），検索の抗弁（民453条）および分別の利益（民456条）を有して

いる。

　これに対して，商法上，債務が主たる債務者の商行為によって生じたとき，または，保証が商行為であるときは，主たる債務者および保証人が各別の行為によって債務を負担した場合でも，それは連帯保証となるとしている（商511条2項）。このように連帯債務とすることによって，保証人の責任・信用が強化される。

　連帯保証が認められるのは，「債務が主たる債務者の商行為によって生じたとき」と「保証が商行為であるとき」である。

　「保証が商行為であるとき」には，①保証する行為が商行為である場合，と②保証させる行為が商行為である場合，とがある。たとえば，銀行がその営業に関して顧客の保証人となることは①の場合であり（商503条），銀行が商人でない者に保証人となってもらうことは②の場合にあたる。判例（大判昭14・12・27民集18巻1681頁）は，①②いずれも「保証が商行為であるとき」にあたるとする。これに対して，学説では，①の場合だけが「保証が商行為であるとき」にあたるとする（通説）。その理由として掲げられているのは，商法511条1項と2項とは均衡をもって解釈されなければならないこと，また，連帯保証性を認める商法511条2項の趣旨が商人の信用を強化することにあるとすれば，①の場合だけを同項の適用対象とすればよいこと，である。

4　債権担保

[1]　契約による質物の処分（流質契約）の許容

　民法上，質権設定者は，質権設定行為または債務の弁済期前に，質権者に弁済として質物の所有権を取得させることその他法律の定めている以外の方法での質物を処分することを内容とする契約を締結することは許されていない（契約による質物の処分の禁止）（民349条）。

　これに対して，商法は，商行為によって生じた債権を担保するために設定した質権には，民法349条の規定は適用されないとして，契約による質物の処分を認めている（商515条）。

　民法上，契約による質物の処分が禁止されているのは債務者の窮迫に乗じて

債権者が暴利をむさぼることを防ごうとしたためである。しかし，商人は冷静に利不利を判断して契約を行う者であるからこのような保護の必要はないし，また，契約による質物の処分が禁止されたままであると商人の金融の途が閉ざされてしまう。そこで，商法上，流質契約が許容されているのである（なお，担保社債39条1・4項）。

[2] 商人間の留置権

商人間において，その双方のために商行為となる行為によって生じた債権が弁済期にあるときは，債権者は，別段の意思表示がある場合を除き，その債権の弁済を受けるまで，債務者との間における商行為によって自己の占有に帰した債務者の所有する物または有価証券を留置することができる（商521条⇨*1）。

このような商人間の留置権を認めることで，商人間の継続的取引関係が維持され，迅速化されるのである。したがって，この商人間の留置権は，個別的取引における当事者の衡平を配慮した民法上の留置権（民295条以下）とは区別されなければならない。

商人間の留置権によって担保されるのは，「商人間で，その当事者双方のために商行為となる行為によって生じた債権」である。当事者双方が商人としての営業行為として行った行為によって生じた債権が，これにあたることには問題がない。ただ，商法521条は「双方のために商行為となる行為」としているだけであるから，商人がその営業とは別になした行為であるが，それが絶対的商行為であった場合にも，「双方のために商行為となる行為」にあたることになる。

商人間の留置権は，「債務者の所有する物または有価証券」を目的とすればよく，被担保債権と担保物との牽連性は必要とされない（民295条と対比）。「物または有価証券」に「不動産」も含まれるか否かが問題となるが，近時の学説では積極的に解する見解も有力であり，最高裁もこれを肯定している（最判平29・12・14民集71巻10号2184頁）。

＊1　顧客の破産後の銀行による預手形の処分　手形上の商事留置権の破産宣告後の効力を肯定した判例として，最判平10・7・14（民集52巻5

号1261頁）がある。本判決は，Y銀行がA株式会社から手形割引の依頼を受け（①事件），また取立委任を受けて（②事件），預かっていた約束手形につき，A会社が破産宣告（現在は，破産手続開始の決定。以下同様）を受けた後に破産管財人Xが返還を求めたところ，Y銀行は返還を拒絶したうえ，YA間の銀行取引約定書4条3項および4項に基づき，本手形を支払期日に取り立て，Y銀行のA会社に対する貸付債権の弁済に充当したので，Xは，これを不法行為（①事件）または不当利得（②事件）であると主張し，Yに対し本手形金額相当額の損害賠償を請求した事案に対する上告審判決である。

　①事件について，第一審（大阪地判平6・2・24金判947号32頁）は不法行為を否定した。原審（大阪高判平6・9・16金法1399号28頁）は，Y銀行は本手形について商事留置権を取得したが，この留置権はA会社に対する破産宣告によって特別の先取特権とみなされるが，留置権としての効力は失効し，前記約定書4条3項の「担保」には特別の先取特権は含まれず，Y銀行は前記約定書4条4項に基づく処分権も認められず，Y銀行の手形取立・弁済充当行為は違法であるとして，不法行為を肯定した。②事件について，第一審（大阪地判平7・2・28金判1020号44頁）は不当利得を肯定し，原審（大阪高判平9・3・25金判1020号36頁）は否定した。

　本判決は，①事件について，不法行為を，②事件について，不当利得を，いずれも否定した。その理由として掲げられていることは①・②事件に共通するが，①事件についていえば，Y銀行の取得した商事留置権は，Aの破産後，特別の先取特権とみなされるが，これに関する破産法（旧）93条1項前段（現66条1項）の文言は商事留置権者の有していた留置機能を当然に消滅させるものとは解されず，また同項前段の趣旨に照らせば，破産管財人に対する関係で，破産宣告により留置機能が消滅し，特別の先取特権の実行が困難となることを法は予定していないことから，Y銀行はAに対する破産宣告後でも本手形を継続占有できること，前記約定書4条4項に基づき一律にY銀行の処分権が認められているわけではないが，この占有権限および特別の先取特権に基づく優先弁済権を有するY銀行が本手形を，前記条項による合意に基づき手形交換制度によって取り立て弁済に充当した行為は，Xに対する不法行為を構成しないこと，である。これに対して，民事再生や会社更正手続きに関しては，優先弁済権を否定した下級審判例が出されている（東京地判平21・1・20金法1861号26頁，東京高判平21・9・9金法1879号28頁）。しかし，先頃，最高裁は，会社から取立委任を受けた約束手形につき商事留置権を有する銀行は，右会社の再生手続開始後の取立てに係る取立金

を，法定の手続によらず同会社の債務の弁済に充当し得る旨を定める銀行取引約定に基づき，同会社の債務の弁済に充当し得ると判示した（最判平23・12・15民集65巻9号3511頁）。

5 債務履行

[1] 債務履行の場所

民法上，債務履行の場所として，別段の意思表示がない限り，特定物の引渡は債権発生の時にその物が存在した場所においてなされなければならず，その他の債務の弁済は，債権者の現在の住所においてしなければならない（民484条1項）。

これに対して，商法上，商行為によって生じた債務の履行の場所について，その行為の性質または当事者の意思によって定まらないときは，特定物の引渡しは，行為の時にその物が存在した場所においてなされなければならず，その他の債務の履行は，債権者の現在の営業所，もし営業所がないときは現在の住所においてなされなければならない（商516条）。これは，債務者が債権者の営業所・住所に行き，債務を履行するものである（いわゆる「持参債務」）。

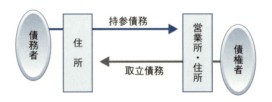

これに対して，改正民法520条の8では，指図証券の債務の弁済は，債務者の現在の住所においてしなければならないと規定している（平成29年改正前商法516条2項参照）。指図証券に表彰されている債権，すなわち指図債権にあっては，債務者にとって債権者は証券の所持人となるので，債権者である証券の所持人が債務者の住所に出向き，証券を提示して債務の履行を求めることになる（いわゆる「取立債務」）。

[2] 取引時間

　法令または慣習により取引時間の定めがあるときは，その取引時間内に限り，弁済をし，または弁済の請求をすることができる（改民484条2項）。従来は，商法に規定があったが（平29改正前商法520条），一般取引にも妥当するものであったことから民法に移されたものである。なお，取引時間外になされた弁済の提供であっても，債権者が任意に弁済を受領しそれが弁済期日内であれば，債務者は遅滞の責めを負わない（旧法による事例，最判昭35・5・6民集14巻7号1136頁）。

[3] 消滅時効

　債権の消滅時効に関し，改正民法166条1項が，債権者が権利を行使することができることを知った時から5年間または権利を行使することができる時から10年間で当該債権が時効により消滅すると定め，商事債権の消滅時効を5年とした平成29年改正前商法522条は削除されている。このことから，前記改正民法の規定は，民事・商事を問わず適用され，債権の消滅時効期間は5年とされた。

　なお，この「債権」には，当事者間の契約に基づいて生じた債権のみならず，当該契約が解除されたことによって生じた損害賠償債権（大判明41・1・21民録14輯15頁）や原状回復債権（およびその義務の不履行に基づく損害賠償債権，最判昭35・11・1民集14巻13号2781頁）も含まれる。

6　有価証券に関する規定

[1] 「有価証券」の意義

　いわゆる「有価証券」に関する規定は，商法ではなく，改正民法に規定されている。すなわち，改正民法は第3編「債権」第1章「総則」第7節「有価証券」という表題のもと，第1款「指図証券」（改民520条の2〜520条の12），第2款「記名式所持人払証券」（改民520条の13〜520条の18），第3款「その他の記名証券」（改民520条の19）そして第4款「無記名証券」（改民520条の20）に関する一般的規定⇨＊1）を置いている。

このことから改正民法の条文上は，「有価証券」は，「指図証券」，「記名式持参人払証券」，「その他の記名証券」および「無記名証券」の総称ということになるが，そもそも「有価証券」の一般的定義を改正民法が規定している訳ではない。

　従来から有価証券とは，財産的価値ある私権を表彰する証券であって，その証券上の権利の発生・移転・行使の全部または一部に証券の所持を必要とするものをいうものとされてきた（ブルンナーによる定義）。ただ，我が国では，権利の移転及び行使に証券の所持を有するという見解（鈴木説）も有力である。今回の改正民法において，右の理論のいずれかに結びついて「有価証券」という用語が使われている訳ではなく，この点は今後も学説に委ねられているものと言えよう。

　いずれにせよ，前記のブルンナーによる定義に係る有価証券の要件を総て充たし，「完全有価証券」といわれているものは，手形および小切手である。すなわち，手形・小切手は財産的価値ある私権として金銭債権を表彰しており，その権利の発生・移転・行使のすべてに手形証券が必要とされる証券である。手形・小切手に関する規定は，その大部分が独立の法典である手形法，小切手法におかれている。手形・小切手に関する説明は，後記第2編で行う。

　手形・小切手以外に有価証券として，認められてきたものに株券がある。株券には，株式会社の社員としての地位，すなわち，株式が表彰されている。株券については，会社法第2編第2章第9節に相応の規定がおかれている（会214条以下）。また倉庫寄託契約に基づいて発行される倉荷証券，海上物品運送契約に基づいて発行される船荷証券がある（なお，陸上物品運送契約に基づいて発行される有価証券として，貨物引換証があった。しかし，近年では実際の利用例がないため，平成30年商法改正で，貨物引換証に関する規定は削除されている。倉庫証券について，後記XIX章）。

　＊1　民法上の規定の適用順位　民法は一般法であるので，特別法がある場合には，特別法が優先して適用される。したがって，手形法や小切手法の規定に対応する一般規定が改正民法で置かれた場合でも，特別法である手形法，小切手法に相応する規定があれば当該規定が優先して適用される（筒井健夫＝村松秀樹編著『一問一答・民法（債権関係）改正』210頁参照）。このことは，商法上の規定にも当てはまる。

[2] 指図証券

　改正民法では，有価証券上に表彰されている権利者指定の方式ごとに区分した規制を行っている。その中心となるのは改正民法 520 条の 2 から 520 条の 12 に及ぶ「指図証券」に関する規制である。

　指図証券とは，証券上の権利者（債権者）として指名された者が，次の権利者を指名することができる旨の記載（指図文句）のある証券であると理解されてきた。証券上の責任を負う者（債務者）は，最終的に指名され証券を所持する者に対して義務を履行（金銭債務であれば弁済）することになる。

　改正民法はこのような「指図証券」に関する定義規定は置いていない。しかし，前記の理解のもとに，①指図証券が振出しないし発行された後の譲渡（改民 520 条の 2），②裏書の方式（改民 520 条の 3），③所持人の権利の推定（改民 520 条の 4），④善意取得（改民 520 条の 5），⑤抗弁の制限（改民 520 条の 6），質入れ（改民 520 条の 7），⑥弁済の場所（改民 520 条の 8），⑦証券の提示と履行遅滞（改民 520 条の 9），⑧証券所持人に対する債務者の調査権（改民 520 条の 10），⑨証券の喪失及びその際の権利行使方法（改民 520 条の 11，520 条の 12）に関する個別規定が置かれている。

　なお，手形は，前記 [1] の通り，有価証券であるとともに，法律上当然の指図証券である（手 11 条 1 項，77 条 1 項）（後記第 2 編XIII章 1 [1]）。つまり，手形面上に「指図文句」の記載がなくても，手形債権者は次の手形債権者を指名することができる。

　したがって，手形上の権利（手形債権）の譲渡，すなわち裏書について，手形証券の交付が必要とされていることと同様，指図証券についても，前記①で，裏書及び証券の交付が効力要件とされている（平 29 改正前民法 469 条と対比）。また，前記②についても，指図証券について，手形の裏書に関する規定（手 12 条，13 条，14 条 2 項参照）が準用されている（なお，平 29 改正前商 519 条 1 項参照）。そして，前記③は手形法 16 条 1 項，小切手法 19 条に係る資格授与的効力に関する通説の見解と同様である（後記第 2 編XIII章 1 [4] (c)・[5] 参照）。同じく，前記④は手形法 16 条 2 項，小切手法 21 条に係る善意取得と同趣旨の規定である（後記第 2 編XIII章 3）（なお，旧商 519 条 2 項参照）。

抗弁の制限に関する前記⑤も，手形法17条，小切手法22条と同趣旨の規定であると解される。ただ，改正民法の規定上，抗弁が対抗される場合は「その証券の記載事項及びその証券の性質から当然に生ずる結果」であり，それ以外の「その証券の譲渡前の債権者に対抗することができた事由」が「善意」の譲受人に対抗できないとされている点は，手形・小切手法の法文と抗弁対抗に関する個別の解釈論に必ずしも一致している訳ではない（後記第2編XV章2～4）。

弁済の場所に関する前記⑥は，平成29年改正前商法516条2項と同趣旨の規定である（前記5[1]）。同じく，前記⑦も，平成29年改正前商法517条と同趣旨の規定である（⇨＊1）。さらに，証券の喪失及びその際の権利行使方法に関する前記⑨は，平成29年改正前商法518条と同趣旨の規定である（⇨＊2）。

また，所持人に対する調査権に関する前記⑧は，手形法40条3項，小切手法35条に係る善意支払と同趣旨の規定である（後記第2編XVI章5[1]・[2]）。

＊1　履行期と附遅滞　一般の債権の場合には，その債権に対応する債務の履行は，確定期限の定めのある場合には期限の到来した時から，不確定期限の定めのあるときにはその期限の到来した後に履行の請求を受けた時またはその期間の到来したことを知った時のいずれか早い時から，債務者は，遅滞の責めを負う（改民412条1・2項）。

これに対して，平成29年改正前商法517条は，指図債権，無記名債権の債務者は，債務の履行について期限の定めがある場合であっても，その期限後，所持人が証券を呈示して履行の請求があってはじめて債務者が遅滞の責めを負うとしていた。

＊2　平成29年改正前商法518条　平成29年改正前商法518条は，喪失者が公示催告の申し立てをなしたときは，債務者にその債務の目的物を供託させるかまたは相当の担保を供出させたうえ，その証券の趣旨に従った履行をさせることができるとしていた。

[3] 記名式所持人払証券

改正民法520条の13は「記名式所持人払証券」の定義を明らかにしている。すなわち，記名式所持人払証券とは「債権者を指名する記載がされている証券であって，その所持人に弁済すべき旨が付記されているもの」である（改民520条の13括弧書，なお小切手法5条2項は，記名式『持参人』払式小切手とするが，

同旨）。

　この意味における記名式所持人払証券は，指図証券のように次の権利者を指名して裏書する必要はないが，有価証券である以上，証券の譲渡には当該証券の交付が効力要件となる（改民520条の13）。このことと対応して，記名式所持人払証券の所持人は，証券上の権利者として推定され（改民520条の14），右権利推定を前提とした善意取得も認められている（改民520条の15）。また指図証券と同様，抗弁の制限（改民520条の16），証券の質入れ（改民520条の17）に関する規定が定められており，指図証券に関する改民法520条の8から520条の12までの規定は，記名式所持人払証券に準用されている（改民520条の18）。

[4]　記名証券

　改正民法520条の19条1項は，記名証券を「債権者を指名する記載がされている証券であって指図証券及び記名式所持人払証券以外のもの」であるとしている。

　この記名証券に係る債権の譲渡またはこれを目的とする質権の設定をする場合，債権の譲渡またはこれを目的とするに質権の設定に関する方式に従い，かつその効力をもってのみ，これを譲渡しまたは質権の目的とすることができる（改民520条の19第1項）。

　なお，ここにいう「債権」とは，旧民法上「指名債権」という用語で用いられていたもの（平29改正前民468条1項）であり，改正民法では単に「債権」という用語に統一されている。

　また，記名証券の喪失及びその際の権利行使方法については，指図証券に関する規定（改民520条の11・520条の12）（前記 [2] ⑨）が準用される。

[5]　無記名証券

　改正民法520条の20により，記名式所持人払証券に関する規定（改民520条の13〜520条の18）（前記 [3]）は，無記名証券に準用される。この場合の「無記名証券」について，明確な定義規定は置かれていないが，他の証券に係る規定から判断すると，無記名証券とは，証券上に債権者の指名に関する記載がなく，その所持人に対して証券上の義務が履行されるものであるといえよう。

7 商行為の代理と委任

[1] 商行為の代理

【設例14】

　X会社は，Aを代理人としてX会社の取り扱う在庫商品の処分を依頼した。Aは，Yに本商品を売却したが，その際，AはX会社のために売却をすることは示さず，Yもその事情を知らなかった。本売却に基づき，X会社はYに，代金を請求したが，Yは，Aに対する貸金債権とこの代金債権とを相殺したと主張している。

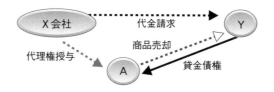

　代理の方式について，民法上，顕名主義の原則がとられている。すなわち，代理が，代理としての効力を生ずるためには，代理人がその代理権の範囲内において，本人のためにすることを示して意思表示をしなければならない（民99条）。顕名なくしてなされた代理人による意思表示は，相手方が，その行為が本人のためにされていることを知っているとき，または，そのことを知ることができるような状態にあったとき以外は，代理人自身のためになされたものとされる（民100条）。

　これに対し，商法上，商行為の代理は，代理人が本人のためにすることを示さないときでも，その行為は本人に対して効力を生ずるものとされる（商504条本文）。ただし，相手方が本人のためにすることを知らなかったときは，その相手方は代理人に対しても履行の請求をすることができるものとされている（同条ただし書）。このように，商法が民法と異なる規定を置いていることの理由は，商取引について，本人が代理人を通じて営業を行う場合に，民法の顕名主義の原則を要求すると，代理人は取引の度に顕名をしなければならず，相手方も本人を確認しなければならないとすれば，それは商取引における簡易迅速性に相応しないので，商法は顕名主義によらずとも代理行為の効力を認めたこ

とにあるとされている。

　このような商法の規定は，代理の方式に関するものであって，有効な代理権の存在を前提とするものであることはもちろんである。つまり，代理権そのものが推定されるという効果を定めているわけではない。なお，この規定は，本人にとって商行為となる行為が代理される場合の規定である。したがって，本人が非商人であるが絶対的商行為となる行為を代理人を通じてなす場合にも，前記商法規定が適用される。ただ，絶対的商行為として掲げられている「手形その他の商業証券に関する行為」（商501条4号）も，商法504条本文の規定の適用対象とされるようであるが，これらの有価証券に関する行為が代理される場合には，有価証券行為が証券上になされる文言的行為であることから，有価証券行為の代理人は本人のためにすることを示して行為をなさなければならないものとされており（通説），その限りで，商法504条本文の規定は適用されない（⇨第2編Ⅵ章1）。

　商法504条ただし書によれば，相手方が代理関係を知らなかったとき，代理人に対しても履行の請求をすることができるとされているだけであり，代理行為の効果は本人に生ずること（同本文）が前提とされているように思われる。すなわち，本来の契約関係は，本人と相手方との間に生じ，代理人と相手方との間には契約関係は生ぜず，代理人の相手方に対する履行義務が存するだけであると考えることになる。しかし，このように考えると【設例14】のような場合に，相手方Yは代理人Aに対して対抗し得た抗弁をもって本人Xに対抗することはできないことになる。そこで，判例（最判昭43・4・24民集22巻4号1043頁）は，本来の契約関係が，本人と相手方との間に生ずることとならんで，善意の相手方保護のために，代理人と相手方との間にも契約関係が生じ，相手方はそのいずれかの関係を選択することができるものとしている。この立場では，【設例14】について，Yが代理人Aとの関係を選択すれば，Yは代理人Aに対する相殺の主張をなし得ることになり，本人Xは，Yに対する請求をなし得ないことになる。学説上も，この立場をとるものが多くなっている。ただし，相手方が代理関係を知らないことについて過失があった場合について，判例は，商法504条本文の適用を肯定しているが，ただし書の適用は否定している（上記判決）。なお，学説では，代理人と相手方との間の契約関係のみが生ず

るとする見解もある。

[2]　本人の死亡と代理権の存続

商行為の委任に基づく代理権は，本人の死亡によっては消滅しない（商506条）。これは，商法上の「企業維持」の考慮に基づくものである。

[3]　商行為の委任

商行為の受任者の権限について，受任者は委任の本旨に反せざる範囲内において，委任を受けていない行為をすることができる（商505条）。

IX　商事売買

1　「商事売買」とは

商事売買とは，当事者の一方または双方にとって商行為となる売買のことである。商事売買も「売買」である以上，その基本的な法律関係については民法の売買に関する諸規定が基本となる。その限りで，商法上の商事売買に関する規定は，民法を修正し，民法とは異なる点について定める特則として位置づけられる。もっとも，商法上，商事売買に関する規定は商人間の売買についてのわずか5箇条にしかすぎない。そこで，実際の商事売買は，商法上の規定以外に，多くの商慣習や当事者の合意，各種の約款に基づいて行われている。

典型的な商事売買

商人 売主　──商行為──→　商人 買主
　　　　　　←──商行為──

2 売主の供託権・自助売却権

　商人間の売買において，買主がその目的物の受領を拒みまたは受領することができないときは，売主はその目的物を供託し，または相当の期間を定めて催告した後で，これを競売に付することができる（商524条1項）。また，目的物が損傷その他の事由による価格の低落のおそれのある物であるときは，催告をしないで競売することができる（同条2項）。

　売主の供託権については，民法上，①債権者（買主）がその目的物の受領を拒んだとき，②債権者（買主）が弁済を受領することができないとき（改民494条1項1・2号），または③弁済者（売主）が過失なく債権者（買主）を確知することができないとき（同条2項）は，弁済者（売主）は売買の目的物を供託することができ，供託をした時に，その債権は消滅する（同条1項柱書）。この限りで，供託の通知について発信主義によっていることを除いて（商524条1項後段，なお民495条3項，97条1項），商法はなんら特則を定めるものではない。しかし，売主の目的物競売権ないし自助売却権については，民法上，売主が目的物を競売することができるのは，目的物が供託に適せず，または滅失もしくは損傷その他の事由による価格の低落のおそれがあるとき，または目的物の保存に過分の費用を要するとき，その他その物を供託することが困難な事情があるとき，であるが（改民497条1項1〜4号），そのためには裁判所の許可が必要であり，また，競売代金は供託される（同条1項柱書）。

　これに対して，法律関係の迅速な確定を必要とする商事売買では，①買主がその目的物の受領を拒みまたは受領することができないときは，売主はその目的物を供託し，または相当の期間を定めて催告した後に競売に付することができる（商524条1項）。また，②前記①の目的物が損傷その他の事由による価格の低落のおそれのある物であるときは，買主は，前記①の催告なしに目的物を競売に付することができる（同条2項）。①・②ともに，競売については，裁判所の許可は必要とはされておらず，競売がなされた場合，売主は，その対価を供託せずに，代金に充当することもできる（同条3項ただし書）。

3 確定期売買の解除

【設例15】
　商人甲は，クリスマスセールの福引の景品に使う品物を商人乙に発注した。しかし，乙は期日を過ぎても品物を納品できなかったため，甲は急遽別の商人から同種の品を高価で買い取って景品の一部として間に合わせた。その直後，乙は品物を甲に届けようとしたが，甲は期日を過ぎた時点で契約はすべて解除されたとして，乙に損害賠償を求めた。乙は，甲から契約を解除するといわれた覚えはないとして，甲の求めに応じようとしていない。

　売買の性質または当事者の意思表示によって一定の日時または一定期間内に履行することができなければ契約の目的を達成することができない売買を確定期売買（「定期売買」ともいう）という。商人間の売買として確定期売買がなされた場合，当事者の一方が履行をなさず，上記日時または期間を経過してしまったときは，相手方が直ちにその履行を請求した場合を除き，契約の解除がなされたものとみなされてしまう（商525条）。

　同様の場合に，民法によれば，相手方の催告を要せず，直ちに契約を解除し得るものとされている（改民542条1項4号）。その際，少なくとも，解除の意思表示が必要とされ，それがなければ契約は存続することとなる。これに対して，商法では，商取引に関する法律関係の迅速な確定を実現するために，解除の意思表示を必要とせず，履行期の徒過によって当然に解除を生ずるものとするのである。

　確定期売買にあたるかどうかは，契約ないし給付の性質や当事者の意思などを総合して判断される。判例では，商人が中元進物用の「うちわ」を売買の目的物とし，これを6月中に送付すべき旨の契約をなした場合，商人が暑中見舞いとして華客先（＝得意先）に中元の進物をなすのは通常7月半ばまでであるので，6月中に「うちわ」が送付されなければ，これを華客先に分与し得ないとし，当該売買はその性質上確定期売買にあたるとしたもの（大判大9・11・15民録26輯1779頁），土地売買について，それが特飲街をつくるため相場よりも相当安く売却され，買主も代金の支払について特に確定期限を定めていた場合，

当該売買は確定期売買にあたり，その期日までに代金の支払のなかったことで，売買契約は解除されたものとみなされると判示したもの（最判昭44・8・29判時570号49頁）がある。

【設例15】の甲乙間の売買の目的物である品物は，クリスマスセールの福引の景品に使うものであり，上記判例の趣旨からして，甲乙間の売買は確定期売買にあたるものと解される。したがって，乙が期日に納品できなかった時点で，契約は当然解除されていることになり，甲が乙に対して，直ちに損害賠償を求めたことは正当であって，乙はこれに応じなければならない。

4　目的物の検査・契約不適合に関する通知義務

　商人間の売買において，買主がその目的物を受領したときは，遅滞なくこれを検査し，もし目的物が種類，品質または数量に関し契約の内容に適合しないことを発見したときには，直ちに売主に対してその旨の通知を発しなければならず，また，目的物が種類または品質に関し契約の内容に適合しないことを直ちに発見することができない場合に買主が6ヶ月以内にその不適合を発見したときにもその旨の通知を発しなければならず，それを怠った場合は，その不適合を理由とする履行の追完の請求，代金の減額の請求，損害賠償の請求および契約の解除をすることができない（平29改商526条1・2項）。

　民法上，売主が種類または品質に関し契約の内容に適合しない目的物を買主に引き渡した場合，買主がその不適合を理由として，履行の追完の請求，代金の減額の請求，損害賠償の請求および契約の解除を請求することができるのは，売主が引渡時にその不都合を知りまたは重大な過失により知らなかった場合を除き，買主がその不適合を知った時から1年以内にその旨の通知した場合とされている（改民566条）。しかし，あまり長期間にわたって取引関係を不安定なままにしておくことは法律関係の迅速な確定を旨とする商取引の要請に合致しない。また，買主は自己の権利行使が許される期間内において，売主の危険において投機を行う可能性もある。そこで，商法は目的物の検査・種類または品質に関する契約との不適合通知義務に関する特則を設けることで，売主の保護をはかっているのである。

この特則が，特定物売買のみならず，不特定物売買にも適用されるかということが問題となるが，これを肯定するのが学説・判例（最判昭 35・12・2 民集 14 巻 13 号 2893 頁）である。売買の目的物の滅失等についての危険の移転に関する改正民法 567 条括弧書で「目的物（売買の目的物として特定したものに限る……）」として同条についてのみ限定していることからしても，（前記改民 562 以下も含め）通常は不特定物も売買の目的物となることが前提とされていることは明らかである。適用されるためには，売主に悪意がないことを要件としている（平 29 改商 526 条 3 項，なお，改民 566 条ただし書は売主の重過失による不知も含むことに注意）。目的物が引き渡された時点で目的物の種類，品質または数量に関する契約との不適合性を知っている売主を保護する必要はないからである。

5 目的物の保管・供託義務

　商人間の売買において目的物の種類，品質または数量に関する契約との不適合性を理由として，買主によって契約が解除された場合であっても，売主の費用で，売買の目的物を保管しまたは供託しなければならず，もし目的物について滅失または損傷のおそれがあるときは，裁判所の許可を得てこれを競売し，競売代金を保管または供託しなければならない（商 527 条 1 項）。売主から買主に引き渡した物品が買主の注文した物品と異なる場合，または，その物品が注文した数量より超過する場合にも，買主は，同様に，注文と異なる物品または注文よりも超過した分を，保管・供託しなければならず，滅失または損傷のおそれがあるときは，裁判所の許可を得てこれを競売し，競売代金を保管・供託しなければならない（商 528 条）。

　民法上，売買の目的物の前記契約との不適合性を理由として，買主によって契約が解除された場合，契約当事者は原状回復義務を負うだけであって（民 545 条 1 項本文），買主はその受領した物品を売主に対して返還すればよい。また，買主に引き渡される物品が注文した物品と異なっていたり，または，注文した数量より超過していた場合に，買主はその物品を受領する義務はなく，受領していた場合にも保管しておく必要はない。しかし，商事売買にもこの原則を適用すると，売主にとって数々の不都合が生じ，取引の円滑化を損なうおそ

れがある。たとえば，売主にとって，物品が放置される危険があり，物品が返送される場合でも，返送費用の負担や運送途中の危険などの不利益が生ずる。そこで商法は，売主の保護をはかり，買主に目的物の保管・供託に関する特別の義務を課したのである。

X 交互計算

1 「交互計算」とは

　交互計算とは，商人間または商人と商人でない者との間で平常取引をする場合に，一定の期間内の取引から生ずる債権および債務の総額について相殺をし，その残額の支払をすることを約する契約である（商529条）。

　商業活動においては，当事者は1回限りの取引を行うのではなく，長期にわたって継続して取引を行っている。たとえば，商人AとBとの間に継続的な取引が行われることを考えてみよう。AB間では，取引のそれぞれの時点で，あるときはAが債権者となりBが債務者となり，またあるときには逆にBが債権者となりAが債務者となることがある。このような債権債務関係，とりわけ金銭債権債務について，その取引の度ごとに決済をすることもできるが，それよりも，一定期間における債権債務関係をまとめて決済することができれば，その度ごとに金銭をやりとりする面倒もなくなるし，それに伴う危険も回避することができる。また，個別の決済に備えて，そのための資金をその度ごとに用意する必要もなくなる。そこで，AB間であらかじめ，一定期間における債権債務関係をまとめて決済し，残高だけを手渡す旨の契約をしておくことで，スムーズな決済が可能となる。

　商人間ではもともとそのような方法で決済することが慣行となっていたが，商法では「交互計算」として制度化し，そのような決済をすることができることを法律上明らかにするとともに，決済に関わる手続を法定し，利害関係者の

保護をはかったのである（⇨＊1）。

交互計算契約は，商法上の特殊な契約であり（通説），「商人間または商人と商人でない者」との間で，当事者が「平常取引をなす場合」に締結される。以前から取引関係があった場合にはもちろんであるが，契約締結後に継続的取引関係が生ずる場合でも「平常取引をなす場合」に該当する。

交互計算は，当事者間の「債権および債務」の総額について相殺をなすものである。したがって，たとえば，小売商と得意先のように，当事者の一方だけが債権者となり，他方だけが債務者となるような場合には，交互計算とはならない（多数説）。

交互計算は，「一定の期間内の取引から生ずる債権および債務」が目的となる。この「一定の期間」（交互計算期間）は，当事者に特約のない限り，6ヶ月とされている（商531条）。交互計算に組み入れられる「債権」の範囲について，当事者に特約がなければ，当事者間の通常の取引から生ずる一切の債権がこれに含まれるものと解される。ただし，不法行為，不当利得，事務管理などに基づく債権は，通常の取引によらないものとして除外される。また，手形債権，その他有価証券上の債権は，権利行使に証券の呈示という特別な手続が必要とされることから，これも交互計算には組み入れられない（⇨【設例16】）。

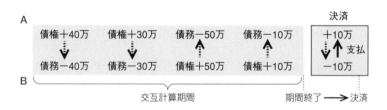

＊1　段階交互計算　銀行実務において，当座預金契約や当座貸越契約に基づいて，差引計算が行われている。これは債権債務が組み入れられる度に差引計算が行われ，残額が算出されるものであり，「段階交互計算」（残額交互計算）と呼ばれている。通常の交互計算が期末に一括して債権債務が相殺され残額が確定するのに対して，「段階交互計算」は，その都度残額が算出され，これが期間中に繰り返される点で，区別される。多数説は，「段階交互計算」も交互計算の一種であるとする。

2 交互計算の消極的効力——交互計算不可分の原則

　交互計算が，一定期間における債権債務関係をまとめて決済する制度であることから，交互計算に組み入れられた債権債務は個々の独立性を失う。その結果，当事者は，個別に債権を行使したり，処分することはできず，また期間計算中は，消滅時効の進行は停止され，附遅滞の効果も生じない（ただし，利息について，商533条2項）。これを交互計算の消極的効力ないし「交互計算不可分の原則」という。

> 【設例16】
> 　商人YはAと継続的に取引を行っていた。Yは，Aとの間のある取引の決済のために，Aを受取人として約束手形を振り出した。Aは，この手形債権およびその原因債権をXに譲渡した。Xからの両債権による請求に対して，Yは以下のことを主張して支払を拒んでいる。すなわち，YA間には交互計算契約があり，Aは手形債権および原因債権を勝手に処分できないにもかかわらず，Xに譲渡した，したがってXの手形債権および原因債権の取得は無効である。

　交互計算不可分の原則が，交互計算に組み入れられた債権債務の当事者に認められることについては異論はない。問題となるのは，この原則が，当事者以外の第三者にも効果を及ぼすか否かである。

　これについて，判例は，この原則が当事者以外の第三者にも効果を及ぼすことを肯定している。すなわち，「交互計算に組入れたる各個の債権は……各別にこれを取立て又これを他人に譲渡すことを得ざるものなれば，その譲渡不許は当該債権が交互計算の下における取引より生じたることの当然の結果にして，当該債権につき当事者間に特に譲渡禁止の契約をなしたるに因るものと解すべきに非ず。しからばその譲渡不許は第三者が交互計算契約の成立を知りたると否とを問わずこれを以てその者に対抗することを得べく，すなわちこの場合に民法466条第2項但書（筆者注：改民466条3項）の適用はなきものとす。しかして交互計算に組入れたる各個の債権が譲渡性を有せざる以上，これを差押ふることを得ず，従ってまたこれにつき転付命令あるも無効なること自明なり」とする（大判昭11・3・11民集15巻327頁）。

学説も，判例と同様，交互計算不可分の原則が，当事者以外の第三者にも効果を及ぼすことを肯定する見解が多い（「肯定説」）。これに対して，交互計算契約は当事者間の効力を有するだけであって，当事者の一方がこの契約に反し債権を処分しても，これを善意の第三者に対抗することはできないとする見解も有力である（「否定説」）。否定説によれば，交互計算に組入れたる各個の債権が譲渡処分を禁じられることは，改正民法466条2項の「譲渡制限の意思表示」をしたときにあたるものとされ，したがって同条3項により，前記「譲渡制限の意思表示」について善意・無重過失の第三者に対抗することはできないとされる。一方，肯定説によれば，交互計算は当事者の意思によって個別的に成立するものではなく，法律上の制度であるから，これは民法466条1項ただし書の「性質がこれを許さないとき」にあたるものとする。

　なお，交互計算不可分の原則に対する例外として，手形その他の商業証券から生じた債権および債務について，証券の債務者が弁済しないときは，当事者はその債務に関する項目を交互計算から除去することができるとされている（商530条）。「手形その他の商業証券から生じた債権および債務」とは，手形その他の証券上の債権債務自体ではなく，たとえば手形割引の代金債務のような，証券授受の対価支払債務をいうものとされる。このような債権債務は，手形その他の証券上の債権債務の支払決済を前提とするものであるから，それが不渡となった場合に債務者に不利益にならないために項目からの除去を認めたものである。

　【設例16】で問題とされている手形債権が交互計算に組み入れられるか否かであるが，先に述べたように，手形債権，その他商業証券上の債権は，権利行使に証券の呈示という特別な手続が必要とされることから，交互計算には組み入れられない。したがって，この点に関する，Yの主張はあたっていない。

　【設例16】で手形債権が交互計算に組み入れられないとしても，手形振出の原因債権が交互計算に組み入れられていることが考えられる。この原因債権については，上記の「交互計算不可分の原則」が，当事者以外の第三者にも効果を及ぼすか否かが問題となる。この点で，上記「肯定説」によれば，Yは，交互計算契約の相手方であるAに対してのみならず，第三者Xに対しても当該原因債権が譲渡処分を禁止されていることを対抗することができる。これに対

して,「否定説」によれば,Xが善意,すなわち,Xが当該原因債権が交互計算に組み入れられていることを知らなかった場合には,YはXに対し,当該原因債権が譲渡処分を禁じられていることを対抗することはできない。

3 交互計算の積極的効力

交互計算期間が終了するごとに,期間内に発生した債権債務の総額について相殺がなされ,残額について当事者の一方から他方への支払義務が生ずる(積極的効力)。残額の確定は,当事者が債権債務の各項目およびその差引計算を記載した計算書の承認がなされることによる。計算書の承認がなされることによって,当事者はもはや債権債務の各項目について異議を述べることはできない(商532条本文)。確定した残額は,差引計算前の各債権債務とは別個の債権となる。したがって,差引計算前の各債権に付されていた担保は,原則として消滅し(改民518条1項参照),当事者の特約なき限り残額債権を担保することはない(通説,反対,大判大9・1・28民録26輯79頁)。

なお,交互計算契約は各当事者によっていつでも解除できるが,その場合は,直ちに計算を閉鎖して残額の支払を請求することができる(商534条,破59条)。

XI 仲立営業

1 仲立営業と仲立人

商人は,商取引の成立を媒介する仲立人を利用することによって,多くのメリットを得ることができる(⇨*1)。たとえば,仲立人から与えられた情報によって適切な取引の相手方を見つけだすことができる。また,仲立人の取引の成立に向けた尽力によって,取引がよりスムーズに展開して行く。仲立人は,商品および有価証券の売買,保険,金融,海上運送,旅行などの分野で利用さ

れている。商法は，このような仲立人を利用する取引形態としての仲立営業について規定を置いている。

仲立人とは，「他人間の商行為の媒介をすることを業とする者」である（平30改商543条）。ここで「媒介」とは，他人間の法律行為の成立に尽力することを内容とする事実行為である。自分自身が法律行為の当事者とならない点で，問屋などの取次商（⇨Ⅻ・ⅩⅢ章）とは異なる。

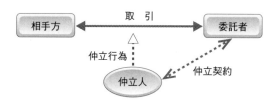

仲立人とは「商行為」の媒介をする者である。媒介される行為の当事者の少なくとも一方にとって商行為となることが必要である。媒介される行為の当事者の双方にとって商行為とはならない行為の媒介であっても，それが営業として行われる場合には，商行為とされ（商502条11号），それを営業として行う者は商人となる（「民事仲立人」）（商4条1項）。

仲立人とは「他人間」の媒介をする者である。他人間とは不特定多数人間という意味である。したがって，商人のために媒介行為を行う「媒介代理商」（商27条，会16条）とは区別される。

仲立人とは「媒介をすることを業とする」者である。媒介行為自体は事実行為であるが，媒介することを引き受ける行為が営業の目的となる。

＊1　仲立契約　仲立人と仲立人を利用しようとする者との間に仲立契約が結ばれる。仲立契約には，「一方的仲立契約」と「双方的仲立契約」とがある。「一方的仲立契約」とは，仲立人は，法律行為の成立のために尽力すべき義務を有せず，ただ，その尽力がなされ契約が成立した場合は，委託者が仲立人に対して報酬を支払う義務を有するものである。これは，片務契約であり，請負類似の契約である。これに対して，「双方的仲立契約」とは，仲立人が法律行為の成立のために尽力すべき義務を負う一方，委託者も仲立人に対して報酬を支払う義務を負うものである。これは双務契約であり，また，媒介行為が事実行為であることから，準委任契約である（民656条）。

仲立契約は，特段の事情がない限り，「双方的仲立契約」と解されている（通説）。

2 仲立人の権利

[1] 給付受領権

仲立人は，別段の意思表示または別段の慣習がない限り，その媒介により成立させた行為について当事者のために支払その他の給付を受領することはできない（平30改商544条）。これは，仲立人が，単なる媒介者にとどまり，媒介する法律行為の当事者ではなく，また，代理人でもないことによる。なお，仲立人が当事者のために支払その他の給付を受領するとの「別段の意思表示」は，明示によるのみならず，黙示による場合もある。

[2] 報酬請求権

仲立人は，結約書を作成・交付（後記3[2]参照）した後でなければ，報酬を請求することはできない（平30改商550条1項，546条）。

仲立人は，商人として，特約の有無にかかわらず相当の報酬（仲立料）を請求することができる（商512条）。仲立料の請求のためには，仲立人の媒介によって法律行為が有効に成立していなければならない。そして，この仲立料を請求し得る時期が結約書の作成・交付後とされているのである。

仲立料は，当事者双方が等しい割合で負担する（平30改商550条2項）。

3 仲立人の義務

[1] 見本保管義務

仲立人がその媒介する行為について見本を受け取ったときは，その行為が完了するまで見本を保管しなければならない（平30改商545条）。

この見本保管義務は「見本売買」（⇨＊1）の場合に，媒介された行為の目的物について後日当事者に紛争が生じた場合に備えて，仲立人に課せられたものである。したがって，仲立人が見本を保管すべきものとされている時期として

「行為が完了するまで」とされているのは，当事者間に紛争の生ずるおそれがなくなるまでという意味である。たとえば，買主の異議期間の経過（平29改商526条参照）や時効の成立した後は，見本保管義務はなくなる。

＊1　見本売買　「見本売買」では，見本を提示して目的物を決定し，その品質も見本と同一であることが前提とされている。

[2]　結約書作成・交付義務

当事者間において媒介に係る行為が成立したときは，仲立人は遅滞なく，各当事者の氏名または名称，当該行為の年月日およびその要領を記載した書面（結約書）を作成し，署名をし，または記名押印した後，これを各当事者に交付しなければならない（平30改商546条1項）（⇨＊1）。媒介された法律行為が直ちに履行されるべきものである場合を除いて，仲立人は，各当事者に交付した書面にそれぞれ当事者が署名または記名押印することを求め，その後，これを相手方に交付することによって，結約書の交換を行わなければならない（平30改商546条2項）。当事者の一方が，結約書の受領または署名・記名押印を拒んだときは，遅滞なくその旨を相手方に通知しなければならない（平30改商546条3項）。

結約書の作成・交付を義務づけたのは，媒介された行為の内容について当事者に紛争が生じないようにするためである。この目的のために作成・交付される結約書は，媒介される行為の成立要件ではなく，証拠書面である。結約書に記載されるべき前記の事項のうち「行為の要領」とは，媒介される行為の内容に関する重要事項であり，目的物の名称，数量，品質，履行方法，時期，場所などである。

＊1　署名　従来，商法の規定により署名すべき場合には，記名押印をもって，署名に代えることができると規定されていた（平30年改正前商32条）。右規定は削除され，個別規定で明らかにされている。

[3]　仲立人日記帳作成・保存義務

仲立人は帳簿を作成して，これに結約書に記載すべき事項（平30改商546条1項参照）を記載し（平30改商547条1項），各当事者の請求があり次第，その当

事者のために媒介し，成立させた行為についての帳簿の謄本を交付しなければならない（平30改商547条2項，電磁的方法による場合，商法施行規則11条）。この帳簿を「仲立人日記帳」という。「仲立人日記帳」は「商業帳簿」（商19条）ではない。なお，仲立人が氏名黙秘義務（商548条）を負う場合にも，仲立人日記帳には当事者の氏名または名称が記載されなければならない（前記[2]と対比，後記[4]参照）。

[4] 氏名黙秘義務

当事者がその氏名または名称を相手方に示さないように命じたときは，仲立人は，結約書および仲立人日記帳（平30改商547条1項の「帳簿」）の謄本（同条2項）に，その氏名または名称を記載することができない（平30改商548条）。匿名とすべき当事者の意思は尊重されるべきであり，また，商取引の没個性的性格からしても，当事者が匿名とすべきことを仲立人に命ずることはあり得る。そのような命令に応じるべく，仲立人の氏名黙秘義務が定められたのである。ただ，この場合にも，仲立人日記帳には当事者の氏名または名称が記載されなければならない（⇨[3]）。

[5] 介入義務

仲立人が当事者の一方の氏名または名称を相手方に示さなかったときは，当該相手方に対し，仲立人自らが履行をする責任を負う（平30改商549条）。これを仲立人の「介入義務」という。介入義務は，当事者がその氏名または名称を相手方に示さないように命じたと否とを問わず，仲立人が当事者の一方の氏名または名称を相手方に示さないときに課される。この場合でも，仲立人の媒介した法律行為は，一方の相手方と他方の匿名の相手方との間において成立する

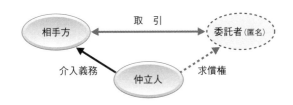

のであって，介入義務が生じるときでも仲立人自身が当事者になるわけではない。ただ，仲立人が介入義務を果たした場合には，仲立人は匿名の当事者に対して求償することができる。このような仲立人の介入義務は，匿名の当事者がわからない一方の相手方を保護するために認められたものである。

XII　問屋営業

1　問屋営業と問屋

　問屋（といや）とは，自己の名をもって，他人のために，物品の販売または買入れの取次を営業として行う者である（平30改商551条）（⇨＊1）。問屋は，それ自身独立の営業者として，商人の営業活動を補助し仲介しており，その限りで仲立人と同様の機能が認められる。しかし，問屋の場合は，法律上，自己の名をもって，すなわち，自らが取引の当事者となって活動する点で，媒介をなすだけで自ら取引の当事者とならない仲立人とは区別される。

　商人の取引活動が拡大し，遠隔地の者と取引をする必要が生じてくるが，その場合，商人のとるべき方法として，問屋を利用することが考えられる。もちろんそれ以外にも，支店を設けたり，代理商を利用することもできよう。しかし，あまり頻繁に取引がなされていないところに支店を設けることはコストがかかる。また，支店を設ければ，そこで支配人などの商業使用人を選任し，その者に代理権を与えることになるが，代理権が濫用されるおそれがある。このことは代理商を利用する場合でも同様である。取引の相手方にとっても，代理人を相手にする場合には，一々本人である委託者の信用や代理人の代理権の有無および範囲を調査しなければ安心して取引に臨めない。これに対して，問屋を利用する場合には，以上のような問題がなく，取引を行うことができる。また，商人でない者も問屋の信用を利用することができる。

　問屋は「自己の名をもって」営業を行う者である。ここで「自己の名をもっ

て」とは，問屋自身がその行為から生ずる権利義務の主体となることをいう。すなわち，問屋自らが契約の当事者となるのである。この点において，問屋は，仲立人，代理商，その他の代理人とは異なる。たとえば，仲立人や媒介代理商は，当事者間の契約の成立を媒介するだけであるが，問屋は第三者に対する関係では自ら権利義務の主体となる。また，締約代理商その他の代理人は，本人の名において取引をするのであって，自らの名において売買をなす問屋とは異なる。

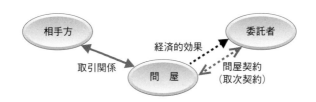

　問屋は法律上は代理人ではないが，問屋の行った売買の経済的効果は委託者に帰属する。この意味において，問屋の行う行為は「経済上の代理」ないし「間接代理」と称される。

　問屋は「他人のために」営業を行う者である。ここで「他人のために」とは，「他人の計算において」と同義である。すなわち，問屋が行った取引上の損益は他人である委託者に帰属し，問屋はその取次の労務に対する報酬を受けるにしかすぎない。

　問屋は「物品の販売または買入れ」の取次を行う者である。この点で，同じ取次を行う者であっても，物品の販売または買入れ以外の取次を行う準問屋（平30改商558条⇨5）や，運送に関する取次を行う運送取扱人（平30改商559条⇨XIII章）とは区別される。

　問屋は，物品の販売または買入れの「取次」を営業として行う（「業とする」）者である。つまり，物品の販売または買入れをなすことではなく，その取次をなすことが問屋としての基本的商行為（商502条11号）になるのであって，物品の販売または買入れすなわち売買は，問屋の営業のためになされる行為として，附属的商行為（商503条）となる。

＊1　「といや」と「とんや」　俗に卸売商のことを「卸問屋」とか「問屋」（とんや）というが，これは，法的には，自己の名をもって自己のために売買取引をなす者（自己商）であり，ここにいう問屋（といや）ではない。問屋（といや）として，典型的なものは，証券会社や商品取引員である。

2　問屋と委託者との関係

　問屋は委託者との間で，物品の販売または買入れを内容とする委任契約を締結する。この契約を「問屋契約」（取次契約）という。これに関し，商法は問屋と委託者との間の関係について委任に関する規定を準用すると定めている（平30改商552条2項）。

　これとならんで，商法は問屋と委託者との間の関係について代理に関する規定を準用すると定めている（平30改商552条2項）。しかし，ここで「代理」といっていることは，代理人のなした行為の法律効果が直接本人に帰属するという意味ではないことは明らかである。なぜなら，問屋のなした行為の法律効果は問屋自身に帰属するからである。そこで，この「代理」ということは，問屋のなした行為の法律効果は問屋自身に帰属するものの，その経済的効果がさらに本人である委託者に帰属することを意味しているものと解される。すなわち，問屋のなした行為の効果が問屋自身に帰属し，それを本人に帰属させるためには，本来，問屋の別個の行為を要することになるが，商法は，この問屋の別個の行為がなくても，その効果が本人に帰属することにしたのである。ただ，このことはあくまで「問屋と委託者との間の関係」のみに妥当するものであって，第三者に対しては対抗し得ない。

【設例17】
　Ａ証券会社はＸから有価証券の買入れを委託され，これに基づきＢの所有する有価証券を買い取った。この証券をＸに引き渡さないうちにＡ証券に対して，破産手続開始の決定が下され，破産管財人Ｙはこの有価証券をＹの管理下に置いた。Ｘは，Ｙに対し，その有価証券の取戻しを求めている。

XII 問屋営業

　先に述べたように，問屋は，委託を受けた物品の販売または買入れについて自身が取引の当事者になる。そこで，【設例17】のように，問屋が破産した場合に，委託を受けて買い入れた物品（この場合は有価証券）は，問屋がもともと所有する物品と同様，破産財団に組み入れられてしまうことがある。その場合，委託者は，その委託に基づき問屋が買い入れた物品について取戻権（破62条）を有しないか否かが問題となる。

　判例は「問屋が委託の実行として売買をした場合，右売買により，その相手方に対して権利を取得するのは問屋であって委託者ではない。しかし，その権利は委託者の計算において取得されたものであって，これにつき実質的に利益を有する者は委託者であり，かつ問屋は，その性質上，自己の名においてであるが，他人のために物品の販売または買入をなすものであることにかんがみれば，問屋の債権者は問屋が委託の実行により取得した権利についてまでも自己の債権の一般担保として期待すべきではない」として，結果的に，委託者の取戻権を認めている（最判昭43・7・11民集22巻7号1462頁）。

　これに対して，通説は，問屋と委託者との間の関係について代理に関する規定が準用されるのは，あくまでも問屋と委託者との内部関係に準用されるだけで，問屋が売買によって取得した権利はなんらの移転行為を要せず委託者のものとなるが，そのことを問屋以外の者に主張し得るためには，問屋からの対抗要件を具備した移転行為が必要であり，それがないうちに問屋が破産した以上，委託者は取戻権を有せず，問屋に帰属した権利が破産財団に組み込まれるのもやむを得ないとする。

　【設例17】について，判例によれば，Xは取戻権が認められるのに対し，通説によれば，Xには取戻権がないことになる（⇨＊1）。

　　＊1　**委託者の取戻権に関する学説**　　学説上，結果的に，委託者の取戻権を認めようとする見解も有力に主張されている。ただ，その理由付けはさまざまである。すなわち，①代理規定の準用による委託者の権利取得に物権的効力を認め，または，問屋の売買が委託者の計算でなされることから，委託者の所有権・債権であるとし，問屋破産の場合に，その取戻しを認めるもの，②問屋破産の場合に，問屋が取得した所有権・債権についての実質的な利益状態に基づき，委託者は実質上自己に属する権利として取戻権を行使

し得るとするもの，③条文にいう「問屋と委託者との間の関係」とは，問屋対第三者という外部関係に対する内部関係を意味し，それは問屋自身のほかにその周囲にこれを回って存する債権者群も含まれる，または，問屋の債権者は問屋の人格の延長ないし問屋と一体をなすものとして，問屋が所有権・債権を取得するのと同時に，委託者は，問屋およびその債権者との関係で，所有権・債権を取得するとして，取戻権を認めるもの，④取次と信託の類似性から，問屋が委託者の計算で取得した所有権・債権は問屋に帰属するが，委託者への譲渡前は当該売買に起因しない問屋に対する一般債権の責任財産を構成しないとするもの（信託16条，破34条参照），がある。

3 問屋の権利

[1] 介入権

問屋は，取引所の相場のある物品の販売または買入れの委託を受けたときは，自ら買主または売主となることができる（平30改商555条1項前段）。これを問屋の介入権という。この場合の売買価格は，問屋が委託者に対し問屋が買主または売主となったことの通知を発したときの取引所の相場による（同項後段）。問屋が介入権を行使した場合でも，問屋には報酬・費用の請求権が認められる（平30改商555条2項）。

[2] 自助売却権

問屋が買入の委託を受けた場合，委託者が，問屋の買い入れた物品の受領を拒み，または受領することができないときは，問屋はその物を供託し，または相当の期間を定めて催告したのち，これを競売することができる。この場合には遅滞なく委託者に対してその旨の通知が発せられなければならない。また問屋の買い入れた物品が損傷その他の事由による価格の低落のおそれのある物である場合には，催告をしないで競売することができる。いずれの場合も，問屋はその競売代金を供託しなければならない。ただし，その代価の全部または一部を代金に充当してもよい（平30改商556条，商524条）。

[3] 留置権

問屋は，委託者のために物品の販売または買入れをしたことにより委託者に対して生じた債権の弁済期が到来しているときは，その弁済を受けるまで，当事者の別段の意思表示なき限り，委託者のために占有した物または有価証券を留置することができる（平30改商557条，商31条）。

4 問屋の義務

[1] 通知義務

問屋は，物品の販売または買入れをしたときは，一般の場合（民645条）と異なり，委託者の請求をまつことなく，遅滞なく委託者に対し，その旨の通知をしなければならない（平30改商557条，商27条）。この場合の通知の内容には，販売または買入れの事実だけでなく，その相手方，売買の時期，契約も含まれる。

[2] 指値遵守義務

指値売買に際して，問屋が委託者の指定した金額より低い価格で販売し，または高い価格で買入れをした場合でも，問屋が自らその差額を負担する限り，その売買は委託者に対して効力を生ずる（平30改商554条）。問屋が差額を負担すれば，委託者の利益は害されないからである。

[3] 履行担保責任

問屋は，委託者のためになした販売または買入れについて，相手方がその債務を履行しない場合には，別段の意思表示または別段の慣習がない限り，委託者に対し自らその履行をなす責任を負う（平30改商553条）。委託者と第三者との間には直接の法律関係は存しない。しかし第三者が問屋に対する債務を履行しなければ，実質的に損害を被るのは委託者である。そこで，このような委託者を保護し，また問屋制度の信用を維持するために，問屋自身が履行担保責任を負うこととしたのである。

5 準問屋

準問屋とは，自己の名をもって，他人のために，物品の販売または買入れ以外の行為の取次を営業として行う（「業とする」）者である（平30改商558条）。準問屋とされるものとして，出版・広告の取次業，保険契約の取次業，旅客運送の取次業などがある。

XIII 運送取扱営業

1 運送取扱営業と運送取扱人

運送取扱営業は，運送人を選択し，これと運送契約を締結する業務を専門的に行うものであって，取次商として問屋および準問屋と共通の機能を有している。

運送取扱営業は，問屋をその起源としている。もともと，運送取扱営業が行っていた業務は問屋自身が行っていた。すなわち，問屋が委託者のために買い入れた物品を委託者の許に届ける必要から，問屋自身が運送人を選択して，物品運送にあたらせていたのである。しかし，問屋の業務が多忙化するにつれ，運送人の選択などの業務を専門に扱う者として，運送取扱営業が問屋から分化したのである。

このように運送取扱営業は，一面，取次商として位置づけられるが，他面，物品運送の取次を行う点で運送営業とも結びついている。そこで，商法は，取次商としての問屋，準問屋に関する規定と運送営業に関する規定との間に運送取扱営業に関する一連の規定，とりわけ，運送の取次業務を行う主体としての運送取扱人に関わる規定を置いている。

運送取扱人とは，自己の名をもって物品運送の取次を営業として行う（「業とする」）者をいう（平30改商559条1項）。

　運送取扱人とは「自己の名をもって」取次を行う者である。すなわち，運送取扱人は，委託者の計算においてではあるが，自らが権利義務の主体となって，運送人との間に物品運送契約を締結することを引き受ける者である。すなわち，「取次」を行う者として，当事者間の運送契約の成立の媒介を行うだけの仲立人とは区別される一方，問屋および準問屋と共通する。これに関し，運送取扱人について別段の規定がある場合を除き，問屋（平30改商551条）に関する規定が準用される（平30改商559条2項）。

　運送取扱人は取次を行う者であるが，取次の対象が物品運送である点で，物品の販売または買入れの取次をする問屋，物品の販売または買入れ以外の取次を行う準問屋とは異なる。同じ運送であっても，旅客運送の取次を行う者は準問屋であり，運送取扱人ではない。一方，取次の対象が物品運送であれば，それが陸上運送か，海上運送か，航空運送かにかかわらず，それを行う者はすべて運送取扱人である。

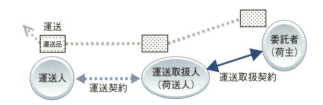

2　運送取扱人の権利

[1]　報酬請求権

　運送取扱人は，運送の取次を業とすることから，商人であり，それゆえ，特約なき場合にも，相当の報酬を請求することができる（商512条）。そして，運

送取扱人が運送品を運送人に引き渡したときは，直ちにその報酬を請求することができる（平30改商561条1項）。これは，運送取扱契約が委任契約であることに基づく。したがって，運送の終了をまつ必要はない。運送人が運送を完了し得なかった場合には，そのような運送人を選択したことについて運送取扱人の責任が問われることはもちろんであるが，このことと，運送取扱人の報酬請求権とは別個のものである。

なお，運送取扱契約によって運送賃の額を定めたときは，運送取扱人は，特約のない限り，別に報酬を請求することができない（同条2項）。この場合には，当事者が運送賃の中に報酬を含めていると考えられるからである。

なお，前記の報酬請求権等，運送取扱人の債権は，これを行使することができる時から1年で時効消滅する（平30改商586条，564条）。

[2] 費用償還請求権

運送取扱人は，運送契約により運送人に支払った運送賃その他の支出費用は，委任事務を処理するために支出した費用として，委託者に対してその償還を求めることができる（平30改商559条2項，552条2項，民649条，650条）。

[3] 留置権

運送取扱人は，運送品に関し受け取るべき報酬，運送賃，付随の費用およびその他の立替金についてのみ，その運送品を留置することができる（平30改商562条）。問屋の留置権とは異なり，請求権と運送品との間に牽連関係がなければならない。

[4] 介入権

運送取扱人は，特約がないときは，自ら運送を引き受けることができる（平30改商563条1項前段）。このような運送取扱人の介入権は，問屋の介入権（平30改商555条）とは異なり，運送賃に客観的な相場のあることが要求されていない。問屋の場合に販売または買入の対象となる物品に取引所の相場があることが要求されているのは，問屋が介入権の行使によって委託者の利益を害し自己の利益をはかることを防止するためである。これに対して，運送賃や運送方

法は一定しているため，運送取扱人の介入権の行使によって委託者の利益が害されるおそれはないとされたからである。

介入権の行使によって運送取扱人は運送人と同一の権利義務を有する（平30改商563条1項後段）。介入権が行使された場合でも，運送取扱契約と運送契約とは併存し，したがって，介入権を行使した運送取扱人は，運送人としての運送賃請求権とともに，運送取扱人としての報酬請求権（⇨ [1]）および費用償還請求権（⇨ [2]）を有する。

3 運送取扱人の責任

運送取扱人は，その運送品の受取，保管および引渡し，運送人の選択その他の運送の取次ぎについて注意を怠らなかったことを証明しなければ，その運送品の受取から荷受人への引渡しまでの間の当該運送品の滅失・損傷，もしくはその滅失・損傷の原因が生じたこと，または当該運送品の延着から生じた損害賠償の責任を免れることはできない（平30改商560条）。

この運送取扱人の責任には，運送人の責任（平30改商575条）と共通の部分がある（不法行為責任との競合・高価品特則について⇨XIV章8）。ただし，損害賠償額については，物品運送の場合の損害賠償額に関する規定（平30改商576条1・3項）がないので，民法の一般原則による。

なお，上記の責任は，荷受人に対する運送品の引渡しがされた日（運送品の全部滅失の場合にあっては，その引渡しがされるべき日）から1年以内に裁判上の請求がされないときは，消滅する（平30改商585条1項，564条）。

4 相次運送取扱

相次運送取扱とは，同一の運送品について数人の運送取扱人が相次いで運送取扱を行う場合をいう。このような相次運送取扱について次の3種のものが認められている。

① **部分運送取扱** 同一の運送品について，数人の運送取扱人がそれぞれ独立して，特定の部分区間の運送取扱を引き受けるものである。この場合は，

それぞれの区間ごとに別個の運送取扱契約が存在し，それぞれの契約は独立している。

② **下受運送取扱**　一人の運送取扱人（元受運送取扱人）が運送の全部にわたって運送の取次を引き受け，その運送取扱事務の全部または一部を他の運送人取扱人（下受運送取扱人）に委託するものである。この場合は，運送取扱契約の当事者は元受運送取扱人であって，下受運送取扱人は履行補助者である。

③ **中間運送取扱**　最初の運送取扱人が委託者から最初の運送取次を引き受けるとともに，自己の名で委託者の計算において第二の運送取扱人を選任しこれに運送の取次を委託し，以下順次前者が後者に運送の取次を委託して行くものである。第二以下の運送取扱人は，それぞれの場合に相応して，中間運送取扱人または到達地運送取扱人と呼ばれている。

平成30年改正商法564条は，運送営業に関する平成30年改正商法579条

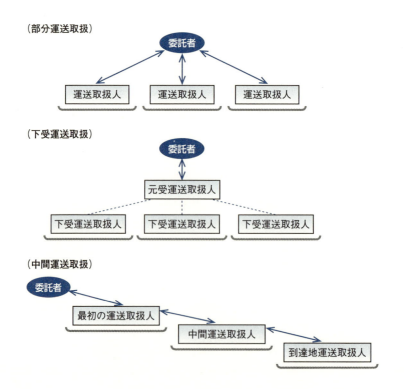

1・2項の規定を準用しているが，同条1項の「数人の運送人が相次いで陸上運送をするとき」は，運送取扱営業についてみると，上記③の中間運送取扱を指すものと解される。また，同条2項の「前の運送人」は「前の運送取扱人または運送人」と読み替えられている（平30改商564条後段の前半）。

XIV 運送営業

1 運送営業の必要性

　運送営業は，財貨の空間的・場所的移転を引き受けることを営業の内容とするものである。財貨，たとえば商品の運送は，商人の取引活動の効率化・拡大化のため，重要な役割を果たしている。すなわち，個別的にみると，遠隔地にある者同士が取引をした場合に，その目的物である商品を売主から買主の許に届けるために商品の運送が必要となる。また，全体的にみると，ある地域において消費されるよりも過剰に商品が生産された場合，その過剰分を，その商品の需要を欲している他の地域に移転し，販売することで，過剰生産による損失を利益に転じることができる。そのために，商品の運送が必要となる。

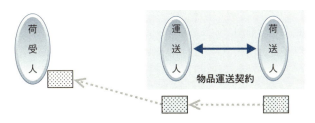

　そこで，商品の所有者あるいは所有者から商品を委託された者，すなわち荷送人は運送を担う運送人との間に運送契約を締結し，それに基づいて運送人は運送品を目的地まで運送し，荷受人に運送品を引き渡すことによって，運送を完了し，荷送人に運送賃を請求するのである。

このような運送の経緯に相応して，運送営業および運送人に関する規定が置かれている。平成30年に改正された商法は，従来の陸上運送および海上運送に加えて「航空運送」に関する規律を設け，それぞれの運送形態に共通する規定を設けるとともに，個別の形態に即した規定を定めている（⇨＊1）。

＊1　「貨物引換証」に関する規定の削除　　従来商法上規定されていた「貨物引換証」に関する規定は，貨物引換証が実際に利用されていないため，平成30年の改正によって削除されている。

2　運送人の意義

運送人とは，陸上運送，海上運送または航空運送の引受けを業とする者である（平30改商569条1号）。ここでいう「陸上運送」とは，陸上における物品または旅客の運送をいい（同条2号），「海上運送」は，船舶（平30改商684条の「船舶」（後記），同法747条に定める「非航海船」（後記）を含む）による物品または旅客の運送をいい（平30改商569条3号），「航空運送」は，航空機（航空法2条1項）による物品または旅客の運送をいう（同条4号）。

また，「引受け」を業とするとされていることから，運送契約の引受け（締結）を営業として行う者が運送人であって，事実として運送を行う者と区別しなければならない（前記Ⅰ章2 [3] ④の商法502条4号の解説参照のこと）。

さらに，平成30年改正前商法569条は，「陸上」運送について「陸上又ハ湖川，港湾」と定めていたが，改正商法は「陸上」とのみ定めている。

この点，前記の「船舶」の意義に関する平成30年改正商法569条3号，684条および747条との関係をみると，従来の「湖川，港湾」における運送は，改正商法では，むしろ「海上運送」として規律されることになる。

すなわち，平成30年改正商法684条では，船舶を「商行為をする目的で航海の用に供する船舶（端舟その他ろかいのみをもって運転し，または主としてろかいをもって運転する舟を除く。）をいう」と定めているが，この定義は平成30年改正商法747条を除く改正商法第3編の規定に当てはまるものとなる（平30改商684条の最初の括弧書）。一方，平成30年改正商法第2編中の「海上運送」に関する改正商法569条3号では，「……船舶（747条に定める「非航海船」を含

む。)」と定めている。そこで，平成30年改正商法747条をみると「非航海船」とは，商行為をする目的で専ら湖川，港湾その他の海以外の水域において航行の用に供する船舶（端舟その他ろかいのみをもって運転し，または主としてろかいをもって運転する舟を除く。）とされている。したがって，第2編中の定義付け規定である改正商法569条3号の「海上」には，前記の水域も含まれることになるのである。

3 物品運送契約

[1] 物品運送契約の意義・当事者

物品運送契約とは，運送人が荷送人からある物品を受け取りこれを運送して荷受人に引き渡すことを約し，荷送人がその結果に対してその運送賃を支払うことを約することによって，その効力を有するものとして（平30改商570条）諾成，双務契約であり，請負契約（民632条）である。

運送契約の当事者は，物品運送の委託をなす荷送人と，それを引受ける運送人である。荷送人は，運送品の所有者である「荷主」とは限らない。運送取次の場合には「運送取扱人」（平30改商559条1項）（前記XIII章1）が，荷送人として運送契約の当事者となる。

[2] 荷受人の法的地位

物品運送では，到達地において運送品を受け取るべき者として，「荷受人」が存在する。荷受人は，運送契約の当事者ではないが，物品運送の経緯に応じて，運送人に対し一定の権利を有し，義務を負担することが認められている。すなわち，①運送品が到達地に到着する以前は，荷受人は，まだ運送人に対して何らの権利義務を有していない。②運送品が到達地に到着したとき，または運送品の全部が滅失したときは，荷受人は物品運送契約によって生じた荷送人の権利（運送品引渡請求権，損害賠償請求権など）と同一の権利を取得し，これを自己の権利として行使することができる（平30改商581条1項），③運送品到達後，荷受人がその引渡またはその損害賠償を請求したときは，荷受人の権利が荷送人の権利に優先し，荷送人はその権利を行使することができない（同条2

項），④荷受人が運送品を受け取ったときは，運送人に対して，運送賃その他の費用を支払う義務を負う（同条3項）（荷受人の地位に関する右の規定は，運送取扱営業の場合にも準用されている，平30改商564条）。荷受人がこのような地位を取得する根拠については，大別して，運送契約が第三者のためにする契約（改民537条）としての性質を有する結果であるとする見解と，法律の特別な規定により認められるとする見解がある。

4　運送人の権利

[1]　運送品引渡請求権（⇔荷送人の運送品引渡義務）

運送契約が締結されたことに基づき，運送人は荷送人に対し，運送品の引渡を求めることができる。ただし，このことは運送契約が要物契約であることを意味するものではない。運送契約に基づく債務の履行としての運送を開始するためには，荷送人からの運送品の引渡がなされることが必要であるので，そのことに対応する権利を運送人に認めたのである。

[2]　「送り状」の交付請求権（⇔荷送人の「送り状」交付義務）

平成30年改正商法571条は，荷送人は運送人の請求により，「送り状」を交付しなければならないと定めている。これは運送人からみると，荷送人に対し，運送状の交付を求める権利ということになる。

この「送り状」（改正前は「運送状」とも呼ばれた）は，運送品の同一性の判断やその運送に関する権利義務関係を明らかにするために，運送人の請求によって荷送人が作成交付する証券である。相次運送（後記10）の場合のように複数の者が運送に携わる場合には，後の運送人が運送契約の具体的内容を確認するために「送り状」が利用される。

「送り状」に記載さるべき事項は，①運送品の種類，②運送品の容積もしくは重量または包もしくは個品の数ならびに運送品の記号，③荷造りの種類，④荷送人および荷受人の氏名または名称，⑤発送地および到達地である（平30改商571条1項1～5号）。

「送り状」は，契約書そのものではなく，また有価証券でもない単なる証拠

XIV　運送営業　　　　　　　　　　115

証券である。

　なお，以上のような証券の交付に代えて，電子的方法による前記①～⑤のデータを提供する方法も認められている（平30改商571条2項）。

[3]　運送賃その他の費用請求権

　前記3[1]で述べたように，運送契約は請負契約である。したがって，到達地における運送品の引渡しと同時に運送賃は支払われなければならない（平30改商573条1項）。運送品がその性質または瑕疵によって滅失し，または損傷したときは，荷送人は，前記運送賃の支払を拒むことはできない（同2項）。なお，この支払義務を負うのは，荷送人であるが，荷受人が運送品を受け取った場合には，荷受人もこの義務を負担する（平30改商581条3項⇒前記3[2]）。

[4]　留置権・先取特権

　運送人は，運送品に関し受け取るべき運送賃，付随の費用および立替金（以下「運送賃等」）についてのみ，その弁済を受けるまで，その運送品を留置することができる（平30改商574条）。

　また，運送人は，運送賃および付随の費用について，自己の許にある運送品のうえに先取特権を有する（民318条）。

[5]　供託・競売権

　運送人は，荷受人を確知することができないときは，運送品を供託することができる（平30改商582条1項）。この場合に，運送人が荷送人に対して相当の期間を定めて運送品の処分について指図をすべき旨を催告したにもかかわらず，荷送人がその指図をしないときには，運送人は運送品を競売に付することができる（同条2項）。損傷その他の事由による価格の低落のおそれがある運送品は前記の催告をしないで競売に付することができる（同条3項）。いずれの場合も，運送品を競売に付したときは，運送人はその代価を供託しなければならない（同条4項本文）。ただし，その代価の全部または一部を運送賃等に充当することもできる（同項ただし書）。以上のように運送品を供託しまたは競売に付したときは，運送人は遅滞なく荷送人にその旨の通知を発しなければならない（同

条5項)。

　以上の供託・競売権は，荷受人が運送品の受取を拒み，または受け取ることができない場合にも認められている。この場合，運送人は，運送品を供託することができる（平30改商583条，582条1項）。

　また，運送人が荷受人に対し相当の期間を定めて運送品の受取りを催告し，かつその期間の経過後に，荷送人に対して相当の期間を定めて運送品の処分について指図をすべき旨を催告したにもかかわらず，荷送人がその指図をしないときには，運送人は運送品を競売に付することができる（平30改商583条，582条2項）。以上の手続について，損傷その他の事由による価格の低落のおそれがある運送品は，前記催告をしないで競売に付すことができる（平30改商583条，582条2項，3項）。また，運送品を競売に付したときの代価の供託，運送賃等への充当についても同様である（平30改商583条，582条4項）。なお，供託・競売に係る通知は，荷送人と荷受人の双方に発せられなければならない（平30改商583条，582条5項）。

[6] 運送人の債権の消滅時効

　前記の運送賃等の請求権等，運送人の荷送人または荷受人に対する債権は，これを行使できる時から1年間行使しないときは時効によって消滅する（平30改商586条）。

5　運送人の義務

[1] 運送品引渡義務

　運送人は到達地において，運送品を荷受人に引き渡さなければならない。

[2] 指図遵守義務（⇔荷送人の処分権）

　荷送人は，運送人に対し，運送の中止，荷受人の変更，その他の処分を請求することができる（平30改商580条前段）。このような運送品の処分権が認められていることと相対して，運送人は，荷送人の指図に従わなければならない。

　運送人が荷送人の指図に従って処分をなしたときは，運送人は既になした運

送の割合に応じた運送賃（割合運送賃），付随の費用，立替金およびその処分によって生じた費用の弁済を請求することができる（平30改商580条後段）。

このような荷送人の処分権は，運送品の到達後，または運送品の全部が滅失したときに，荷受人が運送品の引渡しまたはその損害賠償を請求したときは，行使することができない（平30改商581条2項）。つまり，荷受人の権利が荷送人の権利に優先するという意である（前記3[2]）。

6　荷送人の危険物通知義務

運送契約の一方の当事者である荷送人は，前記4[1]・[2]の通り，運送人に対し運送品を引き渡すとともに「送り状」を交付する義務を負っている。

これに加えて，荷送人は運送品が危険物である場合にそのことを運送人に通知する義務がある。すなわち，平成30年改正商法572条によれば，運送品がガソリン，火薬類，高圧ガス等引火性，爆発性その他の危険性を有するものであるときは，その引渡しの前に，運送人に対し，その旨および当該運送品の品名，性質その他の当該運送品の安全な運送に必要な情報を通知しなければならない（右の規定は，運送取扱営業の場合にも準用されている，平30改商564条）。

なお，後記8のように，高価品については，荷送人が運送人に通知すべきことを前提とした規定があるが（平30改商577条），この場合，運送人が運送契約締結当時，運送品が高価品であることを知っていた場合は運送人は免責されないとされており（同条2項1号），この場合は荷送人の高価品に関する通知がなくとも運送人は責任を負うことになる。これに対して危険物であることに関する通知については，そのような規定はない。したがって，運送契約締結当時に運送品が危険物であることを運送人が知っていたとしても，荷送人の危険物に関する通知義務が排除される訳ではない。

7 運送人の責任

運送契約に基づく運送人の責任について，まず平成30年改正商法575条は，運送品が，①当該運送品の受取から引渡しまでの間に滅失・損傷したとき，もしくは②当該運送品の受取から引渡しまでの間にその滅失・損傷の原因が生じたとき，または③運送品が延着したときは，運送人は，前記①から③のいずれかの事由によって生じた損害を賠償する責任を負うと定めている（平30改商575条本文）。ただし，この運送人の損害賠償責任は過失責任とされており，運送人が当該運送品の受取，運送，保管および引渡しについて注意を怠らなかったことを証明したときは免責される（同条ただし書）。

同様の責任は，運送取扱人にも課せられている（平30改商560条）（前記XⅢ章3）。

とりわけ，大量の運送品を運送しなければならない運送人の保護を考慮して，運送人の責任については，前記①・②の損害賠償額の基準について特別な定めがなされている。すなわち，運送品の滅失・損傷の場合の損害賠償額は，右の滅失・損傷が運送人の故意または重過失によって生じたものでない限り，当該運送品の引渡しがされるべき地および時における当該運送品の市場価格（取引所の相場がある物品については，その相場）によって定め，市場価格がないときは，その地および時における同種類で同一の性質の物品の正常な価格によって定める（平30改商576条1・3項）。

運送品が滅失・損傷したことによって支払う必要が無くなった運送賃その他の費用は，右の滅失・損傷が運送人の故意または重過失によって生じたものでない限り，前記損害賠償額から控除される（平30改商576条2・3項）。

これに対して，前記③の運送品の延着の場合には，前記の基準は適用されず，民法の一般原則（改民415条，416条）による。

8 高価品に関する特則

運送品が「貨幣，有価証券その他の高価品」である場合，荷送人が運送を委託するに当たり，運送人に対し，その種類および価額を通知した場合を除き，

運送人は，その滅失，損傷または延着について損害賠償の責任を負わない（商577条1項）。

上記の「高価品」とは，重量および容積に比していちじるしく高価な物品のことをいう。たとえば，貴金属，宝石，高級美術品，毛皮などがこれに当たるものとされている。ある判例では，研磨機は，容積，重量ともに相当巨大であり，一見して高価であることがわかるとして，これを「高価品」としなかった（最判昭45・4・21判時593号87頁）。

平成30年改正商法577条1項の趣旨は，運送人の予想できない損害から運送人を保護する点にある。そこで，同条2項では，以下の場合には同条1項の適用はないものとしている。すなわち，①物品運送契約の締結の当時，運送品が高価品であることを運送人が知っていたとき，または②運送人の故意または重大な過失によって高価品の滅失，損傷または延着が生じたときである。

なお，右の規定は，運送取扱営業の場合にも準用されている（平30改商564条）。

【設例18】

Xは，家宝の漆器をA方に持参し，その鑑定をAに依頼した。Aは一応の鑑定終了後，その漆器をXに返却するため，運送業者Yとの間にXを荷受人とする運送契約を締結した。その際Yに対してAは，運送品が高価な物であることは何も言わなかった。Yの従業員Bはこの漆器が入った段ボール箱をX宅に届ける途中で，誤って右段ボール箱を落とし，漆器を壊してしまった。鑑定の結果，その漆器は時価数百万円とされた。XはYに対して右価格相当額の損害賠償を求めている。

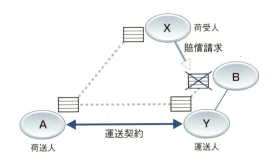

【設例18】では，物品運送契約は荷送人Aと運送人Yとの間に締結されている。ここで，運送品がふつうの品物であったならば，結果的にYの従業員であるBの不注意により運送品が損傷してしまった場合に，荷送人Aは，商法575条に基づき運送人に対し損害賠償を求めて行くことができる（【設例18】ではAではなくXが請求しているが，この点については後述）。しかし，運送品が「高価品」であった場合，先に述べたように，荷送人が運送の委託に当たって運送人に対し，それが「高価品」であることを通知しなければ，運送人は損害賠償の責任を免れる（平成30改商577条1項）。【設例18】の漆器は数百万円の価値があり，また，その容積，重量からして通知がなければ高価品であることはわからないものであるといえるので，「高価品」に当たると解される。しかし，【設例18】においては荷送人からの高価品としての通知はなされていない。

高価品であることの通知がない場合，先に述べたように，運送人は損害賠償の責任を免れる（平成30改商577条1項）。したがって，Yには責任がないことになる。

ただ，結果的にYの従業員Bが誤って運送品を損傷してしまったことで，Yについて不法行為に基づく損害賠償責任（民709条，715条）が生じているのではないか。

この点で，高価品の場合の損害賠償責任の排除は，不法行為によって生じた運送品損傷の場合にも適用されるかが問題となる。この問題は先の不法行為責任との競合に関する争点と結びつけられるが，従来の多数説・判例（最判昭44・10・17民集97巻35頁）は，商法578条（平30改商577条）によって運送人が免責されるのは，契約責任だけであって，不法行為責任まで免責されるものではないとしている（「請求権競合説」）。

この点，運送人の不法行為責任に関する平成30年改正商法587条本文は同577条の規定を準用している（⇨*1）。その結果，平成30年改正商法577条によって高価品の場合に排除される責任にはXのYに対する不法行為責任も含まれることになる。

＊1　運送人の不法行為責任　平成30年改正商法587条本文によれば，平成30年改正商法576条，577条，584条および585条の規定は，運送品の滅失等についての運送人の荷送人または荷受人に対する不法行為に基づ

く損害賠償の責任に準用される。576条は前記7の通り，運送人の責任の賠償額の基準に関する規定である。また，584条および585条は，運送人の責任の消滅（後記9）に関する規定である（なお，運送取扱営業についても，平成30年改正商法564条により，同577条，585条～588条が準用されていることに注意）。

なお，【設例18】で，運送契約は荷送人Aと運送人Yとの間に締結されており，Xは荷受人として契約当事者ではない。しかし，前記3 [2] のように，平成30年改正商法581条1項によれば，運送品が到達地に到達した後は，荷受人は運送契約によって生じた荷送人の権利を取得するものとされている。この荷送人の権利には，運送契約によって生じた運送品引渡し請求権の他，運送品処分権（平30改商580条），運送品の滅失・損傷・延着などによる損害賠償請求権が含まれている。【設例18】では，損害賠償請求を求めることができるのは本来荷送人であるAである。しかし，運送品が到達地に到達していれば，荷受人であるXもAの有する損害賠償請求を求めることができることになる。

9　運送人の責任の消滅

運送人の責任（平30改商575条）に関して，運送品の損傷または一部滅失に関するものは，荷受人が異議をとどめないで運送品を受け取ったときに消滅する（平30改商584条1項本文）。ただし，運送品に直ちに発見することができない損傷または一部滅失があった場合に荷受人が引渡しの日から2週間以内に運送人に対してその旨の通知を発したときは責任は消滅しない（同条1項ただし書）。もっとも，運送品の引渡しの当時，運送人が当該運送品に前記の瑕疵があることを知っていたときは，そもそも運送人は責任を負わなければならない（同条2項）。前記の通知について，運送人がさらに第三者に運送を委託し，荷受人が引渡し日から2週間内に運送人に前記の通知を発したときには，運送人に対する第三者の責任が消滅するのは，運送人が「当該通知を受けた日から2週間を経過する日」までに運送人が第三者に通知を発するか否かに係ってくる（同条3項）。

以上の規制とは別に，平成30年改正商法585条は，運送品の滅失等，すなわち，滅失，損傷または延着，についての運送人の責任は，運送品の引渡しが

なされた日（全部滅失の場合はその引渡しがされるべき日）から1年以内に裁判上の請求がされないときは消滅するとしている（平30改商585条1項）。右の期間（1年）は，運送品の滅失等による損害が発生した後に限り，合意により延長することができる（同条2項）。

なお，運送人がさらに第三者に運送を委託した場合に，前記の期間（1年）内に損害を賠償するか裁判上の請求をされたときに，第三者の運送人に対する責任がその経過によって消滅するのは，前記の損害賠償をした日または裁判上の請求をされた日から3ヶ月となる（同条3項）。

以上の運送人の責任の消滅に関する規定は，前記 8 * 1 の通り，運送人の不法行為責任について準用されている（平30改商587条，運送人の被用者について，同588条）。

10 相次運送

相次運送とは，同一の運送品について数人の運送人が相次いで運送する場合をいう。このような相次運送について次の4種のものが認められている。

① **部分運送** 同一の運送品について，数人の運送人がそれぞれ独立して，特定の部分区間の運送を引き受けるものである。この場合は，それぞれの区間ごとに別個の運送契約が存在し，それぞれの契約は独立している。

② **下受運送** 一人の運送人（元受運送人）が全区間にわたって運送を引き受け，その区間の全部または一部の運送を他の運送人（下受運送人）に委託するものである。この場合は，運送契約の当事者は元受運送人であって，下受運送人は履行補助者である。

③ **同一運送** 数人の運送人が共同して全区間にわたって運送を引き受け，運送人の間で内部的に担当区間を定めるものである。この場合は，数人の運送人全員が運送契約の当事者となり，したがって，連帯債務者とされる（商511条1項）。

④ **連帯運送** 数人の運送人が順次各特定区間の運送を共同して引き受けるものである。この場合は，数人の運送人が一通の「通し運送状」によって，運送を引き受けるのが通例である。

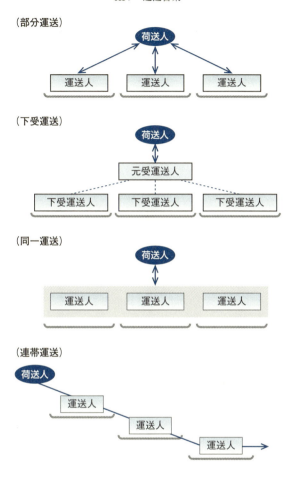

　以上のような相次運送について，平成30年改正商法579条は，同条1項で「数人の運送人が相次いで陸上運送をするとき」は「後の運送人は，前の運送人に代わってその権利を行使する義務を負う」，同条2項で，上の場合「後の運送人が前の運送人に弁済をしたときは，後の運送人は，前の運送人の権利を取得する」として，先次の運送人の権利に対する後続する運送人の対応について規制している。また，同条3項は「ある運送人が引き受けた陸上運送についてその荷送人のために他の運送人が相次いで当該陸上運送の一部を引き受けたときは，各運送人は，運送品の滅失等につき連帯して損害賠償の責任を負う」

とし，運送品の滅失等に関する相次運送の場合の責任に関する一般規定が設けられている。以上の規定は陸上運送に関するものであるが，海上運送・航空運送にも準用される（平30改商579条4項）。

11　複合運送

「複合運送」とは，陸上運送，海上運送，航空運送のうち，2つ以上の運送を1つの契約で引受けた場合のことである（平30改商578条1項参照）。

右の意味における複合運送で，運送品の滅失等（運送品の滅失，損傷または延着）についての運送人の損害賠償責任は，それぞれの運送において当該運送品の滅失等の原因が生じた運送ごとに適用される我が国の法令または我が国が締結した条約の規定に拠ることになる（平30改商578条1項）。

前記の理は，陸上運送であって，その区間ごとに異なる2つ以上の法令が適用されるものを1つの契約で引受けた場合にも当てはまる（平30改商578条2項）。

XV　旅客運送

1　旅客運送契約

旅客運送契約は，運送人が旅客を運送することを約し，相手方がその結果に対してその運送賃を支払うことを約することによって，その効力を生ずる契約である（平30改商589条）。運送の委託者である「相手方」は，通常，旅客自身であるが，親が小児の運送を委託する場合もある。この契約の性質は，諾成不要式契約であり，請負契約（民632条）である。したがって，運送に対する報酬の支払は後払いが原則となるが（民633条），旅客運送の場合は，不払いを防ぐため，約款または商慣習により，乗車前または乗車後遅滞なく乗車券と引換に支払うものとされている。

2 旅客運送人の責任

運送人は旅客が運送のために受けた損害を賠償する責任がある（平30改商590条本文）。ただし，運送人が運送に関し，注意を怠らなかったことを証明すれば，免責される（同条ただし書）。物品運送における運送人の責任において損害賠償額の算定基準が定型化されていることと異なり（平30改商576条参照），旅客運送における旅客の損害額は，被害者個人の年収や扶養家族の有無など具体的事情を考慮して，算定されることとなる。このことは，被害者たる旅客の保護になる。このことに関し，運送の遅延を主たる原因とするものでない限り，旅客の生命または身体の侵害による運送人の損害賠償の責任を免除しまたは軽減する特約は無効とされる（平30改商591条）。ただし，①大規模な火災，震災その他の災害が発生し，または発生するおそれがある場合において運送する場合，②運送に伴い通常生ずる振動その他の事情により生命または身体に重大な危険が及ぶおそれがある者を運送をする場合，について前記特約をすることは妨げない（同条2項）。

3 手荷物に関する責任

[1] 引渡しを受けた手荷物に関する責任

運送人は，旅客から引渡しを受けた手荷物については，運送賃を請求しないときであっても，物品運送契約における運送人と同一の責任を負う（平30改商592条1項）。運送人の被用者は，右の手荷物について，物品運送契約における被用者と同一の責任を負う（同条2項）（なお，供託・競売等について，同条4～6項参照）。

[2] 引渡しを受けていない手荷物に関する責任

　運送人は，身の回り品を含む，旅客から引渡しを受けていない手荷物の滅失，または損傷については，故意または過失がある場合を除き，損害賠償の責任を負わない（平30改商593条1項）。上記手荷物の滅失・損傷に係る損害賠償責任については，平成30年改正商法576条1・3項，584条1項，585条1・2項，587条（576条1・3項，584条1項，585条1・2項の準用に係る部分に限る。），588条の規定が準用される（平30改商593条2項，読み替えについて，同項後段）。

[3] 運送人の責任の消滅時効

　旅客運送の場合の，運送人の債権（運送賃請求権等）については平成30年改正商法586条の規定が準用される（平30改商594条）。すなわち，運送人の旅客に対する債権は，これを行使できる時から1年間行使しないときは時効によって消滅する。

4　乗車券の法的性質

[1] 旅客運送契約と乗車券

　旅客運送契約の締結に際して乗車券が発行されるのが通例である。ただ，乗車券といっても，その発行形態は多種多様である。普通見られるものだけでも，①普通乗車券（いわゆる「切符」），②回数券，③定期券，が区別される。さらに最近では，④自動検札（改札）機を利用して，その都度料金が差し引かれる「カード」方式も採用されている。

　先に述べたように，旅客運送契約は，運送人と運送の委託者との間で締結される諾成契約であり，乗車券の発行は，契約の成立要件ではない。ただ，旅客運送契約の成立は，通常，乗車券購入時である。たとえば鉄道による旅客運送の場合，現在も，地方では駅の窓口で駅員さんから直接切符を買うところがまだある。しかし，大都市周辺では乗客のほとんどが自動券売機によって切符を購入している。このように自動券売機によって購入する場合であっても，切符を手にしたときに，運送人である鉄道会社との間に旅客運送契約が成立していると考えてよい。なお，たとえばバスの場合や，鉄道でも無人駅から乗車した

XV 旅客運送

普通乗車券   回数券

定期券   カード（Suica）

場合など，乗車してから切符を購入する場合がある。この場合は，乗車したときに旅客運送契約が成立していると解される（大判大6・2・3民録23輯35頁）。

(a) **普通乗車券**　乗車前に発行される無記名式の乗車券（普通乗車券）の性質について，これが単に旅客運送契約の存在を証する証拠証券にとどまるのか，あるいは，なんらかの財産権を表彰する有価証券であるのかについて争いがある。

乗車券を，運送債権を表彰する有価証券であるとするのが通説である。すなわち，乗車券は自由に譲渡することができ，証券を引き渡すことによって運送債権は証券を受け取った者に移転する。

これに対して，乗車券が流通性がないことを理由として，有価証券でないとする見解や，さらに乗車券は有価証券ではなく，金銭代用証券であるとする見解も有力である。

なお，乗車後に発売される乗車券をこれを単なる証拠証券にすぎないとするのが多数説である。

また，入鋏後（現在では自動改札機に差入後）の乗車券も同様に証拠証券とな

るとするのが多数説である。これに対して，入鋏の前後によって証券としての性質を変ずるのはおかしいし，入鋏後においても，運送が完了するまでの間は，乗客は乗車券を呈示することによって運送を請求する必要性を有するとして，有価証券性を失わないとする見解も有力である。

(b) 回数券　回数券には，無記名式であるが，通用区間・期限が明記されて発売されるものと，単に金額のみが表記されているものとが区別される。いずれの場合も，判例によれば回数券は単なる票券ないし金銭代用証券にすぎないものとされている（大判大14・2・1民集18巻77頁）。学説では，回数券を包括的な運送契約に基づく運送債権を表彰する有価証券であるとするのが多数説である。これに対し，運送人が一般的に提供する運送施設の利用に関する金銭代用証券たる有価証券とする見解も有力である。

(c) 定期券　記名式の定期乗車券の法的性質について，これは譲渡性がなく，有価証券ではなく，包括的な運送契約の成立を証明する証拠証券にすぎないとする見解がある。一方，定期券を所持しなければ，定期券の購入について別個の証拠（たとえば，定期券を購入した際の申込書の控え，など）を提出しても乗車を拒否されることを理由として，定期券も通用区間および通用期間を指定した包括的運送契約上の権利を表彰する有価証券であるとする見解もある。

(d) 「カード」方式　「カード」といっても，先に現金で磁気カードを購入し，そのカードによって乗車券を購入する方式と，現金で購入したICカードを自動検札機にタッチして，その都度の料金が差し引きされる方式（「Suica」，「PASMO」など）があり，現在は後者が主流になっている。前者の場合は，カードに旅客運送契約に基づく法律関係が表彰されているわけではなく，そのカードによって乗車券を購入した段階で旅客運送契約が成立すると解される。したがって，そのカード自体は，単なる金銭代用証券にしかすぎない。これに対して，後者の場合には，当該カードが自動検札機を通じて使用される限りで，当該カードを購入したり，チャージした段階でそのカードに表示されている金額を限度とする包括的な旅客運送契約が締結されると解する余地があり，一定の法律関係を表彰する有価証券とする解釈も可能である。

なお，商品券・ギフトカード・プリペイドカードに関する法律として，「資金決済に関する法律」（平成20年法律第59号）がある。同法は，資金決済に関

するサービスの適切な実施を確保し，その利用者等を保護するとともに，当該サービスの提供の促進を図るため，前払式支払手段の発行，銀行等以外の者が行う為替取引，仮想通貨の交換等及び銀行等の間で生じた為替取引に係る債権債務の清算について，登録その他の必要な措置を講じ，もって資金決済システムの安全性，効率性及び利便性の向上に資することを目的としている（同法1条）。前記商品券・ギフトカード等は，同法3条1項にいう「前払式支払手段」として発行される「証票等」に分類されるものといえよう。これに対して，乗車券，入場券その他これらに準ずるものであって，政令（「資金決済に関する法律施行令」）で定めるもの（同法4条1号，同施行令4条）は，適用除外とされている。

[2]　運賃値上げと差額支払

　乗車券の法的性質に関する論議は，どのような具体的問題に反映されるのか。従来から問題となっていたのは，回数券発売後に運賃の値上げがなされた場合に，回数券利用者は差額運賃の支払をしなければならないかということである。前記(b)の判例（大判大14・2・1）の立場によれば，回数券は運送賃の前払いのあったことを証する単なる票券にすぎず，その発行によって運送契約またはその予約が成立するものではないので，回数券発売後に運賃の値上げがなされた場合，回数券所持人はその差額運賃を支払わなければ乗車できないことになる。また回数券を金銭代用証券とする見解も，これと同様になる。

　これに対して，回数券を運送契約上の権利を表彰する有価証券であると解する見解によれば，発券後の運送賃の値上げがあっても，証券に表彰されている権利には影響を及ぼさず，したがって，回数券所持人には差額運賃の支払をなすべき義務はないということになる。

　しかし，学説では，回数券を運送契約上の権利を表彰する有価証券であるとしながら，回数券発売後の運賃値上げに際して回数券所持人はその差額運賃を支払わなければならないとする見解が多い。その理由は，回数券が運送契約上の権利を表彰しているとしても，運送契約の条項がすべて券面に記載されているものではなく，契約の具体的内容は主として約款または商慣習に一任されており，回数券の運送賃は，定期券の場合とは異なり，その内容が権利行使のと

きにおける普通乗車券のそれに依存する弾力的なものである，普通乗車券の値上げにより，運送賃に関する限り回数券発行当時の前提条件は崩れさっているのであるから，普通乗車券の値上げの場合に，その差額を徴収されるのはやむを得ない結果であるというものである．

XVI 寄託

1 「商事寄託」とは

寄託とは，受寄者が寄託者のために物の保管をなすことを約し，その物を受け取ることによって成立する契約であり，その一般規定は，民法に定められている（改民657条～666条）．これに対して，商人がその営業の範囲内で受けた寄託を商事寄託という（平30改商595条参照）．

この意味における商事寄託には，たとえば倉庫営業者（⇨XVIII章）のように，商人がその営業活動として寄託の引受を行う場合がある．このように，基本的商行為としてなされる寄託は，通例，有償である．

これに対して，たとえばデパートの一時預かりのように，寄託の引受が，商人の主要な営業活動としてではなく，営業活動に付随してなされる場合（商503条，会5条）や，印刷業者が出来上がった印刷物をさらに保管することを約するように，他の営業行為に関連して寄託がなされる場合もある（東京控判昭2・11・24新報136号17頁）．このように，いわゆるサーヴィスとしてなされる寄託は，特約や商慣習によって無償とされることが多い．

2 受寄者の義務

先に述べたサーヴィスでなされる寄託のように，商事寄託が無償でなされた場合にも，受寄者たる商人は寄託物を善良な管理者の注意をもって保管しなけ

ればならない（平30改商595条）。

　商人がその営業の範囲で他人のためになした行為は有償であるものとされ（商512条），したがってその行為が寄託である場合には，受寄者は善良な管理者の注意，すなわち，物または事務を管理するに際してその地位にある者として社会生活上一般的に要求される程度の客観的注意，をもって寄託の目的物を保管しなければならない（改民400条）。これに対して，寄託が特約によって無償とされた場合，民法の一般原則によれば，受寄者は自己の財産に対すると同一の注意，すなわち，個々人が自分の物や事務を管理するにあたって用いている程度の注意，をもって目的物を保管すれば足りるものとされている（改民659条）。しかし，無償寄託に関する民法の原則を，無償の商事寄託にそのまま適用すると受寄者の注意義務が軽いことから商人の信用を維持することができなくなるおそれが生ずる。そこで，商事寄託については，寄託が無償でなされた場合にも，受寄者に善良な管理者の注意をすべきものとしたのである。

XVII　場屋営業者の責任

1　場屋営業者のレセプツム責任

　場屋営業者は客から寄託を受けた物品の滅失または損傷について，それが不可抗力によって生じたものであることを証明しない限り，損害賠償責任を免れることはできない（平30改商596条1項）。このような場屋営業者の責任は，レセプツム（receptum）責任と呼ばれている。

　レセプツム責任とは，ローマ法上，船主，旅店・駅舎の主人に対して課せられていた絶対的責任であり，運送あるいは寄託を引き受けた物品を客に安全に返還すべきことを内容とするものであった。この責任は，主人が客の物品を受領したことに基づいて，法律上当然に課せられる結果責任であり，場屋において多数の人間が頻繁に出入りすることから，客自身がその所持品の安全を守り

得ないことを考慮したことによるものである。この責任は，後世，各国の法制に継受せられ，わが国でも，上記のように場屋営業者の責任として定められたものである（⇨＊1）。

＊1 場屋営業者　場屋取引は営業的商行為であり（商502条7号）したがって，平成30年改正商法596条により責任を負うべき場屋営業者は，そのような営業の主体である営業主としての商人である（商4条1項）。場屋営業の例として，掲げられているのは，旅店，飲食店，浴場である。これ以外にも，理容業，美容業，興業場営業（たとえば，劇場，映画館），遊戯場営業（たとえば，ボーリング場，ゲームセンター）など，がある（⇨Ⅰ章2[3]⑦）。

2　責任の内容

[1]　客から委託を受けた物品に関する責任

　場屋営業者が客から寄託を受けた物品の滅失または損傷について，免責されるのは，物品の滅失または損傷が「不可抗力」によって生じたことを証明した場合だけである（平30改商596条1項）。

　この「不可抗力」の意義については，以下のような見解の対立が見受けられる。

　① **客観説（絶対説）**　事業の外部から発生した出来事で，その発生を通常予測できないものであると解する。

　② **主観説（相対説）**　事業の性質に従い，最大の注意を尽くしてもなお避けられない危害であると解する（なお，平30改商822条2項，823条，824条の「責めに帰することができない事由」参照のこと）。

　③ **折衷説**　事業の外部から発生した出来事で，かつ通常の注意を尽くしてもその発生を防止できないものをいうと解する（通説）。判例は，旅館の主人が盗難防止設備を設けていたにもかかわらず，暴力をもって侵入して客の物品を盗取して行った場合は，不可抗力にあたるとしている（徳山区判大11・5・5評論11巻商法325頁）。

XVII 場屋営業者の責任　133

> 【設例 19】
> 　Y 会社の経営する A 旅館に X が宿泊したが，豪雨により A 旅館の裏山の一部が崩れ，X 所有の自動車が土砂に埋もれ損傷した。X は，Y に対し場屋営業者の責任を理由として損害賠償を求めている。

　【設例 19】における X 所有の自動車の損傷が「不可抗力」にあたるとすれば，Y 会社は免責される。たしかに豪雨による土砂崩壊自体は事業の外部から発生した出来事である。それでは，土砂崩壊およびそれによる自動車の損傷を Y 会社（A 旅館）が予測・防止することができなかったのであろうか。

　ある判決では，【設例 19】と同様の事案について，場屋の主人（場屋営業者）の責任を認めた（東京地判平 8・9・27 判時 1601 号 149 頁）。同判決では，なんらかの土留め設備によって崩落事故が防げた可能性もあること，旅館の従業員が事態に迅速に対応していれば損傷被害を防止できた疑いもあることから，損傷は不可抗力によるものではないとし，Y の損害賠償責任を認めている。【設例 19】においても，同様の考慮をなすことは可能であろう。ただ，旅館側が十分な土留め設備を築いており，自動車を危険な場所から移動させたにもかかわらず，異常な豪雨により損傷被害が生じた場合には，上記いずれの見地からしても，「不可抗力」を認定する余地がある。

[2]　客が寄託していない物品に関する責任

　客が場屋営業者に寄託をしないまま自ら携帯し場屋に持ち込んだ物品についても，それが場屋営業者が注意を怠ったことによって滅失または損傷したときは場屋営業者に損害賠償の責任が課せられる（平 30 改商 596 条 2 項）。この責任は，場屋営業の性質上，場屋の利用関係に基づく付随的な法定責任である。なお，「注意を怠ったこと」とは過失の意味であり，過失の立証責任は客が負う。

[3]　特約による責任の免除

　場屋営業者の責任に関する規定は，強行規定ではない。したがって，場屋営業者が客との間に個別的に特約を結ぶことによって責任を軽減ないし免除することができる。なお，客の携帯品につき責任を負わない旨の告示が場屋内に掲

示されていることが多いが，このような一方的告示だけでは，明示的にも黙示的にも，免責特約としての効力は認められない（平30改商596条3項）。もっとも，このような告示には，客に自らの携帯品保管に関する注意を促す趣旨が認められることから，損害賠償額の算定にあたって過失相殺が認められる原因となることがある（大阪地判昭25・2・10下民集1巻2号172頁）。

[4] 高価品についての責任

　場屋営業者が寄託を受けた物品が高価品である場合，その盗難の危険性や損害賠償の負担は，物品が高価品でない場合に比べて多大なものがある。そこで，高価品について客がその種類・価額を通知して物品を場屋営業者に寄託したのでなければ，その物品の滅失・損傷について場屋営業者が責任を負うことはない（平30改商597条，同趣旨の規定として，平30改商577条，平30改商564条，平30改商809条3項1号ハ）。

[5] 責任の消滅時効

　寄託物に関する場屋の主人の責任が非常に厳格であることから，その軽減をはかるために，短期消滅時効の定めがある（平30改商598条）。この時効の起算点は，物品の全部滅失の場合は，客が場屋を去った時，一部滅失または損傷の場合は，寄託物が返還されまたは客が携帯品を持ち去った時であり，いずれの場合も，時効期間は1年である（同条1項）。

　場屋営業者に前記物品の滅失または損傷につき悪意があった場合には，短期消滅時効の規定は適用されず（平30改商598条2項），場屋の主人の責任は，時効の一般原則により，5年の時効によって消滅する（改民166条1項1号）。

XVIII 倉庫営業

1 倉庫営業と倉庫営業者

　倉庫営業は寄託の引受け（商502条10号），とりわけ他人のために物品を倉庫に保管することを営業の目的としている。その主体である倉庫営業者は，他人のために物品を倉庫に保管することを営業として行う（業とする）者である（平30改商599条⇨*1）。

　倉庫営業者は寄託者との間に倉庫寄託契約を締結し，物品の寄託を受けてこれを保管しなければならない（⇨*2）。すなわち，物品の所有権または処分権を取得するのではなく，これを自己の占有下に置き，その滅失または損傷を防止し，現状維持をはかることを内容とする。保管される物品は，保管に適する一切の動産であり，その種類・数量・価格・所有権の帰属，などは問わない。

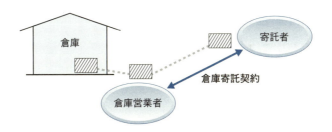

　倉庫とは，寄託物の保管に適する設備・工作物のことである。倉庫業法上，倉庫とは，物品の滅失もしくは損傷を防止するための工作物または物品の滅失もしくは損傷を防止するための工作を施した土地もしくは水面であって，物品の保管の用に供するもの，である（倉庫2条1項）。商法上は倉庫の定義についてなんら規定がない。しかし，上記の倉庫業法の規定に該当しなくても，物品の滅失もしくは損傷を防止するための施設であれば倉庫であるといってよい。

　＊1　倉庫業　倉庫業法では，寄託を受けた物品の倉庫における保管を行う営業が「倉庫業」であるとされており（倉庫2条2項），倉庫業を営む

には国土交通大臣の行う登録を受けることが必要であり，登録を受けるためには一定の基準が要求されている（同法3条，6条）。倉庫業法上の以上の基準を充たしていなくても，商法597条（旧法，平30改商599条）の要件を充たしていれば商法上の倉庫営業者となる（福岡高判昭29・8・2下民集5巻8号1231号）。

＊2　倉庫寄託契約　　倉庫寄託契約が要物契約であるか，諾成契約であるかについて争いがある。かつては，倉庫寄託契約は寄託契約であり当時の民法の規定が適用され（旧民657条），要物契約であるとする見解が支配的であった（要物契約説）。これに対して，最近は，寄託の引受けが物品の引渡以前から存在し得る行為であることから，物品の引渡しは要件となっていないとしたり，あるいは，企業の需要に応じることを理由として，諾成契約であるとするものが多い（諾成契約説）。諾成契約説によれば，物品の引渡しは，契約の成立要件ではなく，保管義務発生の要件とされる。平成29年改正民法は，前記の状況を踏まえ，寄託を諾成契約とする改正を行っている（改民657条）。

2　倉庫営業者の権利

[1]　保管料・費用償還請求権

　倉庫営業者も商人である以上，契約上あるいは特約がなくても相当の報酬すなわち保管料を請求することができる（商512条）。ただし，倉庫営業者が，保管料および立替金その他寄託物に関する費用（「保管料等」平30改商616条1項）の支払を請求することができるのは，受寄物の出庫の時以後である（平30改商611条本文）。また，受寄物の一部出庫の場合には，割合に応じた支払を請求することができる（同条ただし書）。

　倉庫営業者がこれらの請求を行う相手方は，寄託契約の一方当事者である寄託者であることは疑いがない。問題となるのは，倉荷証券の所持人がその相手方になり得るか否かである。この点について，判例は，倉庫証券上に証券所持人が請求に応ずるとの記載があった場合について，証券所持人への請求を肯定している（最判昭32・2・19民集11巻2号295頁）。

[2] 留置権・先取特権

　留置権・先取特権とも，民法の規定による（民295条，321条）。ただし，寄託者が商人であって，寄託物が寄託者の所有に属するときは，商人間の留置権（商521条）による。

[3] 供託・競売権（自助売却権）

　倉庫営業者が寄託物を返還しようとしても，寄託者または倉荷証券の所持人がこれを拒絶した場合については，平成30年改正商法615条により，商事売買の売主による目的物の供託・競売に関する規定（商524条1・2項）が準用されている。

　したがって，寄託者または倉荷証券の所持人が，寄託物の受け取りを拒み，または受け取ることができないときは，倉庫営業者はその物を供託し，または相当の期間を定めて催告したのち，これを競売することができる。この場合には遅滞なく寄託者または倉荷証券の所持人に対して，その通知が発せられなければならない。また寄託物が損敗しやすい物である場合には，催告をせずに競売することができる（平30改商615条，商524条1・2項）。ただし，いずれの場合も，倉庫営業者はその競売代金を供託する必要はない（商524条3項の準用なし）。

3　倉庫営業者の義務・責任

[1] 保管義務

　商法上，商事寄託が無償でなされた場合にも，寄託を受けた商人は寄託物を善良な管理者の注意をもって保管しなければならない（平30改商595条）（⇨XVI章2）。このことは倉庫営業者にも妥当する。したがって，倉庫営業者は，無報酬の場合であっても，その営業の範囲内において寄託を引き受けたならば，寄託物を善良な管理者の注意をもって保管しなければならない。

　寄託物の保管期間について，特約のない場合には，倉庫営業者は，寄託物を入庫の日から6ヶ月経過しないと，返還することはできない（平30改商612条本文）。民法上，受寄者はいつでも寄託物を返還することができるが（民663条1項），倉庫営業者は寄託物たる商品の需要があるまでは寄託者のために商品を

保管すべきであることが考慮され，従来の商慣習に従い，民法の例外を認めたのである。ただし，やむを得ない事由があるときは6ヶ月経過以前でも，返還することができる（平成30改商612条ただし書）（後記XIX章7）。

[2] 点検・見本摘出に応ずる義務

寄託者または倉荷証券の所持人は，倉庫営業者の営業時間内はいつでも，寄託物の点検もしくはその見本の提供を求め，またはその保存に必要な処分をすることができる（平30改商609条）。これに相応して，倉庫営業者は，上記の処分または行為に応じなければならないのみならず，より積極的に協力しなければばらない（通説）。

[3] 倉荷証券交付義務・記帳義務

倉庫営業者は寄託者の請求により，寄託物の倉荷証券を交付しなければならない（平30改商600条）。その際，後記XIX章2の通り，倉庫営業者の帳簿（「倉庫証券控帳」）に倉荷証券の記載事項の一部を記帳する義務が課せられている（平30改商602条）。

[4] 損害賠償責任

倉庫営業者は，寄託物の保管に関し注意を怠らなかったことを証明しなければ，その滅失または損傷につき損害賠償の責任を免れることはできない（平30改商610条）。これは，運送取扱人の責任（平30改商560条）・物品運送人の責任（平30改商575条）と同趣旨の責任であるが，損害賠償額に関する特別規定（平30改商576条）はないので，運送取扱人の場合と同様，損害額の算定は民法の一般原則に拠る。

[5] 責任の消滅・責任に係る債権の消滅時効

寄託物の損傷または一部滅失に係る倉庫営業者の責任は，寄託者または倉荷証券の所持人が異議をとどめないで寄託物を受け取り，かつ保管料等を支払ったときは，消滅する（平30改商616条1項本文）。ただし，寄託物に直ちに発見することができない損傷または一部滅失があった場合，寄託者または倉荷証券

の所持人が引渡しの日から2週間以内に倉庫運送業者にその旨の通知を発したときは消滅しない（同項ただし書）。また，倉庫営業者が寄託物の損傷または一部滅失について悪意であった場合には，前記のように（⇨XVII章2[5]）責任は消滅しない（平30改商616条2項）。

寄託物の滅失または損傷についての倉庫営業者の責任に係る債権は寄託物の出庫の日から1年間行使しないときは時効消滅する（平30改商617条1項）。この1年間の期間は，寄託物の全部滅失の場合，倉庫営業者が倉荷証券を作成していれば，その所持人に，倉荷証券が作成されていないか作成されていてもその所持人が知れなければ，寄託者に対してその旨の通知が発せられた日から起算される（同条2項）。なお，倉庫営業者が寄託物の滅失または損傷について悪意であった場合には，そもそも前記のように債権は消滅しない（同条3項）。

XIX　倉庫証券

1　「倉庫証券」とは

倉庫証券とは，倉庫寄託契約に基づく寄託物の保管を証明するとともに，寄託物返還請求権を表彰する有価証券のことである。倉庫証券について，平成30年商法改正の前には，「預証券」・「質入証券」および「倉荷証券」の区別があった。これに対して，改正商法は，「倉荷証券」に一本化している（平成30年改正倉庫業法（以下「平30改倉庫」）も，旧法2条4項を削除し第2章の標題を「倉庫業及び倉荷証券」としている。⇨*1，*2）。

倉庫業法上，営業許可とは別個の基準により，国土交通大臣の許可を得た倉庫業者のみが倉荷証券の発行をなすことができ（平30改倉庫13条1項，22条），許可なく発行した倉庫業者は，罰金に処せられる（平30改倉庫29条4号）。

倉荷証券が作成されたときは，寄託物に関する処分は，倉荷証券によってしなければならない（「処分証券性」，平30改商605条）。

倉荷証券

［倉荷証券の見本画像］

＊1 倉庫証券に関する立法主義　倉庫証券に関する立法主義として，①1枚の倉庫証券によって，寄託物の譲渡も質入れもともになすべきものとする「単券主義」，②寄託物の譲渡は預証券によって，質入れは質入証券によってなすべく，2枚の倉庫証券の発行を要するとする「複券主義」，③寄託者の選択によって，単券または複券のいずれかの発行を求め得るとする「併用主義」がある。わが国では，旧商法（明治23年）の単券主義が新商法（明治32年）で複券主義に改められたのち，さらに明治44年の商法改正によって，併用主義となった（旧商598条，627条）。実際上，旧商法627条に基づき倉荷証券が発行される場合がほとんどであり，預証券および質入証券の発行は近年全くみられない状況であった。その結果が，今回の改正に至ったといえよう。

＊2　荷渡指図書　　倉庫証券のほかに荷渡指図書と呼ばれる各種証書が，海上運送のほか倉庫営業において利用されている。荷渡指図書と呼ばれるものには，①寄託者が倉庫営業者に宛てて発行する「荷渡依頼書」，②倉庫営業者の副署付荷渡依頼書，③倉庫営業者が自己の履行補助者である出荷担当者に対して発行する「荷渡指図書」がある。①および②は他人宛の荷渡指図書であり，③は自己宛のそれである。それぞれの証券的性質について，①は一種の免責証券とされる（通説・判例（最判昭35・3・22民集14巻4号501頁，同昭57・9・7民集36巻8号1527頁，参照））。これに対して，②および③は寄託物の返還請求権を表彰する有価証券であると解される。②および③について，物権的効力を認めるかについては消極説と積極説とが対立している（落合「荷渡指図書の性質と効力」商法の争点Ⅱ304頁）。

＊3　倉荷証券の分割交付　　倉荷証券が発行された場合，その所持人は，倉庫営業者に対し，寄託物の分割およびその各部分に対するそれぞれの倉荷証券の交付を請求することができる。この場合，所持人は，当初に発行され，自己が所持する倉荷証券を倉庫営業者に返還しなければならない（平30改商603条1項）。寄託物の分割の場合，当該寄託物ごとに相応する証券の発行を認め，証券所持人が分割部分に合わせた法的処理を可能にするために認められたものである。この意味で，分割交付の制度は証券所持人の便宜をはかった制度であるので，分割に係る費用は所持人が負担すべきものとされている（同条2項）。

2　倉荷証券の要式証券性

倉荷証券には，①寄託物の種類・品質・数量・その荷造りの種類・個数および記号，②寄託者の氏名または名称，③保管場所，④保管料，⑤保管期間を定めたときはその期間（この表示がないときには，期間の定めのない場合（平30改商612条）となる），⑥寄託物を保険に付したときは保険金額，保険期間，保険者の氏名または名称，⑦証券の作成地および作成の年月日，⑧証券番号，が記載され，倉庫営業者が署名し，または記名押印しなければならない（平30改商601条）。

そこで上記①〜⑧の事項の記載および署名・記名押印を欠く倉荷証券の効力が問題となる。

従来の倉庫証券について通説は，法定の記載事項の一つでも欠ける場合には，倉庫証券は無効であるとしていた。しかし現在の通説は，記載事項の瑕疵を絶対的に証券の無効に結びつけるのではなく，要式性を緩和し，記載事項の瑕疵が個別的に証券の無効に結びつけられるかを考慮して行くべきであるとする。ただ，①の記載および倉庫営業者の署名・記名押印は記載事項として不可欠のものであり，これらの記載を欠く証券は無効と解される。

　前記XⅧ章3 [3] の通り，倉庫営業者は，寄託者の請求により，寄託物の倉荷証券を交付するが（平30改商600条），その際，右倉庫営業者の帳簿（倉庫証券控帳）に，前記の記載事項のうち①・②・④～⑥・⑦の作成の年月日および⑧を記載しなければならない（平30改商602条）。このような記帳義務は，交付された倉荷証券の状況を明らかにし，後日の紛争等に備えるために必要とされている。

3　不実記載（債権的効力・文言性）

【設例20】
　Aは倉庫営業者Yとの間に寄託物を「商品P」および「商品Q」総計2トンの倉庫寄託契約を締結した。その際Yは，Aの求めに応じ，倉荷証券を作成し，Aに交付したが，右証券には「商品P」2トンとのみ記載していた。Aは，この倉荷証券をXに裏書譲渡した。寄託物の保管期間経過後，XはYに対し，前記倉荷証券の記載通り「商品P」2トンの引渡しを求めた。これに対し，Yは，Aから引渡を受け，実際に保管してきた「商品P」および「商品Q」の2トンをXに引き渡した。Xは，Yに対し，倉荷証券記載通りの「商品P」2トンの引渡しがなかったとして，運送契約の不履行に基づく損害賠償を求めている。

　倉庫営業者は，倉荷証券の記載が事実と異なることをもって善意の所持人に対抗することができない（平30改商604条）。ここで「事実」とは，実際に，寄託者から倉庫営業者に対して寄託され，倉庫に保管されている寄託物のことである。前記2で述べたように，倉庫営業者が作成し，寄託者に交付された倉荷証券には，一定の事項が記載されなければならない（平30改商601条）。右の事

項には，寄託物の同一性や保管に関する事項が含まれている。そこで，作成された倉荷証券を所持した者から見ると，自己が所持する倉荷証券の記載通りの寄託物を，倉荷証券と引き替えに，引き渡されるものと信ずることはもっともなことである。そこで，自己が所持する倉荷証券の記載を信じて，記載通りの寄託物の引き渡しを求めたところ，実際に保管されていた寄託物が引き渡された。ここで，引き渡された寄託物が右証券の記載とは異なるとしても，前記のように，倉庫営業者が当該記載が事実と異なることをもって善意の証券所持人に対抗することができず，証券所持人に対して記載通りの寄託物を引き渡さなければならない。それができなかった場合には相応の責任を負わなければならないことになる。

　以上の，証券記載と実際の齟齬が生じる場合の法律関係については，平成30年改正前商法においては，陸上物品運送における貨物引換証の債権的効力に関する規定（平30改正前商572条，なお，従来の倉荷証券について，平30改正前商627条2項）を中心として議論が展開されていた。その中で近年，有力となってきたのは，運送契約が無効であった場合等証券の要因性が支配する以外の場面では，証券の流通保護の要請のため文言性が認められ，運送人は，証券に記載がある事項についてはその記載通りの責任を負担し，事実がこれと異なる場合にも，その事実をもって証券所持人に対抗することができないとの見解であった。前記の改正商法の規定は，以上の状況を踏まえて，善意の証券（ここでは倉荷証券）取得者の保護の見地から上記の法文に改めたものといえよう。

　【設例20】は従来から問題とされてきた「空券」（寄託物がないのに証券が発行された場合）と「品違い」（実際に寄託された物と証券記載が異なる場合）のうち，後者に該当するものと解される。Xが，受け取った倉荷証券の記載通り，「商品P」のみ2トンが寄託されていると信じ，Xにその引き渡しを求めているとすれば，Yは，前記平成30年改正商法604条に基づきXに「商品P」2トンを引き渡さなければならず，本設問の場合は，寄託物の一部滅失または損傷に準じて，損害賠償責任を負わなければならないと解される。

4　物権的効力

　倉荷証券により寄託物を受け取ることができる者に倉荷証券を引き渡したときは，その引渡しは，寄託物について行使する権利の取得に関しては，寄託物の引渡しと同一の効力がある（平30改商607条）。このような物権的効力は，寄託物を倉庫営業者に引き渡してしまい，自ら寄託物を占有していない寄託者に，寄託物を質入れたり，転売するのと同一の効果を認めようとして，考え出されたものである（⇨＊1）。

　　＊1　**物権的効力の理論的根拠**　物権的効力の理論的根拠について，見解が対立している。すなわち，学説は大きく「絶対説」と「相対説」に分かれ，相対説はさらに「厳正相対説」と「代表説」に分けられる。この点，従来は貨物引換証に関する平成30年改正前の商法575条について論じられていたが，平成30年改正前も右規定は，預証券・質入証券について平成30年改正前商法604条，倉荷証券について同627条で準用されていた。したがって，平成30年改正商法では，平成30年改正商法607条に関して以下の状況が見出されるものと解される。
　　まず，「絶対説」は，平成30年改正商法607条（平30改正前商575条，604条，627条参照，以下同様）は，民法の定める占有移転方法とは別個の，独自の占有移転方法を定めたものであると解している。
　　これに対して，「相対説」は，寄託物の直接占有は倉庫営業者が有し，倉荷証券の移転によって寄託物の間接占有のみが移転するという立場である。つまり，この立場は，民法の占有移転を前提としており，証券の移転は民法に対する相対的な移転原因となる。これに対して，「絶対説」は，証券の移転は民法の占有移転に対する絶対的な移転原因であり，運送品の占有とは結びつかないとする立場である。したがって，この立場によれば，証券の移転が寄託物それ自体の占有移転を意味することになる。
　　相対説のうち「厳正相対説」では，倉荷証券による占有および権利の移転は，民法184条の指図による占有移転の手続きを備えている場合に限って有効であるとする。一方，「代表説」では，倉庫営業者による直接占有および証券所持人による間接占有を前提としつつ，倉荷証券の引渡は寄託物の間接占有の移転であり，本来ならば厳正相対説がいうように指図による占有移転の手続きを備えていなければならないところ，倉荷証券が寄託物を代表すると法律構成することによって，指図による占有移転の手続きは不要とされる

と解している（多数説）。

5 倉荷証券の移転

　倉荷証券は法律上当然の指図証券であるとされ，それゆえ，証券の譲渡または質入れは，原則として，裏書による（平30改商606条本文）。ただし，譲渡禁止の旨を記載した場合には，裏書による譲渡方式は排除されることになるが（同条ただし書），民法上の債権譲渡（改民466条）の方式による譲渡まで禁ずるものではない。

＊1　権利者指定の方式　　倉荷証券の権利者の指定の方式としては，理論上，記名式・指図式・無記名式・選択無記名式などの方式を考えることができる。無記名式の証券を発行することができるかについては，学説の対立がみられる。貨物引換証については，無記名式の証券の発行を認める判決例がある（東京控判明38・5・16新聞285号5頁）。

＊2　会社印の押捺のみの裏書の有効性　　裏書の方式について，倉荷証券の裏書人欄に，裏書人である会社の記名と，証券を発行した倉庫業者にあらかじめ届け出られていた裏書人の会社印が押捺されていただけであった場合に，それを代表機関の署名ないし記名捺印がある法人署名として適式な場合と同様に取り扱う慣習があるか否かが問題となった事例について，判例は消極に解している（最判昭57・7・8判時1055号130頁）。

6 倉荷証券の滅失・再交付

　倉荷証券が滅失した場合，その所持人は，一般の有価証券の所持人と同様，公示催告を申し立て除権決定を得ることもできるし（非訟118条），債務者をして供託させ，または担保を供して履行を為さしめることができる（改民520条の12）。それに加えて，所持人は，滅失した証券に代わる証券の再交付を求めることができる（平30改商608条）。

　再交付が認められるのは証券が「滅失」したときであるが，ここにいう「滅失」は，物理的滅失のみならず，盗難・紛失も含み，「喪失」と同義であると解される（通説）。

7　寄託物の返還

　寄託物については保管期間を定めたときは（平30改商601条5号）その期間が経過すれば，倉庫営業者は保管してきた寄託物を返還することができる。しかし，保管期間が定められなかった場合には，倉庫営業者は，止むを得ない事情なき限り，寄託物の入庫の日から6ヶ月経過後でなければ寄託物を返還することができない（平30改商612条）（前記XVIII章3[1]）。

　なお，倉荷証券が作成されたときは，その証券と引き換えでなければ，寄託物の返還を請求することはできない（平30改商613条）。

　また，倉荷証券を質権の目的とした場合，質権者の承諾があるときは，寄託者は当該質権の被担保債権の弁済期前であっても，寄託物の一部の返還を請求することができ，この場合，倉庫営業者は，返還した寄託物の種類，品質および数量を倉荷証券に記載し，かつその旨を帳簿（前記XVIII章3[3]・XIX章2（倉庫証券控帳））に記載しなければ，ならない（平30改商614条）。

　倉庫営業者が寄託物を返還しようとしても，寄託者または倉荷証券の所持人がこれを拒絶した場合については，商事売買の売主による目的物の供託・競売に関する規定が準用され（商524条1・2項），倉庫営業者による寄託物の供託・競売が認められている（平30改商615条）（前記XVIII章2[3]参照）。

8　倉荷証券の電子化

　現在（2023年）法制審議会で検討中の船荷証券に関する規定（商757～769条）の規定の見直しが検討されており，その内容として，船荷証券の電子化と並んで，倉荷証券の電子化についても，船荷証券に係る規定の改正と連動して行われる予定である。右改正がなされた場合，電子化された倉荷証券は「電子倉荷証券記録」と名称が改められ，既述の倉荷証券に係る商法の規定も変更されることになる（部会資料9「倉荷証券に係る規定等の見直しについて」）。この点は立法者による最終的な決定に委ねられている。

第 2 編

手形法・小切手法

Contents

序論　手形法を学ぶために
- Ⅰ　手形にはどのような種類があるか。小切手とは何か
- Ⅱ　約束手形の振出によってどのような法律関係が生じるのか
- Ⅲ　手形上の法律関係はいつ成立するか──手形理論
- Ⅳ　手形行為者の債務負担
- Ⅴ　手形署名の方式
- Ⅵ　代理人による手形行為と無権代理
- Ⅶ　利益相反取引規制と手形行為
- Ⅷ　代行者による手形行為と偽造
- Ⅸ　手形行為と名板貸
- Ⅹ　手形の変造
- Ⅺ　手形要件
- Ⅻ　白地手形
- ⅩⅢ　手形の流通
- ⅩⅣ　手形保証
- ⅩⅤ　手形抗弁
- ⅩⅥ　手形の支払
- ⅩⅦ　遡　求
- ⅩⅧ　為替手形の法律関係はどうなっているか
- ⅩⅨ　小切手の法律関係はどうなっているか
- ⅩⅩ　手形の電子化

序　論
――手形法を学ぶために――

1　手形法における「対立」構造

　手形法（「小切手法」も含む。以下同様）という法分野は，主に企業取引の決済手段として利用され流通に置かれている手形・小切手に関する法律関係をその規律対象としている。

　このような法分野としての手形法を学ぶにはどうしたらよいか。そのために，まず，手形法という法分野が抱えているさまざまな場面における「対立」構造を理解する必要がある。

　まず，第一は，「実務的側面」と「理論的側面」との「対立」である。すなわち，手形法は，現実にさまざまな態様で機能している手形・小切手制度の存在を前提とした法分野である。自分が商売をやっているのでなければ，実際に手形・小切手を手にすることはあまりないとは思うが，それでも現実に，手形・小切手が数多く振り出され，決済の道具として利用されていることは否定できない。このことから，手形法という法分野が，他の法分野よりもよりきわめて実務的な側面を有しているものといえよう。

　他方，手形法を学問体系としてとらえた場合，そこには手形・小切手上に生成する法律関係に関し展開されているそれぞれの手形理論に結びつけられた精緻な法体系が形作られている。この意味で，手形法は，非常に理論的な側面を有しているものともいえよう。

　第二に，「紛争状態」と「非紛争状態」との「対立」である。すなわち，手形法を学習して行く過程で取り上げられる論点の多くは，他の法分野と同様，当該分野で生じた法的紛争を解決するための指標として機能している。そのことに関し注意しなければならないことは，どのような場面で紛争が生じているのかということである。実際に流通に置かれている手形・小切手のうちのほとんどのものが，正常に決済されている。そこでは紛争は生じてこない。つまり

ほとんどの場面は「非紛争状態」にある。他方，非常にわずかな部分ではあるが，手形・小切手をめぐってなんらかのトラブルが生ずる場合がある。いわゆる「紛争状態」である。その「紛争状態」にあって，トラブルを解決するために手形法が果たすべき役割を考えて行くことは非常に重要な問題である。

なるほど，トラブルが生じているのは流通している手形全体からみれば，ほんの微々たるものにしかすぎない。しかし，「紛争状態」において生ずる問題を合理的に解決することこそは，「非紛争状態」における手形の流通性を確保することにつながることも否定できない。かといって，常に「紛争状態」だけを考慮して「非紛争状態」における規律を考えて行くことも行き過ぎとなる危険性がある（石橋をたたいて結局渡らないことになってしまう）。

第三は，「法規」と「学問体系」との「対立」（あるいは「並立」の方が正確かもしれない）である。すなわち，手形法という場合，独立した法典としての，手形法という法律と，学問体系としての手形法・小切手法が区別される。法律としての手形法は，他の法律と比べて，条文もわずかであって，そこでは手形の振出から支払あるいは遡求などという手形流通の経緯にそった基本的な制度に関する条文が見受けられるにしかすぎない。

手形の振出がどのような法律行為としてとらえられるかについては，学問体系としての手形法の課題であり，そこでは手形法の条文やそこで示されている概念以外に，民法や商法・会社法の条文やそこで取り扱われている概念に基づいた法律構成を考慮しなければならない。この意味において手形法・小切手法を学ぶことは，他の法領域と独立した考察を行うことではなく，むしろ民法や商法・会社法などの学習を基礎にしたうえで総合的な考察をして行くという作業が必要になるのである。

第四に，そしてこれがとりわけ重要なことであるが，手形法の考察対象とする「法律関係」における「基本当事者」間の法律関係と「対第三者」のそれとの「対立」である。すなわち，手形上の法律関係といってもそれが民法や商法のそれを基礎とするものである以上，そこで問題とされているのは，まずもって，それが形成された直接の基本当事者間での法状態である。たとえば，約束手形では振出人と受取人との間の関係がこれにあたる（⇨Ⅱ章【設例1】）。しかし，手形・小切手が第三者の間を転々流通するものある以上，そこでは第三者

に対する関係でも考慮すべき法状態が生ずることになる。

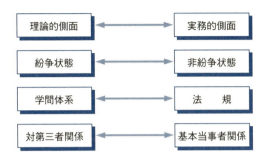

2 「対立構造」をどう考えるか

　1で述べてきたさまざまな「対立」関係を認識したうえで、いずれの側面を、どの程度重視したらよいか。どの場面で考慮して行けばよいか。このことの詳細は、これからの本書の説明で示されることになるが、さしあたって、考察の方向性だけを以下に示しておきたい。すなわち、上記の「対立」のうち、いずれの側面を、どの程度重視しなければならないかということに関係する。

　まず一方において、学問体系としての手形法を流通する手形・小切手の非紛争状態における法であると観念し、手形・小切手授受の直接の当事者間での法状態を出発点として考察する方法がある。これは民法の一般原則とりわけ手形理論については契約説を中心として構成される理論体系につながる。これによれば、紛争状態における第三者に対する法状態の考慮は、例外的事象として政策的になされることになる。この観点は正常な取引関係における当事者の意思に合致した理論を組み立てられるが、他面、権利外観理論（⇨Ⅲ章2）に頼ることもあって、第三者保護の点で不明瞭な部分が生ずる可能性もある。

　これに対して、手形法を流通する手形・小切手の紛争状態を処理するための法であると観念し、第三者に対する法状態を中心として考察する方法がある。これは、民法の一般原則とは別に手形法独自の原則を強調し、とりわけ手形理論については創造説を中心として構成される理論体系につながる。この観点に立てば、手形・小切手に関する法律関係の処理は、歯切れよくなされていくこ

とになるが，他面，一般原則から遊離してしまう側面が出てくる場合がある。いずれにせよ，手形法の学習にあたっては，常に以上の「対立」状況を認識し，自分が何を選択すべきかを検討しつつ，個別問題に対処して行くべきである。

I　手形にはどのような種類があるか。小切手とは何か

　手形には「約束手形」と「為替手形」との2つの種類が認められている。また，小切手法により，小切手が認められている（Ⅴ章にその見本を示した）。

1　約束手形

　約束手形は，「金銭支払約束証券」である。すなわち，約束手形が振り出されることによって，手形を振り出す者（振出人）は手形の振出を受けた者（受取人）およびその後者（譲受人）に対して，ある支払期日（満期日）に自分自身が手形金の支払をなすことを約束することになる（満期日までの期間を手形のサイトという）。約束手形の振出に基づいて作り出される法律関係については，後記Ⅱ章を参照されたい。

　手形・小切手は，取引の決済手段として数多く利用されているが，わが国の国内取引で利用されている手形のほとんどが約束手形であり，為替手形が利用されるのは例外的である。したがって，本書の記述も，約束手形を中心とすることとしたい。

2　為替手形

　為替手形は金銭支払委託証券である。すなわち，為替手形の場合，手形を振り出す者（振出人）は自ら支払を約束するのではなく，他の者（支払人）に手形金の支払を委託する。そして，支払人として指名された者が，手形金を支払うことを引き受けることによって，その者が引受人となり，最終的な手形責任を負担することになる。

　もちろん，振出人と支払人との間には，支払人が手形の支払を引き受けなければならないなんらかの関係があることは確かである。たとえば振出人から金を借りている者が，その金を振出人に返す代わりに振出人の振り出した為替手

形を引き受けることなどが考えられる。しかし，小切手の場合とは異なり，支払人が銀行である必要はない。

3 小切手

　小切手法には小切手に関する規定が設けられている。小切手も，為替手形と同じく，支払委託証券である。すなわち，小切手の振出は，振出人が小切手金の支払を委託するという意味をもっている。ただ，小切手の場合は，振出人が銀行に支払のための口座をもっていなければならない。銀行に口座が開設されていることを前提として，振出人はその銀行に小切手金の支払を委託するのである。

4 手形・小切手の振出から決済まで

　ここで，まずはじめに，手形・小切手がどのように振り出され，流通して行き，決済されているのかを簡単に見て行くことにしよう。ここでは，通常取引の決済のために利用されている約束手形の典型的な流れを，振出人A，受取人B，Bの裏書を受けた者Cとして以下に示してみよう。

① 　AはBとの間の取引に基づいて，Bから商品を買った。この商品の代金をBに支払わなければならない。

② 　AはBに代金を現金で支払う代わりに，Bに対して，Bを受取人とする約束手形を振り出した。このようにして手形を使うことで代金の支払を先に延ばすことが可能になる。

③ 　Aから手形を受け取ったBは，Cとの間の取引に基づいて，Cから商品を買い，その代金をCに支払わなければならない。

④ 　Bは，Aから受け取った手形をCに裏書により譲渡した。裏書とは，手形の譲渡のための制度である。Bは，手形の裏面にある裏書欄に裏書人として署名し，Cを被裏書人として指定したうえ，手形をCに手渡すのである。このようにして受け取った手形を他者に対する支払にあてることもできる。

⑤ 　Bから手形を受け取ったCは，手形の満期になって，振出人であるA

に手形を呈示し，手形金を請求した。
⑥　AはCに対し手形金を支払った。
①〜⑥の流れを図示すると次のようになる。

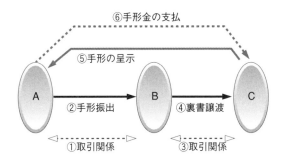

　もっとも，実際にはAがCに対して手形金の支払として直接現金を手渡すわけではない。手形の決済は，銀行間の交換決済によって行われている。そこで，そのことを前提とすれば，Aが手形を振り出すためには，たとえば甲銀行との間で当座勘定取引契約を結び（当座預金口座の開設），手形金の決済のための口座を開設してもらったうえ，甲銀行から（統一）手形用紙をもらい，この手形用紙に必要事項を記入し振出署名をして手形を振り出すこととなる。
　手形を受け取ったBが手形の満期まで手形を所持しておらず，Cに裏書して，Cの手許で手形が満期になったときには，Cは，Aの取引銀行である甲銀行にこの手形を持ち込むこともできるが，むしろC自身の取引銀行である乙銀行に取立を頼むことが多い（取立のための裏書がなされる）。この場合は乙銀行が手形を受け入れ，それを手形交換に回し，交換所で他の手形とともに一斉に決済される。その後，この手形は甲銀行に引き渡され，その手形金は甲銀行のAの口座から引き落とされる一方で，乙銀行のCの口座に相応する資金が入金されることになる。以上の銀行取引に係る手形交換手続は，現在では電子交換手続に置き換えられている（後記XX章4参照のこと）。
　なお，満期日前に支払を受ける場合には，取引銀行に裏書譲渡し，手形金額から満期までの利息・その他の費用（割引料）を差し引いた金額（割引代金）を受け取ることになる（このような場合を，手形を割り引くという）。

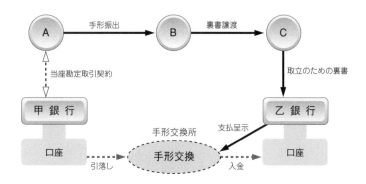

II 約束手形の振出によってどのような法律関係が生じるのか

【設例1】
　Aは，Bとの間で締結した商品売買契約に基づいて，買主として100万円の商品代金支払義務を負っている。ここでAは，本代金支払のために，手形金額100万円の約束手形をBを受取人として振り出した。

1 約束手形の振出と振出人の責任

　約束手形は金銭支払約束証券であるといわれている（⇨I章1）。このことは，約束手形を振り出す者，すなわち振出人，が手形の主たる債務者であることを

意味している。【設例1】では，AがBに対して約束手形を振り出しているが，このことによってAは，自ら振出人として，受取人BおよびBから手形を譲り受けた者に対して，手形金を支払わなければならない義務を負うことになる。

この意味において，約束手形の振出人は，手形の主たる債務者として，手形金の最終支払義務を負担している。約束手形の振出人が負う手形債務は，手形行為としての手形振出行為によって成立するものであり，手形振出の原因となった売買契約や消費貸借契約に基づく債務とは別個の無因的かつ文言的債務として存在している（⇨ 2）。

約束手形の振出人が手形債権者たる手形所持人に対して手形金を支払うことによって，あるいは代物弁済・相殺など支払と同視すべき事由によって，一切の手形関係が消滅する。約束手形の振出人など手形の主たる債務者に対する手形債権は，満期の日から3年で時効にかかる（手70条1項，78条1項，77条1項8号）。

2 手形上の法律関係の特性

【設例1】のAB間においては，Aが手形債務者となりBが手形債権者となるような手形上の法律関係が認められる。Bの有する手形債権は，有価証券としての手形証券上に表彰されている。したがって，Bが第三者（たとえばC）に手形を譲渡すれば，手形証券の移転に伴って手形債権も移転し，今度はCがAに対する手形債権者となる。また，手形債権の行使は手形の呈示によってなされる（手38条参照）。このような，手形上の法律関係は，Aの手形振出によってはじめて発生し，手形振出以前から存在するものではない（設権性）。

また【設例1】では，AB間には売買契約に基づく法律関係が存するが，この売買契約に基づく法律関係が手形の振出によって手形上に表彰されるのではない。この意味において，手形の上の法律関係（「手形関係」）は，【設例1】での売買契約のような手形振出の原因となった法律関係（「原因関係」）とは別個の法律関係である。そのことから，まず，手形関係の内容は，もっぱら手形上の記載によって決定される（文言性）。

さらに【設例1】では，Aの振り出した約束手形の手形金額が100万円と

なっている。したがって，AB間の手形関係において，AがBに対して負担する手形債務額も100万円となる。後に論ずるように，【設例1】では，AB間に手形関係とは別に，もともとの原因関係上の法律関係が並存しているものと解されるが，原因関係上の代金債務の額が法的に直接手形債務の額としてスライドされているわけではない。極端にいえば，【設例1】のような原因関係がない場合でも，AがBに手形金額100万円の約束手形を振り出せば，それによって，AはBに対して100万円の手形債務を負担するのである。さらに，このような手形関係が原因関係とは別個の存在であることと関連して，手形関係は原因関係が無効であったり，消滅したとしても，それによって，手形関係そのものが，無効とされたり，消滅することにはならないと解されている（通説）（無因性）。

そのため，【設例1】で，AB間の売買契約が無効となっても，Bは依然として手形債権者としての地位を認められる。したがって，Bはこの手形債権を，第三者（C）に譲渡することもできる。しかし，ここでBが直接Aに手形債権を行使して行った場合には，AはBに対し，AB間の売買契約が無効であることを主張して，Bからの手形金請求を拒むことができるものと解されている（原因関係に基づく抗弁）。

3　手形関係と原因関係

【設例1】においてAが約束手形を振り出したことで，もともとAB間に存した原因関係としての売買契約に基づく法律関係はどうなるのであろうか。

【設例1】でAは，Bに対する商品代金の「支払のために」約束手形を振り出している。この場合，「担保のために」手形が振り出された場合と同様，手形を受け取ったBの立場からして，Aから約束手形を振り出してもらうことで，手形債権者としての地位を有することとなるが，それと引換に，商品の売主として，原因関係上の債権者としての地位を放棄するとは考えられない。むしろBとしては，原因関係上の債権者としての地位を維持しながら，さらに手形債権者としての地位を得ることを欲するし，Aもそのことを承知しつつ，逆にBに，代金の支払を手形の満期まで延ばしてもらうことを承知してもらう形で手

形を振り出しているものと解される。したがって、【設例1】では、AB 間に手形関係と並んで原因関係も存しているものとみることができよう（これに対して、手形が原因関係上の債務の「支払に代えて」振り出される場合には、手形の振出によって原因関係を消滅させようとする当事者の意思を認めることができる）。

【設例1】のように、手形関係と原因関係とが並存している場合、先に述べた AB それぞれの合理的意思からすれば、通常、原因関係上の債権よりも手形債権の優先的行使が望まれているものと解される。なお、「担保のために」手形が振り出された場合には、いずれを優先するかは当事者の選択に委ねられると解されている。

手形債権が行使され、手形が支払われたならば、そのことによって原因関係上の債権は消滅する。

III 手形上の法律関係はいつ成立するか──手形理論

【設例2】
　甲は、自ら振出人として署名し、必要事項を記入した約束手形用紙を鞄に入れて持ち歩いていたところ、この鞄を紛失してしまった。その後、鞄の中に入れてあった手形用紙は何人かによって流通に置かれ、これを有効な手形であると信じて取得した乙から甲に対して手形金請求がなされた。

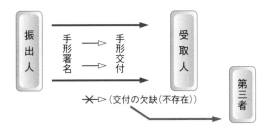

1 手形が交付されていない場合の問題点

　手形の振出によって手形関係が成立するのは、振出人が署名し、手形要件などの必要事項を記入した手形が受取人に交付されることによる。とりわけ約束手形の振出について、振出人から受取人への手形の交付によって、振出人が手形債務者となり受取人が手形債権者となるような法律関係（手形関係）が成立する。

　ところが、【設例2】においては、甲は約束手形の振出人として署名しているものの、その手形（用紙）が受取人に交付される以前に、何人かによって流通に置かれてしまっている。このような場合に、そもそも上記の手形関係が成立していないとすれば、その手形（用紙）を取得した乙に対して、甲は手形債務者として手形責任を負うことにはならない。しかし、【設例2】では、とにかく甲は約束手形の振出人として署名している。また、手形（用紙）を取得した乙は、これを有効な手形であると信じていた。このような事情を考慮すれば、甲は乙に対し手形責任を負わなければならないのではないかとも考えられる。

　判例では、約束手形の振出人が署名した後に、その者の意思によらず流通に置かれた手形について、振出人として署名した者は悪意または重大な過失なき手形取得者に対して手形責任を負わなければならないとする判断が下されている（最判昭46・11・16民集25巻8号1173頁）。しかし、それがどのような理論構成に基づいているのかは、必ずしも明らかではない。学説においては、この問題について従来からいわゆる「手形理論」に関わるものとして、活発な論議が展開されてきた。

2 手形理論との対応

　まず「契約説」によれば、【設例2】の場合、手形関係は成立していない。契約説は、振出人が署名した手形を受取人に交付し、それを受取人が受け取ることによって、振出人による申込に対する受取人の承諾がなされ、手形関係（債権債務関係）を生ぜしむる契約が成立すると解している。したがって、【設例2】では、上記の意味における契約は成立しておらず、振出人は手形債

務を負担するものではないのである。

　しかし，契約説によりながら，【設例2】の乙のように有効な手形であると信じて手形を取得した者を保護するために，「権利外観理論」を用いることによって，甲の手形責任を肯定しようとする試みがなされてきている。すなわち，有効な手形であるとの外観があり，そのような外観作出について振出人に帰責性があり，取得者が有効な手形であると信じた場合に，その外観通りの責任を振出人に認めて行こうとするものである（権利外観説）。

　次に「発行説」によっても同様になる。発行説は，契約説とは異なり，約束手形の振出を契約とはみず，受取人の承諾を要しない単独行為であるとしている。それでも手形関係の成立のためには，受取人の手の許に手形が達していなければならない。したがって，発行説によっても，【設例2】の場合には手形関係は成立していないことになる。もっとも，この場合でも，乙を保護するために「権利外観理論」の適用を認めようとするのが，わが国の通説であった。

　これらの見解はいずれにせよ，手形振出の過程において，手形の交付に重きをおき，手形署名は交付のための準備にしかすぎないと考えている。これに対して，近時，有力になってきているのは，手形署名に重きをおく見解（「創造説」）である。

　創造説によれば，手形署名によって，署名者は手形債務を負担するものとされる。とりわけ「二段階（創造）説」といわれる見解によれば，手形振出の過程は，手形債務負担行為と手形権利移転行為に分けられる。前者は，振出人の振出署名によって成立し，振出人は無因的に手形債務を負担するとともに，自己の債務に対する債権者としての地位も取得する（民520条の例外，手11条3項参照）。後者は，手形債権が手形の交付によって移転する有因的な債権譲渡行為とされる。

　二段階創造説によれば，【設例2】では，甲は振出署名によって手形債務を負担し，同時に手形債権者となるが，それに続く有効な手形権利移転行為はない。しかし，この手形が流通している間に善意取得者があらわれ，その者から乙が有効に権利を取得するか，あるいは乙自身に善意取得が認められれば（手16条2項），甲は手形債権者としての乙からの請求に応じなければならない。なお，裏書行為による手形債務の成立について，この見解によったとみられる

判決がある（最判昭 54・9・6 民集 33 巻 5 号 630 頁）（⇨Ⅳ章 2）。

Ⅳ　手形行為者の債務負担

【設例 3】
　Y が振出署名をなしている約束手形の所持人 X は，Y に対し手形金の請求をなした。これに対して，Y は，当該手形に Y の振出署名がなされたのは，Y の土地売買に絡んで X が持参した多数の書類に Y が押印させられた際，その書類の中に本手形用紙が含まれていたことの結果であり，Y は押印にあたってその書面が手形であると認識していなかったと主張して，X からの手形金請求を拒んでいる。

1　手形行為と債務負担

　約束手形の振出および為替手形の引受，あるいは為替手形の振出さらには約束手形および為替手形に共通する裏書，手形保証など，手形を通じてなされる法律行為としての手形行為にはさまざまなものがある。そこでまず問題となるのは，これらの手形行為に共通して，手形債務負担行為という要素を盛り込むことができるか否かということである。
　この点について通説によれば，手形行為は手形上の法律関係の発生変動を生じせしめる法律行為ではあるものの，すべての手形行為が手形債務負担を目的とするものではないとされている。すなわち，為替手形の引受，約束手形の振出，手形保証は，債務負担を目的とする法律行為であるが，為替手形の振出や，裏書は，債務負担を直接の目的とするものではなく，為替手形の振出人や，裏書人の負担する担保責任は，手形行為者の意思に基づく責任ではなく，法が認めた特別の責任であるとするのである。
　これに対して，手形行為は，そのすべてが手形債務負担を目的とする法律行

為であるとする見解も有力である。ただ，この見解は，債務負担行為としての手形行為と権利移転行為としての手形行為を区別して，債務負担行為としての手形行為によって生じた手形債務と，それに対応する手形債権について，手形行為者が債務者と債権者としての地位を兼併し，債務負担行為に続く手形権利移転行為によって，手形債権が後者に移転されるとする法律構成によっている（「二段階（創造）説」）。

2 債務負担の意思の内容

　手形行為について，先のいずれの見解をとっても，【設例3】で問題となっている約束手形の振出行為は，手形行為者の手形債務負担を目的とする法律行為であると解されている。そこで，次に問題となるのは，手形行為の要素とされる手形意思表示について，手形行為者はどのような内容の意思を有していなければならないかということである。

　手形行為も法律行為として，民法上の法律行為と同様のものであるとすると，行為者の債務負担の意思は具体的なものでなければならないことになる。すなわち，法律行為に際して，行為者は，自己が負担する債務がどのような内容のものであるのかを認識している必要がある。手形行為についてみれば，手形に記載された通りの手形債務を負担すること（手形金額が100万円であれば100万円の手形債務を負担すること）の認識が手形行為者に存しなければならない。従来は，このような具体的意思を必要とするという見解が多数であった（そこで，民法の意思表示（の瑕疵）に関する規定（改民93～96条）の（修正）適用が問題となる）。

　これに対して，近時は，手形行為にあたって，上記のような具体的意思を要しないとする見解が多くなってきている。すなわち，この見解によれば，手形行為は定式化された形式的行為であって，手形行為者が手形であることを認識し（さらに，認識し得べくして）署名さえすれば手形行為は常に成立するというのである（「形式行為説」。この見解では，前記の民法の意思表示（の瑕疵）に関する規定は適用されない）。

　この「形式行為説」は，先の「二段階（創造）説」に結びつくことによって，より有力な見解となりつつある。また判例も，裏書行為の錯誤が問題となった

事件について「手形の裏書は，裏書人が手形であることを認識してその裏書人欄に署名した以上，裏書としては有効に成立するのであって，裏書人は，錯誤その他の事情によって手形債務負担の具体的意思がなかった場合でも，手形の記載内容に応じた償還義務の負担を免れることはできない」としており（最判昭54・9・6民集33巻5号630頁）「形式行為説」の立場を表明したものとみられる（⇨Ⅲ章2）。

このように「形式行為説」が優勢になりつつあることの理由として考えられるのは，手形取引の安全を配慮すべきこと，換言すれば，手形行為が無効となる（あるいは取り消される）ことによって手形取得者が害されないようにするためには，できる限り手形行為が無効とならないようにすべきとの考慮が働いていることであろう。

【設例3】において，Yは振出署名をしているものの，署名（押印）に際して，具体的債務負担の意思を有していたものとは認められない。したがって，従来の見解によればYの振出行為は，具体的意思を欠くものとして無効であり，Xの請求は認められない。さらに「形式行為説」によっても，Yは署名に際して，手形であるとの認識を有していたとは認められない。したがって，やはりYの振出行為は無効であり，Xの請求は認められないと解される。しかし，Yの署名が手形であることを認識し得べくしてなされた（客観的にみて手形に署名したと認められるような状況が存する）と認められれば，振出行為を有効とする余地もある。このことが認められるか否かは具体的状況に応じて判断せざるを得ない（為替手形の引受について，署名者による引受行為はないと判示したもの，名古屋地裁平成9年7月25日判決（判タ950号220頁））。

3 債務負担と手形行為の独立性

手形行為は，振出のような他の手形行為を前提としない手形行為（「基本的手形行為」）と，裏書・保証のような，他の手形行為の存在を前提としてなされる手形行為（「附属的手形行為」）に分かれる。そのうち，附属的手形行為について，手形法は，手形の流通性を確保するために，前提となる手形行為が実質的に無効であっても，それに続く手形行為の債務は，これによって無効となることは

ないとしている（「手形行為独立の原則」手7条，32条2項）。

　この原則の理論的根拠について，以下の諸説の対立が見受けられる。すなわち，先行行為が無効となればそれに続く行為も無効となるとするのが民法の一般原則であるが，手形行為独立の原則は，手形取引安全の考慮から，この一般原則に対する例外を定めたものであるとする見解（「政策説」）（通説）と，手形行為独立の原則は，それぞれの手形行為が，同じ手形面上になされていても，他の手形行為と関係なく，当該手形行為により行為者が手形上の記載を内容とする債務を負担することになるような文言的行為として把握されることから生ずる当然の結果であるとする見解（当然説），である。

　政策説は，前記1の通説に結びつけられる。これに対して，当然説は，前記1の「二段階（創造）説」に結びつけられ，これによれば，手形取引安全の確保は，手形行為独立の原則が認められたことの副次的効果として生ずると解される。

V　手形署名の方式

1　手形要件

　手形・小切手を振り出すにあたっては，必ず一定の事項が記載されなければならない。この事項を，手形要件（手1条，75条），小切手要件（小1条）という。手形・小切手の振出に際して，振出人が署名する手形・小切手用紙は，通常「統一手形用紙」・「統一小切手用紙」が使われている。

　こららの用紙では，記載すべきものとされている手形・小切手要件のうち，一部の事項が既に印刷された状態になっている。たとえば「統一約束手形用紙」の場合，約束手形文句，支払約束文句，支払地の表示などが最初から印刷されている。したがって，実際には，振出人は印刷されている部分以外の手形要件を記入して，これを受取人に手渡すことで，手形・小切手の振出という行為がなされている。

第2編　手形法・小切手法

約束手形用紙と記載例

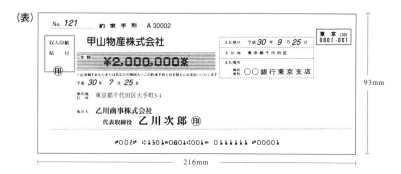

為替手形用紙（表）と記載例

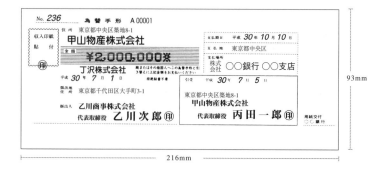

V 手形署名の方式

小切手用紙（表）と記載例（裏は白地）

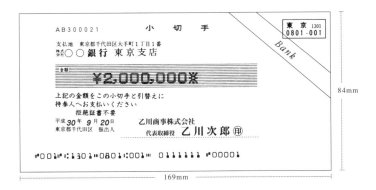

2 手形署名

【設例4】
　Yは，自分の名前を取引に使うことができない事情が生じたので，自分の兄であるAの名を使って約束手形を振り出した。この手形を取得したXは，Aではなく，Yに手形金を請求した。

[1] 署名の意義

　手形（小切手）上の法律関係の発生・変動を生ぜしめる法律行為としての手形行為については，必ずその要件として署名の存在が要求されている。すなわち，署名があることは，手形行為の形式的要件であり，署名がなければ手形行為は成立しない。手形署名によって，署名者は自らの手形責任を意識することになり，また手形取得者にとっても，署名があることで誰が手形行為者であるかを認識できる。
　手形法82条によれば，「本法ニ於テ署名トアルハ記名捺印ヲ含ム」とされている。署名とは，本来，「自署」すなわち，行為者本人による名称の手書き（サイン）を意味するものであるが，統一手形法会議において，統一法における署名は自署のみに限られず，各国の国情に適応するように解し得るものとされ

たことに基づいて，従来わが国の慣行上認められていた記名捺印をも署名に含めることとしたのである（司法省民事局編・手形法案説明書127頁）。したがって，「記名捺印」の方法，すなわち，なんらかの方法によって行為者の名称が記載され，かつ行為者の意思に基づいて行為者の印章を押捺する方法も，有効な手形署名となる。「記名」は行為者本人が行う必要はなく，他人が記載してもよい（大判明42・3・6民録15輯198頁）。また，「捺印」についても必ずしも実印による必要はなく，いわゆる三文判でもよいとされている（大判昭8・9・15民集12巻21号2168頁）が，実際には銀行への届出印によっているのがほとんどである。なお，いわゆる「記名拇印」の有効性について，争いがある（⇨【設例5】）。

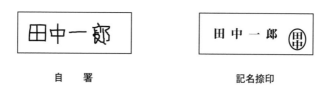

　　　　自　署　　　　　　　　　　　　　　　記名捺印

[2] 署名に用いられる名称

(a) 本人名称　　手形署名に用いられる名称は，通例，手形行為者本人の氏名または商号である。それ以外にも，通称や雅号による署名も認められている（大判明39・1・4民録11輯1203頁）。通称や雅号による場合も，その名称は手形行為者本人の名称として評価することができる。

(b) 他人名称　　これに対して，【設例4】のように，手形行為者が行為者本人の名称ではない他人名を使っている場合はどうなるか。これについて，判例は，平常から夫が妻の名を用いて営業をしており，そのことが一般に認められているような場合に，夫が妻の名を用いて引受をした事案について

「平常取引を為すに当たり他人の氏名と同一名称を以て自己を表示する名称として取引上使用する者か手形行為に付き自己を表示する為其の他人の氏名と同一名称を用ひ手形に署名したときは手形行為の性質上該手形行為は之を其署名を為したる者の行為と認むへきものにして其名称か他人の氏名に属するや又之を商号として使用し得へきものなるや否やの点は其署名

者の手形上の責任に影響なきものとす」（大判大 10・7・13 民録 27 輯 1318 頁）として夫の手形責任を認めている。この判決は，他人に名称使用について周知性があり，その名称が本人の人格と結びついていることが客観的に明らかである以上，たとえ使用されている名称が他人のものであっても，本人について手形責任を認めることができるとするものであり，妥当なものと評価することができる。

しかし，さらに，会社が手形取引停止処分を受けたため，その会社の代表取締役 A が実兄 B 名義で銀行の当座取引口座を設け，数回にわたり B 名義で手形を振り出し，手形の受取人が A に対し支払を求めてきた事案においては

「A は，自己を表示する名称として B 名義を使用したものと認めることができるから，その名義を用いた手形署名は A 自身の署名とみるべきであり，したがって A は本件約束手形の振出人として，その手形金支払の義務を負う」（最判昭 43・12・12 民集 22 巻 13 号 2963 頁）

とされ，前記大審院大正 10 年判決とは異なり，必ずしも周知性を要件としなくとも，他人名を自己を表示する名称として使用したものと認められる場合には，本人自身の行為者としての手形責任が認められるとしている。

学説においても，この最高裁昭和 43 年判決の見解を支持するものが多い（鈴木「他人の氏名による署名」百選（第 4 版）10 頁）。この見解からすれば，【設例 4】の場合も，Y が A の名を自己を表示する名称として使用したものであれば，Y が手形責任を負わなければならないことになる。

3 記名拇印は手形署名の方式として認められるか

【設例 5】
約束手形の所持人 X は，振出人として記載されている Y に対して，手形金を請求した。これに対して Y は，振出人としての Y 名の記載は記名拇印の方式によってなされており，手形署名として有効なものではないから，本手形について手形責任はないと主張した。

手形署名としては，自署のほか，記名捺印の方式が認められている（手82条）。前述のように署名とは本来，自署，すなわち本人による名称の手書きを意味する。しかし，わが国の手形法が依拠するジュネーブ統一手形法条約の成立に向けた会議において，統一法における署名は自署のみに限らず，条約加盟各国の国情に適応するように解するものとされたので，従来わが国の慣行上認められていた記名捺印も署名に含むこととされたのである。以上のことを前提として，【設例5】のような記名拇印の方式も，記名捺印に準ずるものとして認められるかが問題となる。

　記名捺印の方式について，前述のように（⇨2 [1]）「記名」は行為者本人が行う必要はなく，他人が記載してもよいとされている（大判明42・3・6民録15輯198頁）。「捺印」についても，必ずしも実印による必要はなく，いわゆる三文判でもよいし（大判昭8・9・15民集12巻2168頁），さらに，他人名義の印章でもよいとする判決もある（大判昭6・6・25新聞3302号14頁）。もっとも，記名捺印の際に使われる印章は，銀行への届出印であるのが実際である。

　【設例5】で問題となっている記名拇印について，大審院昭和7年11月19日判決（民集11巻20号2120頁）は，拇印は指紋によって行為者を判別できるので，行為者の同一性の表示方法としては印鑑よりも優れているものの，拇印の識別は機械によってなされなければならず，その手続に手間がかかり，それゆえ，転々流通する手形の署名の方式として記名拇印の方法は認められないとしている。学説も，上記判決の法理を支持している（通説）。これに対して，拇印でも科学的方法によって行為者の同一性を印鑑よりも正確に判別できること，拇印も従来行為者確認の手段として利用されてきたこと，印鑑の中にも印文判読に専門的技術を要するものもあるので，拇印を排除する理由は必ずしも妥当とはいえないこと，などを理由として，記名拇印の署名としての有効性を主張する見解も有力である。

4　民法上の組合の手形署名の方式

【設例6】
　甲組合は民法上の組合であり，組合員 Y_1 〜 Y_5 のうち Y_1 が組合代表者たる理事長となっている。Xは，甲組合との取引に関連して，「甲組合理事長 Y_1」名義で振り出された約束手形を受け取り，支払期日に支払場所に本手形を呈示して支払を求めたが，支払を拒絶された。そこでXは，本手形に基づき，甲組合の組合員 Y_1 〜 Y_5 全員に対して手形金の支払を求めて訴えを提起した。

　問題となるのは，民法上の組合（以下「組合」と略す）である甲組合が「甲組合理事長 Y_1」という方式で手形署名をなし得るかという点である。より一般的にいえば，組合はどのような方式で手形署名をなすことができるかということである。組合が組合員相互の契約関係であり（民667条1項参照），その実体は組合員全員として把握されることからすれば，組合が手形行為をなす場合に，その署名は，組合員全員が署名するか（「$Y_1 \cdot Y_2 \cdot Y_3 \cdot Y_4 \cdot Y_5$」という「共同署名方式」）あるいは組合員全員の名前を記載したうえ組合の代表者が全員の代理人として署名する（「$Y_1 \cdot Y_2 \cdot Y_3 \cdot Y_4 \cdot Y_5$　右代理人 Y_1」という「組合員代理方式」）ことになる。しかし，このような方式は，組合員が少数な場合はともかく，組合員が多数な場合には，実際上の困難が生ずる。

　そこで，【設例6】に示したように，組合の代表者が組合名を示し，組合のために代表者として署名する方式（「甲組合理事長 Y_1」という「組合代理方式」）が認められるかが問題となる。この点で，組合の代表者が組合のために，その組合代表者名義をもって振り出した手形について，その組合員は，共同振出人として，合同して手形責任を負うことを認める判決がある（最判昭36・7・31民集15巻7号1982頁）。

　ただ，この判決に対して，同判決の少数意見において，法人格を有しない組合の名称を手形上に表示しても，その表示が各組合員の表示であるとみることはできない，組合長・理事等組合の業務執行者の表示は各組合員の代理人の表示とみることもできない，また手形に顕名されていない者までが直接手形債務

を負担するものとすれば，その手形が不渡となった場合，非顕名者に対しても不渡処分をなし得るかという疑問を生じる，との批判が表明されている。

それにもかかわらず，学説はこの判決の結論を支持している。組合の表示を組合員全員の表示と解するのは，手形の記載自体の解釈の問題であって，手形の文言性に反するものではないし（森本滋・手形小切手判例百選（第4版）15頁），手形行為の代理について必要とされる本人表示は，本人たる者を確定し得べき記載をもって足りる（大隅＝河本・注釈手形法・小切手法78頁）からである。

ただ，署名の方式として，さらに，組合の代表者が組合の署名を代行したり，組合の名称を記載して組合の印章を押捺すること（「甲組合」という「機関方式」）まで認められるかについて，個人署名について自署の代行を認め，また法人署名についてもこのような機関方式の署名を認める立場からは，組合の場合もこれを肯定することになる。しかし，通説は，このような機関方式の署名まで認めてはいない。したがって，通説の立場によれば，このような機関方式による署名は，署名としては認められないことになり，その署名が振出署名であった場合には，そのような署名のある手形は形式不備として無効となる。

```
┌─────────────────────┐        ┌─────────────────────┐
│ 甲組合理事長         │        │ 甲組合               │
│           Y₁  [印]  │        │   Y₁  Y₂  Y₃  Y₄  Y₅ │
└─────────────────────┘        └─────────────────────┘
     組合代理方式                      共同署名方式

                    ┌─────────────────────────┐
                    │ 甲組合 Y₁ Y₂ Y₃ Y₄ Y₅    │
                    │ 上記代理人理事長 Y₁      │
                    └─────────────────────────┘
                          組合員代理方式
```

5 民法上の組合の手形責任

　組合の手形署名が，方式上，有効であるとするならば，そのことを前提として，誰が手形責任を負うことになるのかが問題となる。そのうち「共同署名方式」および「組合員代理方式」について，各組合員（【設例6】ではY_1〜Y_5）の手形責任が認められることについては問題がない。「組合代理方式」についても，前記判決では，各組合員が合同して手形責任を負うことを認めている（手47条参照）。さらに，「機関方式」について，この方式を署名として有効であるとする立場に立てば，他の方式がとられた場合と同様，各組合員の手形責任が認められる。

VI　代理人による手形行為と無権代理

1 代理の方式

　振出などの手形行為について，手形行為者の手形署名（自署または記名捺印⇨Ⅴ章）が必要とされている。この署名は手形行為者本人によってなされることが通常である。しかし，代理人によっても行うことができる。

　代理人によって手形行為がなされる場合，それは一定の方式を踏まえてなされなければならない。すなわち，代理の方式としては，①本人の名称，②代理関係の表示，③代理人の署名，が手形面上に記載されなければならない（商法504条と異なることに注意）。

　このような方式を踏まえたものとしてよく見受けられるのは，「甲会社営業部長　A」のように地位や職名などによって代理関係が表示されている場合だが，最も単純な代理の方式は「甲代理人A」となる。また，法人がその代表者によって手形行為をする場合には，「甲株式会社代表取締役　A」というように個人の代理と同様の方式がとられている。すなわち，法人の代表者が，法

人のためにする旨を表示して，代表者自身の署名または記名捺印がなされなければならない。

【設例7】

　次のような振出人署名がなされている手形を受け取ったXは，Y会社に対して手形金を請求している。これに対して，Y会社は，手形の振出人はA個人であると主張している。

> 振出人　**Y会社**
> 　　　　A

　手形署名について代理の方式がとられる場合であっても，「□代理人A」など本人の表示がなく，代理としての方式に欠けている場合には，代理とはならずA自身の手形行為とせざるを得ない。しかし【設例7】の「Y会社　A」のように，個人のものとも法人のものともわからない場合について，判例では，この手形の所持人はY会社に対しても，A個人に対しても手形金を請求することができるものとの判断を下している（最判昭47・2・10民集26巻1号17頁）。

　すなわち，「Y会社　A」のような署名について，「手形の記載のみでは，その記載が法人のためにする旨の表示であるとも，また，代表者個人のためにする旨の表示であるとも解しうる場合の生ずることを免れ得ないが，このような場合には，手形取引の安全を保護するために，手形所持人は法人および代表者個人のいずれに対しても請求することができ」請求を受けた者は，いずれの趣旨で振り出されたかを知っていた直接の相手方に対してはその旨の抗弁を主張できるとしている。

　学説も，所持人保護の観点から，判例の見解に賛成する学説が多数である。

2　無権代理

　手形行為の代理が代理としての効力を有するためには，先に述べた代理としての方式を踏まえなければならないことはもちろんだが，それ以前に本人から

代理人に手形行為について代理権が授与されていなければならない。

この代理権が授与されていなければ，その手形行為は無権代理行為となる。すなわち，無権代理行為は，本人からの追認がなければ無効となる（民113条1項）。また，無権代理人は，手形面上に表示された本人が負担したであろうと同一の責任を負担しなければならない（手8条，77条2項，小11条）。この無権代理人が負う責任は，無権代理人の意思表示に基づく責任ではなく，代理権を有することを表示したことに基づく法律上の担保責任であると解されている（通説）。したがって，手形取得者が無権代理であることについて悪意の場合にはこの責任は生じない。

無権代理人が自己の責任を履行したときは，本人と同一の権利を取得する。

【設例8】
Yは，手形金額100万円の約束手形を振り出す代理権をAに与えた。しかし，Aは「Y代理人A」として150万円の約束手形を振り出してしまった。この手形の所持人Xは，Aに対して，手形法8条に基づき150万円の手形責任を追及するとともに，Yに対しても100万円の手形責任を追及している。

【設例8】のような超権代理の場合，すなわち，本人（Y）が100万円の手形振出について代理権を与えたにもかかわらず，代理人（A）が150万円の手形を振り出してしまったような場合，代理人および本人はどの範囲で責任を負うかが問題となる。これについて，①それぞれの責任の範囲からして，本人は100万円，代理人は超過した50万円の限度で無権代理人の責任を負うものとする見解，②請求者の立場を考慮して，本人は100万円，（無権）代理人は150万円の責任を負うとする見解，③（無権）代理人は150万円の責任を負うが，本人は無責任とする見解，がある。

なお，本人について表見代理（⇨3）が成立する場合でも，無権代理人に対して手形法8条による責任を追及することができる（最判昭33・6・17民集12巻10号1532頁。なお，同昭62・7・7民集41巻5号1133頁，参照）。

3 表見代理

　無権代理とされた場合，通例，本人はなんらの手形責任を負わない。しかし，この場合でも本人が追認をすれば，本人の責任を生ずることについては異論はない（民116条）。さらに，表見代理の規定によって第三者の保護がはかられる場合には，本人の責任が認められる（民109条（代理権授与の表示による表見代理），110条（権限外の行為の表見代理），改民112条1・2項（代理権消滅後の表見代理等），包括代理について，商24条，代表行為について，会354条）。

> 【設例9】
> 　Aは，Bに対し自己の印鑑を預け，その印鑑を使ってA名義の銀行口座からの預金の引出しを依頼した。しかし，Bはこの印鑑を利用して別にA名義の口座を開設し，その口座に基づき，「A代理人B」名義の約束手形を振り出し，これを受取人Cに交付した。Cは，手形取得時にBがAに無断で手形を振り出したことを知っていたが，この手形をさらにDに裏書譲渡した。Dは，Aに対して手形責任を追及した。

　【設例9】で問題となっているのは，手形行為に関し，表見代理の成立は無権代理人から手形を取得した直接の相手方との関係でのみ認められるのか，それとも，直接の相手方からさらに手形を取得した手形所持人に対する関係でも認められるのかということである。

　すなわち，【設例9】では，権限外の行為の表見代理に関する民法110条（あるいは民109条）によって本人Aの手形責任を認めることができるか否かが問われているが，無権代理人Bから手形を取得した直接の相手方であるCは，BがAに無断で手形を振り出したことを知っており，このような悪意のCに対する関係で，表見代理は成立しない。しかし，この手形がCからDに譲り渡されて，手形の第三取得者であるDに対する関係で表見代理が成立するか否かが考慮されなければならない。

　表見代理について，判例は，一貫して直接の相手方ではない第三取得者に対する表見代理の成立を認めず，表見代理における第三者の範囲は手形行為の直接の相手方に限られるものとしている（大判大12・6・30民集2巻9号432頁，大

判大 14・3・12 民集 4 巻 3 号 120 頁，最判昭 36・12・12 民集 15 巻 11 号 2756 頁，最判昭 52・12・9 判時 879 号 135 頁，等）。その理由として述べられていることは，表見代理規定が適用されるべき法状況（たとえば，改正民法 112 条 1 項では，代理権消滅前から取引関係があり，代理権消滅後も同様の代理権があると信じて取引を継続しているような事情）は，直接の相手方以外の第三者には認められない（大判大 8・11・22 民集 12 巻 24 号 2756 頁）ということである。ただ，近年においては，「第三者」かどうかを，手形上の形式的記載からではなく，実質的に判断すべきであるとの判決がある（最判昭 39・9・15 民集 18 巻 7 号 1435 頁，最判昭 45・3・26 判時 587 号 75 頁）。たとえば，手形面上は，振出人甲，受取人乙，第三者丙となっているものの，甲の振出署名は乙によって無権限で行われ，丙は乙が甲の署名を代行することを了知しており，しかも乙の代行権限があると信じるについて正当の事由を有していたような場合が掲げられている（広島高判昭 33・1・21 下民集 9 巻 1 号 60 頁）。

これに対して，学説は，表見代理における第三者の範囲を，広く第三取得者にまで拡大すべきであるとしている（多数説）。その理由としては，流通証券たる手形にあっては第三者の範囲を広げる必要があるということが示されている。このような表見代理の成立に関する判例・多数説の立場によれば，【設例 9】で手形の第三取得者 D の許で表見代理が成立する余地が生ずる。もちろん，そのためには D が善意でなければならない。

VII 利益相反取引規制と手形行為

【設例 10】
　取締役会設置会社である Y 株式会社は，同社の取締役 A に対して約束手形を振り出した。しかし，この手形振出行為について，Y 会社の取締役会の承認はなされていなかった。

1 利益相反取引規制

　取締役が会社の製品その他の財産を譲り受けたり，会社に対し自己の製品その他の財産を譲り渡したり，会社より金銭の貸付を受けるなど，自己または第三者のために会社と取引をしようとするときには，株主総会の承認を受けることを要する（会356条1項2号）。また，会社が取締役の債務を保証し，その他取締役以外の者との間で，会社と取締役との利益相反する取引をなす場合にも同様に株主総会の承認を受けなければならない（同項3号）。前者の場合が直接取引の規制であり，後者の場合が間接取引の規制である。なお，【設例10】のY会社のような取締役会設置会社では，株主総会ではなく取締役会の承認でよい（会365条）。これらの規制がなされるのは，取締役がその地位を利用して，会社の利益を犠牲にして，自己または第三者の利益をはかることを防止するためである。

　以上の直接取引および間接取引について，株主総会（取締役会設置会社であれば取締役会）の承認があるときは，民法108条の適用はない（平29改正会356条2項）。また，直接取引に際して，当該取締役が自ら会社を代表する場合だけではなく，他の取締役が会社を代表する場合であっても，取締役が結託することによって，会社の利益が害されるおそれがある以上，株主総会の承認が必要であるとされており，その限りで，会社法356条1項2号は民法108条よりも適用範囲が広い。

　要するに会社法356条1項2・3号における規制の要否に際しては，会社と取締役との間に利害が対立しており，そのことによって会社の利益が害されるおそれが生ずるか否かが問題とされるのである。したがって，その形態からみて，直接取引に該当する場合であっても，会社の利益が害されるおそれがない取引は，上記の規制の範囲外のものとされる。

2 利益相反取引と手形行為

【設例10】のように，（取締役会設置会社である）Y株式会社が自己の取締役Aに対し約束手形を振り出すことが，会社法356条1項2号の取引（利益相反取引）にあたり，取締役会の承認を要するのかが問題となる。

手形行為自体は，原因関係とは別個の，取引の手段たる行為であり，債務の履行的な性質を有するにすぎない無色的な行為であることを理由として，利益相反取引規制を及ぼすべき利害相反関係はなく，ただ原因関係は会社法356条1項2号に該当するので，原因関係が株主総会（取締役会設置会社であれば取締役会）の承認がないため無効とされれば，そのことは取締役会社間の人的抗弁事由（⇨XV章2 [2]）になるとする見解（非適用説）もあるが，多数説・判例（最判昭46・10・13民集25巻7号900頁）は，手形行為によって原因関係とは別個の法律関係が生じ，それは挙証責任の加重・抗弁の制限など原因関係上の債務よりも厳格な債務を伴うものであるとして，会社の取締役に対する手形振出行為も利益相反取引に該当し，株主総会（取締役会設置会社であれば取締役会）の承認が必要であるとしている（適用説）。

3 相対的無効説

【設例10】で，Y株式会社が自己の取締役Aに対し約束手形を振り出すことが，利益相反取引にあたるとした場合，先の多数説・判例によれば，相応する機関の承認なき手形行為は無権代理行為として無効とされるのではないか。しかし，これについて，やはり多数説・判例によれば，会社はその無効を，相手方である取締役に対して主張することはできるが，第三者に対しては，その者の悪意を主張し立証するのでなければ，その無効を主張することはできないとしている（相対的無効説，前記最判昭46・10・13）。

前記の通り，（平29年改正）会社法356条2項は，同条1項の承認を受けた同項2・3号の取引について改正民法108条の規定の適用を排除している関係で，右の承認を受けない利益相反取引については改正民法108条が適用され，無権代理とされることを明らかにしていると解される。

VIII　代行者による手形行為と偽造

1　代行の方式

　手形行為が直接本人名義でなされているものの，それが本人以外の代理人あるいは代行者によってなされている場合，それは代行形式による手形行為とされる。たとえば「甲」という署名が，甲自ら署名したのではなく，甲から手形振出について代理権を与えられているか（⇨2），あるいは署名の代行権を与えられたAによってなされている場合などが考えられる。

　なお，署名には，自署と記名捺印が認められているが，代行形式による場合，自署は認められず，記名捺印のみが許されるとするのが多数説である。したがって，Aは，甲の氏名を記載するとともに，甲名の印章を押捺することによって署名をなすことになる。

2　代理的代行

> 【設例11】
> 　個人営業の甲商店の支配人Aは，営業主甲が病気で入院中に，甲商店の営業に関し，甲から預かった印章を使用して，「甲商店　甲」名義で約束手形を振り出した。この手形の所持人乙は，甲に対し手形責任を追及してきた。

　【設例11】において，Aは，甲商店の支配人として，甲商店の営業に関する一切の裁判上または裁判外の行為をする代理権を有している（商21条1項，会社について，会11条1項）。したがって，営業主甲に代わってAが甲商店の営業に関し約束手形を振り出す権限を有することには問題はない。

　しかし，ここで注意しなければならないことは，Aは自己の有する包括代理権に基づき，代理人として手形を振り出すことから，代理による手形行為の

方式を充たさなければならないのではないかということである。すなわち，Aが甲商店の支配人として手形を振り出すには，「甲（商店）支配人A」と記載しなければならないのではないか。しかし，Aは，「甲」の名を直接手形面上に表している。これは，方式としては「代理」ではなく，「代行」である。

そこで，代理人による代行方式の手形行為（いわゆる「代理的代行」）を認めるべきかという問題が生ずる。固有の代行は，もともと署名の代行権を与えられた者によってなされることが前提とされている。この場合，代行者は自らの意思決定に基づいて行為を行っているのではなく，あたかも本人の手足となって，署名を行っているのである。本来，「代行」では，代行者は本人の指示通りに動いているだけで，自分自身の自由な裁量に基づいて行為を行っているわけではない。これに対して，代理人は，あくまで代理人としての自己に与えられた代理権の範囲内で自分自身の意思に基づく行為として（代理人として）署名をなすとともに，そのような行為の効果が本人に帰属することを示すために，本人のためにすることを表示するのである。

そのことからすると，【設例11】のような場合は，行為の形式と実質とが食い違っており，Aによる代理人としての署名もなされておらず，代理権とは別個に，署名の代行権も与えられていない以上，このような手形行為は無効とされるのではないかとも考えられる。他方，このような代理的代行が手形行為として無効であるとすれば，手形面上から明らかでない権限の相違によって，手形行為の効果が左右されることになってしまい手形取引の安全が害されることになる。また，【設例11】のように，営業主から預かった印章によって，営業主の不在中に支配人が営業主に代わって手形を振り出すことは，営業主の意思にも支配人の意思にも合致するものと考えられ，これを有効と認めるべきではないかとも考えられる。それぞれの考え方があるが，最近の学説では，後者の点を強調し，代理的代行を有効とする傾向がある。

3 手形偽造

[1] 手形偽造と無権代理

　手形偽造とは，権限のない者が他人の名称を偽り，その他人が手形行為をしたかのごとき外観，すなわち，不真正な手形署名を顕わすことをいう。偽造は，機関方式（代行方式）で手形行為がなされているが代行者に署名権限がない場合をいうのであり，代理方式で手形行為がなされ代理人たる者に代理権がない無権代理の場合とは，形式上，区別されなければならない。

【設例12】
　前記【設例9】で，BがAから預かった印鑑を使って，Aに無断で，約束手形用紙に「A」という振出人署名を作出し，これを受取人Cに交付した。

偽造者　　被偽造者　　　　　相手方

　手形行為とは関係のない法律行為についての代理権を与えられた者が代行形式で手形を振り出した場合に，前記の基準通りに評価すれば，当該手形振出行為は代行形式で無権限であるので，偽造であることになる。しかし，代理権授与行為との関連も含めて考えれば，これは表見代理規定の適用を考慮すべき無権代理行為としての側面を有するものといえよう（⇨【設例9】）。それでも，学説では，偽造の範疇に属するものとして考慮したうえ，場合によっては表見偽造として，表見代理の規定を類推している。

　なお，判例は【設例12】のような場合にも，無権限者が手形行為について「本人のためにする意思」を有していたならば，偽造ではなく無権代理として構成している（大判昭8・9・28新聞3620号7頁）。しかし，学説からは，このような判例の考慮は手形行為の書面行為としての性質に反するとして批判がなされている。

　手形偽造とされた場合には，手形上なんらの法律関係も生ぜず，被偽造者に

はなんの手形責任も生じないとされていた（ただし，民法上の不法行為による責任（民715条）を認める余地がある）。しかし，現在，判例では，被偽造者について，表見代理の規定を類推することでその手形責任が認められている（最判昭43・12・24民集23巻13号3382頁）。

このような判例の結論は，その法律構成はさまざまながら，最近の学説の認めるところとなっている。このような表見偽造の成立に際しても，表見偽造における第三者の範囲を，広く第三取得者にまで拡大すべきであるか否かが問題となる（⇨Ⅵ章3）。

[2] 偽造者の責任

手形偽造とされた場合，従来，被偽造者のみならず偽造者もなんらの手形責任を負わないものとされてきた。というのは，偽造者は，手形面上に自らの名称を表しておらず，手形の文言性からして，手形責任を負わせる余地はないものとされたのである。したがって，偽造者には，不法行為責任（民709条）を負わせることが問題となるにしかすぎないとされてきた。

しかし，不法行為責任を問うことは迂遠な方法であり，挙証責任などの点で手形訴訟に比べ所持人を不利な立場に置くことになる。そこで近年，偽造者に対して直接手形責任を問う方途が検討されてきた。

その一つは「偽造者行為説」と呼ばれるものである。これによれば，偽造者に対して，直接手形行為者としての手形責任を問い得るものとなる。なぜなら，偽造に際して，偽造者は被偽造者の名称を自己を表示する名称として使用しているものと考えられるからである。偽造者が被偽造者の名称を記載することは，仮設人や他人の名称を自己の名称として手形上に記載したことになるので，手形の文言性からしても問題はない。また，どのような名称を用いても，自ら行為をしたものが行為者としての責任を負うべきことは当然の原則といえることが理由とされている。

ただ，この見解に対しては，他人名義による手形行為と異なり，偽造者はむしろ自らの責任を逃れようとして被偽造者の名称を表しているのであり被偽造者の名称を自己を表示する名称として使用しているものとすることはできないとしたり，偽造者が手形行為者として責任を負うことになると，代行権限があ

る場合に偽造者でなく本人が責任を負うこととの関係でバランスがとれなくなってしまうなどの批判がある。

　今一つの見解として「手形法8条類推適用説」がある。これによれば，偽造者は手形法8条の類推により無権代理人と同一の責任を負うものとする。手形法8条による無権代理人の責任は，手形面上本人が責任を負うかのように表示したことに対する担保責任であるから，偽造の場合は無権代理の場合よりもより一層直接的に本人すなわち被偽造者が責任を負うかのように表示されているのであり，したがってその表示を信じた者に対し，偽造者は自ら署名をなしていなくとも無権代理人と同様，責任を負わなければならないのである（最判昭49・6・28民集28巻5号655頁）。この見解に対しては，手形法8条は無権代理に関する規定であり，安易に偽造について同条項を適用するのは，手形法のように統一条約に基づく詳細な規定を置く立法にあっては，問題であるとの批判がある。

　ただ「手形法8条類推適用説」によれば，類推される手形法8条について，この無権代理人の責任は，相手方の善意を要件として認められると解されることから（改民117条2項参照），偽造者の責任を認める場合にもやはり相手方の善意を要件とするものと解されている（最判昭55・9・5民集34巻5号667頁）。これに対して，「偽造者行為説」は，相手方の善意悪意にかかわらず，偽造者の責任を認めて行くことになる。この点で，「偽造者行為説」よりも，「手形法8条類推適用説」の方が柔軟な解決がはかられる。

IX　手形行為と名板貸

1　名板貸

　商法14条は名板貸関係における名板貸人の責任を定めている。すなわち，自己の商号を使用して営業または事業を行うことを他人（名義借受人）に許諾

した商人（名板貸人）は，当該商人が当該営業を行うものと誤認して当該他人と取引をした者（相手方）に対して，当該取引によって生じた債務について，当該他人と連帯して，弁済責任を負わなければならないものとされている（会社について，会9条）。

　この規定は，昭和13年商法改正に際して導入されたものであって，名板貸人を営業主であると信じて取引関係に入った相手方を保護するため，禁反言（estoppel）ないし権利外観法理に基づく責任を，名義使用の許諾をなした名板貸人に課したものである（第1編Ⅱ章7[1]）。名板貸関係における名板貸人の責任を認めて行く場合の法構造は，民法上の表見代理（民109条，110条，改民112条）において本人に責任が認められる場合の法構造に類似している。

　しかし，たとえば民法109条の場合でも，相手方の信頼は本人がなした代理権授与の表示に向けられているのに対し，名板貸の場合，相手方の信頼は名義借受人が名板貸人の名称を使って営業をなしている状況全体に向けられている。したがって，両制度を安易に同様に取り扱うことはできない。ただ，いずれも善意の相手方の信頼保護のために機能する制度として位置づけられることは明らかである。

2　手形振出についての名義使用の許諾

> 【設例13】
> 　甲は，乙との間の約定に基づき，約束手形について，乙が甲名義を使用して手形を振り出すことを認めた。その後，手形が乙によって甲名義で振り出された。この手形の所持人丁が甲に対して手形責任を追及している。

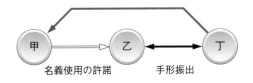

【設例13】では，乙の手形振出について，甲の名義を使用する旨の許諾が，甲によってなされている。手形を振り出すのは甲の名義を借りた乙自身であるが，ここでは名義を貸した甲の名板貸人としての手形責任が問題となっている。

名板貸人の責任が認められるためには，名板貸人による名義使用の許諾が「営業または事業をなすこと」についてなされていなければならない（第1編Ⅱ章7［2］）。ところが【設例13】では，甲が自己の名義の使用を乙に認めたのは「手形を振り出すこと」についてであって，「営業または事業をなすこと」についてではない。「営業または事業をなすこと」についての名義使用の許諾に基づいてなされた営業に関連して振り出された手形について，名板貸人の手形責任が認められることについては異論はない（最判昭42・2・9金判54号10頁）。

これに対して，手形行為についてのみの名義使用の許諾について，名板貸人の責任を否定する判決がある（最判昭42・6・6判時487号56頁）。同判決によれば，商法（旧）23条（現14条）が

> 「他人の氏名商号等を用いて営業をした者（営業主）が第三者との取引において債務を負担した場合において，その氏名，商号等の使用を許諾した者に対しても，営業主の右債務につき連帯責任を負担させることを定めたものと解されるところ，手形行為の本質にかんがみれば，ある者が氏名，商号等の使用を許諾した者の名義で手形上に記名押印しても，その者自身としての手形行為が成立する余地はなく，したがってその者は手形上の債務を負担することはなく，その名義人がその者と連帯して手形上の債務を負担することもありえないから，この点からみても，手形行為上自己の氏名，商号等の使用を許諾したにすぎない者については，同条は適用されないものと解するのが相当である」

とされている。つまり，【設例13】に即していえば，甲の責任は，乙の責任を前提とするが，乙は手形面上名前を出していないので，手形の文言証券性からして，乙の手形責任はない。そうすると乙の責任を前提とする甲の責任もない，というのである。

学説上，上記判決と同様，名板貸人の責任は営業をなすことを前提とする名義使用の許諾に限られるとする見解もあるが，多数説は，第三者の信頼保護という観点を強調し，手形行為についてのみの名義使用の許諾に基づく名板貸人

の責任を認めている。すなわち，商法14条が外観信頼保護に基づく規定であることから，手形行為についてのみの名義使用の場合に同条の類推をなすべきである，禁反言法理の規定としての商法14条をこの場合に拡張すべきである，あるいは，表見理論によって名板貸人の責任を認めるべきであるとの見解がみられる。

そこで，【設例13】の場合にも，名板貸人の責任を認める他の要件が充たされていれば，手形行為についてのみ名義使用の許諾がなされている場合であっても，甲の名板貸人の責任としての手形責任が認められる。ただ，甲の名板貸人としての責任を認める前提として乙の手形行為者としての責任が認められるかについて議論があり，前記判決のように端的にこれを否定し，甲の責任も認めないとする立場もある。しかし，学説上甲の責任を認めようとする立場では，乙の責任の存在を甲の責任を認める絶対条件としないか，あるいは，乙による甲名義の使用を「自己を表示する名称としての他人名義の使用」とする構成がなされている。

X 手形の変造

1 意 義

変造とは，手形の文言，すなわち，手形上の記載内容が，無権限で変更されることをいう。手形の偽造（⇨Ⅷ章3）は，他人の名義を偽って手形行為がなされる場合であるのに対し，手形の変造は，手形行為の内容が変更される場合である。偽造も変造もともに手形行為に関連するが，前者が手形行為の主体を偽る場合であり，後者は手形行為の内容を偽る場合である。

したがって，前者は特定の被偽造者のみの問題にすぎないのに対し，後者は，客観的な手形の内容が変更される場合であるため，その手形上のすべての署名者の責任内容に関係する問題となる。たとえば，約束手形の振出人署名（甲）

が別人（A）に変更されれば，Aとの関係では偽造の問題となり，裏書人などとの関係では変造の問題が生ずる。

変造の対象となる手形の文言には，手形要件のみならず任意的記載事項および有益的記載事項も含まれる（ただし，無益的記載事項は含まれない）。振出人署名や裏書人署名の変更も，変造の問題として取り扱って行くべきである。記載内容の変更は，既存の記載事項の書換，除去，新たな記載事項の附加，などによる。

2 責任関係

手形法69条は，変造前の署名者について変造される以前の旧文言による責任を認めており，変造後の署名者には変造された後の新文言による責任を認めている（手77条1項，小50条）。変造前の署名者が変造後の新文言による責任を負うことがないことは，その者が旧文言によって手形行為をしたにすぎないことからも明らかである。

3 挙証責任

変造の挙証責任については以下の4つの見解がある。すなわち，
① 手形の外形に異状があるかないかによって区別し，異状がない場合には，所持人は現在の文言（新文言）によって請求することができ，債務者が現在の文言による責任を免れようとするために，自己の署名後に変造がなされた事実を証明しなければならないのに対して，手形の外形に異状があり記載が変更されたことがわかる場合には，所持人が現在の文言による責任を問うためには，債務者が変造後に署名したものであることを証明しなければならないとする見解，
② 手形の外形に異状があってもなくても，手形債務者がもとの文言（旧文言）による責任しかないとして新文言による責任を免れようとする場合には，債務者がもとの文言の立証責任を負い，逆に，所持人がもとの文言によって支払を求める場合には，所持人がもとの文言の立証責任を負うとす

る見解,
③ 変造された手形のもとの文言の立証責任はつねに所持人にあるとする見解,
④ もとの文言の立証責任は原則として所持人にあるとしつつ,変造されやすい手形を作成した者またはそれに署名した者は,変造の事実について善意の所持人あるいは重過失なき所持人に対して変造後の文言による責任を免れないとする見解,

である。

XI 手形要件

1 完全手形と白地手形

　先に述べたように（⇨V章1）手形・小切手を振り出すにあたっては,必ず一定の事項が記載されなければならない（「手形要件」）。もっとも,実際に手形として流通しているものの中には,次に述べるように手形要件の一部を記載しないまま振り出され,手形要件がすべて記載されている手形（「完全手形」）と同じように流通しているものがある。

　手形法には,手形要件が記載されていない手形は,手形として効力を有しないという規定があるので（手2条1項, 76条1項）,上記のように手形要件の一部を記載しないまま振り出され流通しているものは手形としては無効ではないかとの疑問が生ずる。しかし,このようなものであっても,その手形要件のうち欠けている部分が将来補充されることが予定されていれば,その補充までの流通段階にあっては,手形要件がすべて記載されている手形と同じく取り扱って行こうとする商慣習があると考えられる。

　そこで,判例・学説は,このような手形要件の一部を記載しないまま振り出されたものであっても,商慣習（法）上の有価証券として有効であるとしてい

る。これを「白地手形」（しらじてがた）と呼んでいる。

「白地手形」について，詳細は次章で論じたい。ただ，「白地手形」として流通しているものであっても，手形法上の手形として有効となるためには，やはりすべての手形要件が記載されている必要がある。

以下に，約束手形について，それぞれの手形要件を見て行くことにしたい（手75条）。ここで注意しなければならないのは，実際には，約束手形についても「統一約束手形用紙」が使用されており（166-167頁参照），手形要件とされるもののうち，一定の事項は既に用紙に印刷されているので，手形を振り出す場合には，印刷されたものを除いて残りの部分を記入することになるという点である。下図の「約束手形用紙」は，正規の統一手形用紙とは異なるが，それに準じて手形要件を記載し作図したものである。

約束手形用紙

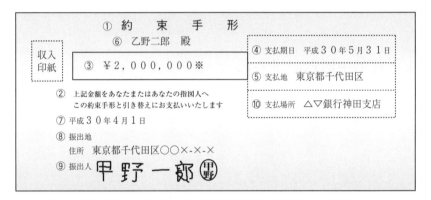

2 約束手形要件

[1] 約束手形文句（1号）

約束手形文句とは，約束手形であることを示す文字である。「証券ノ文言中ニ」その証券の作成に用いる言語で記載されなければならない。上記の「約束手形用紙」では，表題部分（①）と支払約束文句中（②）（上記金額……お支払いいたします）の2箇所に「約束手形」という文字が記載されている（正規の約束手形用紙では，印刷事項となっている）。

[2] 支払約束文句（2号）

約束手形は金銭支払約束証券であるから，その支払約束の趣旨を証券上に表示することが要求されている。上記「約束手形用紙」における「上記金額を……お支払いいたします」という記載（②）がこれに相当する（正規の約束手形用紙では，印刷事項となっている）。なお，手形取得者にとって，手形上の権利の内容を記載事項から容易に判断できるものとするために，支払約束文句は「単純ナル」もの，すなわち条件付き（たとえば「商品の引渡しと引換に支払います」というような）でないものでなければならない。

[3] 手形金額（2号）

手形金額は「一定」でなければならない。したがって，「10万円または5万円」，「10万円ないし5万円」というような選択的記載は認められない。上記「約束手形用紙」には，200万円という数字が手形金額として記載されている（③）。なお，上記とは異なり，手形金額が複数記載されているような場合については，後記【設例14】の解説を参照のこと。

[4] 満期の表示（3号）

満期（支払期日）とは，手形金額が支払われる日として手形上に記載された日のことである。実際に手形金が支払われる「支払ヲ為スベキ日」（手77条1項3号，38条1項）とは区別しなければならない。満期が法定の休日にあたる場合には，これに次ぐ第一の取引日が「支払ヲ為スベキ日」となる（手77条1項9号，72条1項）。

満期の種類として，手形法上，以下の4つのものが認められている（手77条1項2号，33条1項）。

(a) 確定日払（手77条1項2号，33条1項4号）
たとえば，上記「約束手形用紙」に記載されているように平成30年5月31日というように特定の日を満期とするものである（④）。満期として表示される日は一般的にみて可能な日でなければならないとされているが，個別的ケースにおいては，社会通念からみて合理的に解釈し，たとえば「11月31日」を「11月末日」とみたり（大判昭5・7・14新聞255号16頁），平年の「2月29日」を「2月末日」とみる

ことによって（最判昭44・3・4民集23巻3号586頁），手形を有効なものとしている。

　(b)　日付後定期払（手77条1項2号，33条1項3号）　振出の日付から，手形に記載された一定の期間（たとえば「日付後一ヶ月」，「日付後75日」）の末日を満期とするものである。この期間の計算は，手形法の規定（手77条1項2号，36条，77条1項9号，73条）に従ってなされる。

　(c)　一覧払（手77条1項2号，33条1項1号，34条1項）　支払のための呈示のあった日を満期とするものである。振出人が呈示すべき期間を定めていない場合，この期間は振出日より1年以内である（手77条1項2号，34条1項）。

　(d)　一覧後定期払　手形所持人が，一覧のために手形を呈示した日から，手形に記載された一定の期間を経過した末日を満期とするものである（たとえば「一覧後一ヶ月払」）。

[5]　支払地（4号）

　支払地は，満期において手形金が支払われるべき地域として，記載される。手形の支払のための呈示は，原則として，為替手形の引受人や約束手形の振出人など支払をなすべき者の，支払地内における，債務者の現在の住所でなされるべきものとされており（改民520条の8）（平成29年改正で商516条2項は削除された。改正民法では，484条1項で「持参債務」の弁済に関する規定が置かれ，「指図証券」には，前記520条の8が置かれる一方，旧商516条2項が削除され，手形法に呈示場所に相応する規定がない以上，「手形」についても，前記「指図証券」に関する取り扱いによるべきこととなる），手形には支払地が記載されていることで，手形所持人は満期に手形を呈示する場所を探知することができる。この意味における支払地としては，合理的な広がりをもった地域，判例によれば，最小独立の行政区画の記載がなされるべきものとされている。「東京都新宿区」，「小平市」というような最小独立の行政区画の記載が相応する（大判大15・5・22民集5巻426頁）。上記の「約束手形用紙」では，相応する記載として「東京都千代田区」が表記されている（正規の統一手形用紙には，後に述べる支払場所たる振出人の取引銀行の営業所名とともに，その所在地が，支払地として印刷されている）（⑤）。

　約束手形では，支払地の記載がない場合でも，振出地が（手76条3項），さ

らに振出地の記載のない場合でも，振出人の肩書における相当の記載が支払地とされ（手76条4項），為替手形でも，支払人の肩書における相当の記載が支払地とされている（手2条3項）。

[6] 受取人（5号）

受取人とは，手形の支払を受け，または，支払を受ける者を指図する者である。上記の「約束手形用紙」では，「乙野二郎」が受取人となっている（⑥）。

なお，振出人が受取人を兼ねるような「自己指図手形」（自己受手形）は，為替手形の場合には法律上認められているが（手3条1項），約束手形の場合にも同様に認められるものと解されている（多数説）。

[7] 振出日（6号）

振出日とは，手形が振り出された日として，手形上に記載される日のことをいう。上記の「約束手形用紙」では，「平成30年4月1日」が振出日となっている（⑦）。

一般に利用されている確定日払手形では，振出日の記載は，満期日や支払呈示期間を定めるために必要なものではなく，その限りで振出日を手形要件とする意味はない。しかし，手形法上，振出日の記載は一律に手形要件となっており，手形が厳格な要式証券である以上，振出日を手形要件からはずすことはできない（通説，最判昭41・10・13民集20巻8号1632頁）。

[8] 振出地（6号）

振出地は，手形が振り出された地として，手形上に記載されている地のことである。上記の「約束手形用紙」では，「東京都千代田区〇〇×－×－×」が振出地に相応する記載である（⑧）。振出地の記載のない場合でも，振出人の名称に付された地（肩書地）を振出地とすることができる（手76条4項）。

[9] 振出人署名（7号）

振出人の署名については，先に述べた手形署名について論じたことが妥当する（⇨Ⅴ章）。上記の「約束手形用紙」では，「甲野一郎」という振出人として

の署名がある（⑨）。

＊1 印 紙　手形には，約束手形・為替手形を問わず，原則として，印紙税が課せられる（印紙税法2条，別表第1第3号）。具体的にいえば，手形の作成者は，印紙税に相当する金額の印紙を手形に貼り付け，消印をすることで，納税するのである（同法8条）。なお，手形金額10万円未満の手形，手形金額の記載のない手形，手形の複本・謄本は，非課税とされるので，印紙を貼る必要はない。しかし，手形金額のない手形について，手形金額が補充された場合には，その補充をした者が，その補充をしたときに，その手形を作成したものとみなされるので（同法4条1項），補充をした者が印紙を貼り消印をしなければならない。

必要な印紙を貼らず，納税しなければ，過怠税を徴収されたり，場合によっては，懲役・罰金などの罰則が科せられる（印紙税法20条，25条，26条）。しかし，必要な印紙が貼られていなくても，手形自体が無効となるわけではない。

3　有益的記載事項

手形上に記載される事項のうち，手形要件ではないが，それが手形上に記載されることによって，記載通りの効力が認められるものがある。これを「有益的記載事項」という。以下の(1)〜(9)がその例である。

(1) **裏書禁止文句**

後に述べるように（⇨XIII章1[1]），手形は，法律上当然の指図証券とされている（手11条1項）。これに対して，振出人が「指図禁止」またはこれと同一の意義を有する，文言を記載したときには，裏書禁止手形（指図禁止手形）として，改正民法466条以下の債権譲渡の方式に従って，かつその効力をもってのみ譲渡できるにしかすぎない（平29改手11条2項）。つまり，手形の指図証券性を排除する記載をすることが認められているのである。

(2) **第三者方払文句（「支払場所」の記載）**

手形の支払をなすべき者（約束手形の振出人や為替手形の引受人）は，自己の住所地以外の第三者の住所で支払をなすことができ，そのために，手形上に，その手形が第三者の住所において支払われる旨の記載（第三者方払文句）をするこ

とができる（手4条，27条，77条2項）。この記載は手形要件ではないが，いわゆる有益的記載事項として，それが記載された限りにおいて有効なものとされている。

上記の「約束手形用紙」では，「支払場所」として「△▽銀行神田支店」という記載がなされているが（⑩），この記載は，「△▽銀行神田支店」を支払場所とするとともに，「△▽銀行」を支払担当者として指定する趣旨であると解することができる（大判昭13・12・19民集17巻2670頁）（統一手形用紙には，このような意味で銀行の営業所名が印刷されている）。

(3) 利息文句

一覧払，一覧後定期払手形には，利息文句を記載することができる（手77条2項，5条1項）。この場合には利率を表示しなければならない（手77条2項，5条2項）。

(4) 振出人の肩書地（手76条4項）

(5) 外国通貨による換算率の表示・外国通貨現実支払文句（手77条1項，44条2・3項）

(6) 支払呈示期間の伸長・短縮（手77条1項，34条1項，78条2項，23条2項）

(7) 支払拒絶証書作成免除文句（手77条1項，46条）

(8) 戻手形禁止文句（手77条1項，52条1項）

(9) 準拠暦指定文句（手77条1項，37条4項）

4 無益的記載事項

(1) 利率の記載のない利息文句（手77条2項，5条2項）

(2) 為替手形振出人による支払無担保文句（手9条2項）

(3) 指図文句・引換文句

これらは，その記載がなくとも手形の性質として当然認められるものなので，記載する意味はない。

5 有害的記載事項

この事項が手形上に記載されると，手形全体が無効となるものを「有害的記載事項」という。以下の(1)〜(3)がその例である。

(1) 分割払文句（手33条2項）
(2) 法定された満期以外の満期記載（手33条2項）
(3) 手形の支払を条件づける内容の記載

6 手形金額の複数記載

【設例14】
　Xが所持する約束手形の金額欄には，右上に「金弐百萬円也」という記載がなされていたが，それとならんでチェックライターで「¥1,000,000※」と打ち込まれていた。Xは，この手形の振出人Yに対し，200万円の手形金の支払を求めた。

> 金弐百萬円也
>
> ¥1,000,000※

【設例14】における手形の金額欄には，「金弐百萬円也」と「¥1,000,000※」との金額が記載されている。このように手形金額が複数記載されている場合に，手形金額をどのように確定すればよいかが問題となる。これについて，手形法6条1項によれば，手形金額が文字および数字によって書かれ，金額間に差異のある場合には，文字によって書かれた金額が手形金額になるものとされている（文字優先の原則）。

これは文字によって記載された方が改ざんされたおそれがなく，より慎重に

書かれたものと考えられたからである。また，同2項によれば，手形金額が文字あるいは数字によって重複して書かれ，金額間に差異のある場合には，最少金額が手形金額になるものとされている。これは，たとえ手形金額が変造されていたとしても，変造後の金額が少額であるはずはないとされるからである（最少金額優先の原則）。これを【設例14】に当てはめてみると，文字優先の原則によって，この約束手形の手形金額は200万円となる。

　判例では，手形金額「金壱百円也」と「¥1,000,000」との重複記載が問題となった事案において，原審（名古屋高判昭57・7・29判時1051号142頁）が，当該記載は漢数字と算用数字との数字による重複記載であり，手形法6条1項の適用はなく，また当該記載の一方が他方の誤記であることが手形の外観から明らかであるとして，手形金額を100万円であるとしたのに対して，最高裁は，当該記載は文字と数字による重複記載であり手形法6条1項が適用され，手形金額は100円であるとしている（「百円手形事件」判決，最判昭61・7・10民集40巻5号925頁，なお，文字による金額の記載が誤記であることが手形面上の記載自体の解釈から明白である場合には，手形金額に関する手形法6条の適用はなく，100万円が手形金額となるとの反対意見がある）。

　また，【設例14】の文字による記載が「金弐百萬円也」ではなく「金二百万円也」となっていたらどうなるか。思うに「金二百万円也」という金額記載は，手形法6条1項の文字優先の原則の適用要件を充たしていないのではないか。なぜなら，同原則が適用されるためには，文字記載が改ざんされたおそれがなく，より慎重に書かれたものであることが前提とされているところ，「金二百万円也」という金額記載はその前提を欠いていると考えられるからである。つまり，「壱」「弐」「参」ではなく，「一」「二」「三」という表記を含む金額記載は，むしろ数字による記載とされるのではないか。

　そうであれば，手形法6条1項の文字優先の原則よりも，手形法6条2項の最少金額優先の原則によって手形金額が確定されることになる。したがって，もし【設例14】の文字による記載が「金二百万円也」となっていたら，その手形金額は「¥1,000,000※」となり，Xの請求すべき手形金額も100万円となる。

7　当座勘定規定，手形・小切手用法による取扱い

　手形法6条の規定にもかかわらず，実務上，当座勘定規定に基づく手形金額に関する別個の取扱いが認められている。すなわち，同規定6条によれば，「手形小切手を受入れ，または支払う場合には，複記のいかんにかかわらず，所定の手形金額欄記載の金額によって取り扱います」とされている。

　また，手形金額の記載がチェックライターによって打ち込まれている場合，チェックライターによる記載を優先すべきではないかという問題が生ずる。すなわち，統一手形用紙を使用している場合については，手形・小切手用法および当座勘定規定によって，金額欄におけるチェックライターによって打ち込まれた金額が手形金額とされるという取扱いがなされている（チェックライター優先の原則）。**【設例14】**の手形が統一約束手形用紙を使用したものであり，上記用法，規定が適用されるとすれば，その手形金額はチェックライターによる「￥1,000,000※」という記載が優先される結果，100万円となる。

　しかし，通説は，手形・小切手用法や当座勘定規定に従った取扱いの絶対的効力を否定している。なぜなら，手形・小切手用法や当座勘定規定による手形金額の取扱いは，それらの約款の当事者である銀行・顧客間での取扱い方法を定めたのであって，手形の取得者その他第三者を含めた手形関係者全体における手形金額の取扱いを定めたものではないからである。

XII　白地手形

1　「未完成手形」としての白地手形

　白地手形とは，手形行為者となろうとする者が，後日その取得者をして手形要件の全部または一部を補充させる意思をもって，ことさらにこれを記載しないで署名して発行した証券のことをいう。本来，手形は手形要件とされている

事項（手1条，75条）をすべて記載し，完成手形として発行されなければならず，手形要件の記載がないものは，手形としては無効となるとされている（手2条1項，76条1項）（⇨XI章1）。

しかし，実際の取引においては原因関係上の支払期日が手形振出時に未確定であったり，適当な手形割引人をさがす時間を要するなどさまざまな理由に基づいて，手形を振り出す時点で，なんらかの署名はなされているものの，それ以外の手形要件を記載しないまま，後日未記載部分を補充し完成手形とすることを予定して証券が振り出され，そのまま流通に置かれることがある。従来から，このような完成手形ではない証券としての白地手形の流通も，商慣習法上，容認されている（したがって，白地手形についても完成手形の流通段階で適用される手形法の規定が類推適用される）。

その意味において，白地手形は，要件欠缺部分を補充することによって完成手形となることが予定されている点で，要件欠缺のために無効とされる「不完全手形」とは異なり，「未完成手形」ないし「将来の手形」として評価されているものといえよう。実際にも，振出日あるいは受取人の記載のない白地手形が流通に置かれていることが多い。

2 白地手形成立の要件

白地手形として認められるためにはどのような要件を充たさなければならないのであろうか。学説上，白地手形として認められるために必要な要件として，

① 白地手形行為者の署名の存在
② 手形要件の全部または一部の欠缺
③ 白地補充権の存在
④ 証券の発行（交付）

が掲げられている。①の「署名」について，学説上，「署名」とは必ずしも振出人の署名に限定されず，たとえば為替手形の白地引受のような場合もあり得ると解されている。

②について，学説上，どのような手形要件の欠缺の場合でも白地手形として成立すると解されている（通説）。もっとも，たとえば約束手形について，約

束手形文句や支払約束文句を欠く場合も，白地手形として成立するかについては異論もある。約束手形文句や支払約束文句のような手形としての本質的な記載を欠く場合には，当然に無効な手形となると考える余地もないわけではない。

　しかし，学説上，このような重要な手形要件が記載されていないことは，それを振り出した者について，その証券を白地手形として振り出す意思があったのかという点で疑問なしとはいえないものの，だからといってそれが当然に無効手形であるとはいえないと解されている（通説）。もっとも，実際に白地手形として流通しているものには，統一約束手形用紙が使われており，約束手形文句や支払約束文句は当初から印刷記載されているので，以上の考慮をする余地はない。

　③の要件については，学説の対立があるので，次節3で別に論ずることにしたい。

　④の要件は，白地手形の成立だけで問題とされるのではなく，完成手形としての振出にも共通する問題となっている（⇨Ⅲ章）。たとえば，白地手形として署名されたが，その証券が受取人の許に届く以前に署名者の意思に反して流通に置かれてしまった場合に，手形理論で契約説あるいは発行説をとることを前提に，善意の所持人の許で権利外観法理を適用することで白地手形上の権利の成立を認めて行くことが考えられる。ただ，その場合に，どのような「外観」が存在するのか。それは，完成された有効手形としての外観ではなく，「白地手形としての外観」ということになる。それを「権利の外観」といってよいかは議論の余地があろう。

3 白地補充権

　白地手形が要件欠缺のために無効とされる不完全手形とは異なり，未完成手形として位置づけられるのは，要件欠缺部分（白地部分）が補充されることによって完成手形となることが予定されている点にある。このように白地部分を補充することができる内容を有する権利のことを「白地補充権」と呼んでいる。白地手形には「白地補充権」とともに，白地補充権の行使によって手形上の権利となるべき条件附ないし潜在的権利が表彰されていると解することができる

（通説）。

　白地補充権が，署名者の意思によって与えられるものであるか否かについて以下の見解が対立している。

　まず「主観説」によれば，白地手形であるためには白地手形行為者からその所持人たるべき者に対して白地補充権が，明示的または黙示的に，付与されていることを必要とする（通説）。これに対して，「客観説」によれば，手形上の責任を負担する意思で署名がなされ証券が流通に置かれている限り，手形要件を欠いてもなお手形としての外観を備え，その外観上補充が予定されているものについては，それを白地手形であるとみて，白地補充権はその証券取得者に当然与えられる。さらに「折衷説」は，基本的には主観説に立つものの，既製の手形用紙を用いた場合のように，書面の外形上欠缺部分の補充が予定されているものと認められるならば，そのような書面であることを認識しまたは認識し得べくして署名がなされたことで，当然補充権の存在が認められるとする。

　なお，白地部分をいつまで補充することができるか，言い換えれば，白地補充権の消滅時効期間はいつまでであるかが問題となるが，最高裁は，満期白地手形の場合の白地補充権の時効期間について「（平成29年改正前）商法522条の規定が準用され，右補充権は，これを行使すべきときから5年の経過によって，時効により消滅する」との立場を明らかにしている（5年説，最判昭44・2・20民集23巻2号427頁）。

　学説上，最高裁と同様，補充権授与行為を商法501条4号の「手形に関する行為」に準じたものとして考え，商事債権としての5年の時効（平29改正前商522条）にかかるとする見解も多かった。しかし，現在では，補充権授与行為を商法501条4号の「手形に関する行為」に準じたものとしつつも，補充権行使の結果生ずるのは手形債権であることなどを理由に，白地補充権の時効期間を手形債権のそれに準じて3年とする見解が有力になっている。

> 【設例 15】
> 　Ｙは，知り合いの金融ブローカーＡにＹが振出人として署名した統一約束手形用紙を託し，振出人署名以外の手形要件は記載しないでおいて，後にＡの紹介で金融の相手方が決まった段階でそれらの内容を確定し，未記載部分を補充するものとしておいた。しかし，金融の相手方が決まらないうちに，この証券はＡによって流通に置かれてしまった。Ａの仲間の手形ブローカーＢは勝手に白地部分を補充してしまい，Ｂからこれを取得したＸからＹに対して記載通りの手形金請求がなされた。

　【設例 15】でまず問題となるのは，Ａによって流通に置かれ，ＢからＸへと受け渡された証券が「白地手形」であるといえるのか否かという点である。前記２の白地手形の要件①〜④が充足されているかを考慮して行かなければならない。要件①・②については問題がない。要件④について，手形理論で契約説あるいは発行説をとれば，先に示したような（⇨２）問題が生ずる。

　要件③について，【設例 15】ではＹからＡに対して具体的補充権の付与がなされているかどうか明らかではない。この点で，前記「客観説」をとれば，本問の証券は手形としての外観を備え，その外観上補充が予定されていると認められるのであり，補充権の成立は認められると解される。また「折衷説」によっても，【設例 15】では統一約束手形用紙が使われており，書面の外形上欠缺部分の補充が予定されているものと認められるので，Ｙがそのような書面であることを認識または認識し得べくして署名したのであれば，やはり補充権の成立は認められる。

　これに対して，「主観説」の立場からみると，本問の証券の振出に際して，金融の相手方が決まった段階でそれらの内容を確定し，未記載部分を補充するものとの確認がなされているものの，具体的にどのような内容を補充するかの確認はなされておらず，これだけでは具体的内容をもった補充権の付与があるとはいえず（⇨４），その限りで補充権の成立は認められない。しかし，主観説の立場によっても，善意の取得者保護の観点から権利外観法理の適用によって結果的に補充権の成立が認められて行くことも考慮しなければならない。

　以上の検討を前提として，問題となっている証券が「白地手形」であるとすれば，今度は，【設例 15】のように，白地手形であったものが後に補充された

ものの，その補充が白地手形を振り出した者の意思に反してなされたものであった場合に，そのような証券を取得した者（**設例15**ではX）を保護すべきか否かが問題となる。

4 手形取得者の保護

　白地手形として振り出されたが，白地部分について本来の予定とは異なる補充がなされた後，その証券を取得した者の保護がまず問題となる。

　これに関して，手形法10条は，あらかじめなした合意と異なる補充がなされた場合でも，そのことについて善意・無重過失の証券取得者は保護されると定めている。すなわち，本来の予定と異なる補充がなされていても，そのことを知らないであるいは知らないことについて重大な過失がなく証券を取得した者は，証券記載通りの権利を行使することができるのである。

　この結果について，先に示した「主観説」，「客観説」さらには「折衷説」という学説のそれぞれの立場とのつながりを考えて行かなければならない。まず，純粋な主観説の考え方からすれば，補充権は白地手形当事者間の合意によって発生する具体的内容の権利であることから，それに反する記載は本来無効となるべきものであるところ，手形法は善意・無重過失の手形取得者の保護をはかるために，特に10条の規定を置いたものと考えられる。

　これに対して，客観説の考えからすれば，補充権は白地手形たる外形から与えられたそれ自体は内容的に無限定なものであり，当事者間の補充権行使に関する合意は白地手形外の関係としてとどまる。この意味で手形法10条は手形抗弁制限を定めた同法17条（⇨XV章3）に対する特則であると考えられる。

　いずれにせよ，**設例15**ではBによって補充がなされた後に完成手形になった形で証券を取得したXの保護は，主観説によればもちろん，客観説によっても，手形法10条の適用によってはかられることになる。この場合にXが保護されるためには，本来の予定と異なる補充であることについて，「善意」あるいは「無重過失」でなければならない。なお，客観説をさらに突き詰めて行って，この場合に手形法10条ではなく，同法17条の主観的要件を適用しようとする見解もある（前田説）。

これに関連してさらに問題となるのは，自ら善意で合意内容に反する補充をした白地手形取得者の保護の点である。たとえば【設例15】で，Bが補充したのではなく，Bから白地手形を受け取ったX自身が「善意・無重過失」で白地部分を補充して，Yに権利行使をした場合にはどうなるか。

これについて，補充権の内容が無限定であるとの考えに立てば，手形外に存する補充権限定の合意の存在について善意であるならば，証券取得時における信頼の対象となった外観が完成手形のそれであるか，白地手形のそれであるかは，善意者保護の見地からしてあまり差異を生ずるものではなく，未補充手形の取得者についても手形法10条を適用することができる。

これに対し，補充権があくまでも具体的内容を伴うものであるとする考えに立てば，完成手形たる外観を信頼した者に対する保護規定としての手形法10条を未補充手形の取得者について適用しようとすることは困難になる。ただ，この見解でも結果的に同条を類推することによって善意者保護をはかることになろう。

5 白地手形の喪失と除権決定

【設例16】
　Xは，Yの振出人としての署名のある受取人白地約束手形を所持していたが，これを紛失してしまったので，裁判所に公示催告を申し立て，除権決定を得た。Xは，除権決定を得たことに基づいて，Yに対して，紛失した白地手形と同一の手形を再発行することを求めた。

白地手形の所持人が自己の所持する白地手形を喪失した場合，自ら公示催告（非訟114条以下）の申立てをなし得るか。この点で，白地手形も公示催告の対象となることには，異論がない。なぜなら，白地手形も完成手形と同様の譲渡方法が認められている以上，その流通保護がはかられなければならないからである。この公示催告申立権者となるのは，喪失当時の形式的資格者である（通説）。したがって，【設例16】において白地手形を喪失したXが公示催告をなすことは認められる。

そこでさらに問題となるのは、白地手形の喪失者が公示催告の申立てをなし除権決定を得た場合に、手形喪失者が除権決定（非訟118条1項）を得れば、その者について、除権決定の積極的効力（非訟118条2項）に基づき権利行使が認められることと同様、白地手形喪失者も、除権決定を得たことで、自己の有する実質的権利（白地手形上の権利）に基づいて権利行使が認められるかどうかということである。

除権決定の積極的効力として、喪失者は証券による権利を主張することができる（非訟118条2項）。完成手形であれば、形式的資格者の地位を回復した喪失者は、その資格に基づいて権利行使をして行くことができる。しかし、白地手形の場合には、除権決定を得たことで形式的資格者の地位を回復したとしても、その資格は白地手形所持人としての地位にしかすぎない。その者が、白地手形によって権利行使をして行くためには、さらに白地部分を補充して、完成手形として権利行使をして行かなければならない。しかし、除権決定を得た者が白地手形所持人としての地位を回復したとしても、補充すべき対象となる白地手形を実際に所持しているわけではない。

そこで、権利行使を可能とするために、手形外の意思表示による白地補充を認め、除権決定を得た白地手形喪失者がその意思表示によって白地部分を補充したうえ権利行使をするか、あるいは、【設例16】のXのように、白地手形の再発行請求を認め、再発行してもらった白地手形の白地部分に実際に補充し、完成手形としたうえ、それによって、権利行使して行くという方法が考えられる。

しかし、判例は、白地手形喪失者が除権決定（判例の当時は、除権判決）を得ても権利行使は認められないとし、白地手形の再発行請求も否定している（最判昭43・4・12民集22巻4号911頁、同昭45・2・17金判207号17頁、同昭51・4・8民集30巻3号183頁、同昭51・6・18金法802号34頁）。これによれば、除権決定を受けた者は原因債権あるいは利得償還請求権を行使していくほかはないことになる。これに対して、最近の学説では、手形外の意思表示による白地補充、あるいは白地手形の再発行請求を認めようとする見解が有力となっている。

6 白地手形による訴提起と時効の完成猶予

白地手形による訴提起に時効の完成猶予（従前は「時効中断」）の効力を認めることができるかについて，判例は，受取人白地手形についても未完成手形のままで手形上の権利について時効は進行するとし，「このこととの比較均衡からいって，他方で，白地手形の所持人は白地部分である受取人の補充をすることなく，未完成手形のままの状態で，右時効の進行に対応し，法律の定めるところにより，時効の進行を中断するための措置をとり得べきものと解する」としている（最判昭41・11・2民集20巻9号1674頁，同旨，同昭45・11・11民集24巻12号1876頁）。

学説の多数も，白地手形上の権利と完成手形上の権利との同一性を理由としたり，あるいは，時効制度の趣旨を理由として，判例と同様の結論をとっている。

XIII 手形の流通

1 裏書による手形上の権利移転

[1] 裏書制度

手形は法律上当然の指図証券性を有するものとして，指図式で振り出された場合のみならず，記名式で振り出された場合であっても，原則として，（記名式・白地式を問わず）「裏書」によってこれを譲渡することができるものとされている（手11条1項，77条1項）（なお，改正民法520条の2以下で「指図証券」に関する規定が設けられているが，手形については手形法の規定が優先適用されることは前述の通りである［第1編Ⅷ章6［1］＊1参照のこと］）。

ただし，振出人が「指図禁止」またはこれと同一の意義を有する文言（「裏書禁止」，「A殿限り」など）を記載したときは，手形は改正民法466条以下の債権譲渡の方式によってかつその効力をもってのみ譲渡される（「裏書禁止手形」，

手11条2項，⇨XI章3）。

[2] 債権譲渡の方法による譲渡

　手形法によって認められている指図禁止手形の場合以外にさらに，改正民法466条以下の債権譲渡の方法による手形の譲渡が認められるか否かが問題となるが，判例（最判昭49・2・28民集28巻1号121頁）・多数説は，このことを肯定している。ただ，手形が有価証券であり，手形証券と証券上の権利である手形債権との結びつきが強いことから，債権譲渡（改民466条，以下同様）の方法による手形の譲渡に際して，手形債権だけを手形証券と切り離して譲渡することは許されないと解されている。したがって，債権譲渡の方法による手形の譲渡においては，譲渡の手続として手形証券を譲受人に交付しなければならない。

　さらに，それ以外に，判例によれば，債権譲渡の対抗要件，すなわち，債務者に対する通知または債務者からの承諾（改民467条1項，債務者以外の第三者に対しては通知・承諾が確定日付のある証書によってなされなければならない，同2項）が必要となる（最判昭40・4・1判時411号79頁）。この点で，多数説は，債務者の承諾または債務者への通知が必要であるとするが，この場合に必ずしも全債務者に対する通知は必要でなく，具体的に請求する相手方に対する通知がなされていればよいとの見解もある。

[3] 裏書の方式

　裏書とは，手形の受取人およびその他の後者（裏書人）が通常手形の裏面に一定の記載をなしてこれを他人（被裏書人）に交付することによってなされる手形行為である。通常の裏書は，「譲渡裏書」と呼ばれ，手形上の権利を譲渡することをその目的としている。

　手形は法律上当然の指図証券性を有するものとして，指図式で振り出された場合のみならず，記名式で振り出された場合であっても振出人が特に裏書を禁止する旨の記載をしない限り（裏書禁止手形）裏書によってこれを譲渡することができる（手11条1項，77条1項）。

　裏書は，手形またはそれと結合した補箋あるいは謄本の上になされなければならない（手13条1項，67条3項，77条1項）。裏書の方式として，記名式裏書と

白地式裏書との2つの方式が認められている。記名式裏書とは，被裏書人名が表記されているものであり，これに対して，白地式裏書は被裏書人名が表示されないまま裏書署名のみがなされるものである。また，白地式裏書と同様の効力を有するものとして持参人払式裏書が認められている（手12条3項，77条1項）。

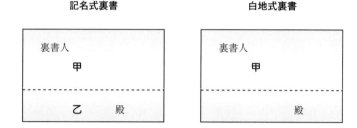

裏書は単純であることを要する。すなわち，裏書に条件をつけることは許されない。しかし，条件をつけた場合にも裏書が無効となるわけではなく，条件の記載のみが無効となる（手12条1項）。なお無担保裏書（手15条1項）など一定の記載については例外的に手形法上の効力が認められている。また，手形金額の一部についてなされる裏書（一部裏書）は無効とされる（手12条2項）。手形証券とその表彰する権利とが不可分とされる以上，一部裏書により手形上の権利の分割譲渡を認めることは不都合であるからである。

[4] 裏書の効力

裏書については，
① 権利移転的効力（手14条1項）
② 担保的効力（手15条1項）
③ 資格授与的効力（手16条1項）

の3つの効力が認められている。また，裏書によって手形を取得した者について，一定の要件のもとに，人的抗弁の切断（手17条），善意取得（手16条2項）の効力が認められている。前者は①の効力に，後者は③の効力に結びつけられる。③の効力に結びつく制度としては，ほかに善意支払（手40条3項）がある。

裏書の効力

(a) 権利移転的効力　　裏書によって，手形より生ずる一切の権利が移転する（手77条1項1号，14条1項）。この効力は裏書人の意思表示に基づくものである。

裏書による手形上の権利移転については，民法上の債権譲渡の場合（改民468条1項）と異なり，裏書人に対抗せられた人的抗弁（⇨XV章2[2]①）は原則として被裏書人に引き継がれて行かない（手17条，小22条）。裏書による権利移転に伴う効果として認められているこのような人的抗弁制限の法理をどのようにして説明するかについて，裏書を手形債権の譲渡としてとらえる「債権承継説」の立場によれば，手形法による抗弁制限の法理は手形取得者保護のために設けられた民法に対する例外的法理として説明されており，その理論的根拠として，権利外観法理が掲げられている（通説）（⇨XV章3）。

裏書に伴って手形外の権利も移転するものといえるかが問題となる。通説によれば，裏書の移転的効力は手形上の権利に限られることなどの理由から従たる権利の移転を否定している。これに対して，最近の学説のうちには，それぞれの場合の当事者の意思を基準として考えており，通常の場合の当事者の意思として従たる権利も手形上の権利とともに移転することを認めている。

(b) 担保的効力　　裏書人は，反対の文言なき限り，被裏書人およびその後者に対して引受および支払を担保する（手77条1項1号，15条1項）。裏書人の担保責任が具体化するのは，満期において手形の支払が拒絶されたり，満期前であっても手形が支払われないことが確実になった場合である（手77条1項4号，43条）。この場合，裏書人は手形保証人など他の遡求義務者とともに合同責任を負うことになる（⇨XVII章2[2]）。

このように裏書人が担保責任を負うことは，裏書人の意思表示に基づく効力ではなく，手形の流通促進のために，法が特に認めた効力であると解される

(通説)。

なお，担保的効力を排除または制限するものとして，「無担保裏書」と「裏書禁止裏書」との2つの方法が認められている（手15条1・2項）。

「無担保裏書」とは，手形法15条1項にいう「反対の文言」に該当するものである。すなわち，裏書人が「無担保」・「支払無担保」・「償還無用」などの文言を記載した裏書のことであって，この記載がなされた場合には，裏書人は被裏書人およびその後者に対して担保責任を負うことはない。

「裏書禁止裏書」とは，裏書人が新たな裏書をなすことを禁止する旨の記載をなした裏書をいう（手15条2項）。この記載によって手形が裏書できなくなってしまうわけではなく，その記載にかかわらず，手形は依然として裏書によって譲渡できるが，その記載をなした裏書人は自己の被裏書人に対してのみ担保責任を負うだけで，その後の者に対しては担保責任を負うことはない。

(c) 資格授与的効力　　資格授与的効力（手77条1項1号，16条1項）とは，手形の記載上被裏書人となっている者が手形を所持していることで，その者が手形上の権利者であるとの蓋然性が高いことに法が注目して，手形における権利行使の簡便さと流通性を確保するために，手形の記載上被裏書人たる者が手形を所持していれば，その者に手形上の権利者たる資格を法的に認めたものである。すなわち，手形の記載上，被裏書人たる者が手形を所持しているという外形的事実に法が認めた効力である。したがって，この効力が個別の裏書の外形について認められることに基づき，裏書が順次なされているという外形，すなわち，裏書の連続した手形を所持しているということについても認められる（通説，手16条1項参照）。

このことから，裏書の連続した手形の所持人は，自己に至るまでの権利移転の過程を実質的に証明しなくても，自己が裏書の連続した手形を所持しているという事実を主張している限り，手形上の権利を行使することができる（最判昭45・6・24民集24巻6号712頁）。この意味で，手形法16条1項の「看做ス」という文言は「推定ス」と読み替えられるべきである（通説）（法律上の権利推定とされる）。

これと関連して，裏書の連続した手形を所持していることによって，その所持人を権利者であると信じて手形を裏書によって取得した者について，たとえ

その裏書人が無権利者であったとしても，手形上の権利取得を認めることができる（手77条1項，16条2項，小21条，「善意取得」）（⇨3）。さらに，手形債務者にとっても，裏書の連続した手形の所持人を権利者であると信じて手形金を支払ったならば，たとえ手形所持人が無権利者であったとしても，免責される（手77条3項，40条3項，「善意支払」）（⇨XVI章5[2]）。

[5] 裏書の連続

(a) 裏書連続の意義　裏書の連続とは，手形面上の記載において，受取人が第一裏書人になり，その被裏書人が第二裏書人となるように，受取人から最終の被裏書人に至るまで，各裏書が間断なく続いていることをいう。

裏書の連続の有無は形式的に判断される。このことは，まずもって，各裏書が形式的に有効なものでなければならないことを意味している。すなわち，ある裏書が形式的に不適式であれば，その裏書記載は無効であり，裏書連続の判断の対象とならない。形式不備の裏書が介在している場合には，裏書の連続の判断は，その裏書を除外してなされることとなる。

裏書連続の例

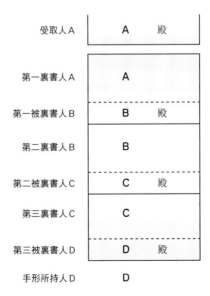

次に，裏書の連続が形式的に判断されるということは，裏書連続の途中に実質的に無効な裏書が介入していても，それによって裏書の連続は害されることはないということを意味している。たとえば，実在しない会社の裏書が介在していても裏書連続に消長をきたさない（最判昭 30・9・23 民集 9 巻 10 号 1403 頁）。

さらに，実質的には同一人によって裏書がなされていても，形式的に同一人と認められない場合には裏書の連続を欠くことになる。たとえば，P が自分のペンネームである「Q」という名で裏書署名したときに，その直前の被裏書人名が「P」であれば，裏書の連続を欠くことになる。

(b) 裏書連続の認定基準　裏書の連続に関する，直前の裏書の被裏書人名（あるいは受取人名，以下同様）とそれに続く裏書人署名との形式的同一性の判断は，絶対的かつ厳格になされなければならないわけではなく，被裏書人名と裏書人署名とが正確に一致しない場合でも，その差異が些細なものであれば裏書の連続があるとされている（名古屋高判昭 35・5・25 判時 230 号 30 頁）。

たとえば，①受取人「株式会社宇和島造船所」と裏書人「株式会社宇和島造船所東京出張所長中村省三」（最判昭 29・6・8 民集 8 巻 6 号 1029 頁），②被裏書人「万代食品工業株式会社鹿取久三郎」と裏書人「万代食品工業株式会社取締役社長鹿取久三郎」（最判昭 27・11・25 民集 6 巻 10 号 1051 頁），③受取人「ミツワ商品株式会社」と第一裏書人「ミツワ商品株式会社黒田知弘」（最判昭 56・7・1 判時 1014 号 128 頁），④受取人「愛媛無尽会社岡支店長」と裏書人「北宇和郡泉村岡善恵」（最判昭 30・9・30 民集 9 巻 10 号 1513 頁）について，それぞれ裏書の連続が認められている。①～③は法人名としての裏書の連続が認められているのに対し，④は個人名としての裏書の連続が認められている。

【設例 17】
以下のような場合の裏書の連続の有無が問題となった。

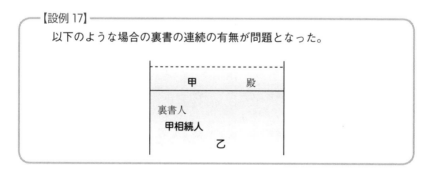

【設例17】は，被裏書人「甲」，次の裏書人「甲相続人乙」である場合，裏書の連続を認めることができるかという問題である。

以前の判例では，相続人であることを表示して裏書をすれば，それについて裏書の連続が認められるとしたものがある（大判大4・5・27民録21輯821頁）。相続人と被相続人とは同一人格が擬制されるとして，判例の立場に賛成する見解もある。

しかし，近時の多数説は，裏書不連続としている。その理由とするところは，裏書の連続に認められる形式的資格は，裏書による権利移転について認められる資格授与的効力の集積したものであるとされ，手形外の権利移転事由である相続によってはこのような効力を認めることはできないという点にある。

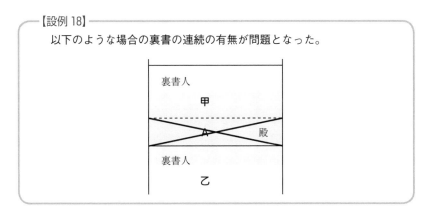

【設例18】は，記名式裏書の被裏書人の氏名が抹消されている場合をどうみるかという問題である。従来から学説上，被裏書人の氏名のみの抹消を裏書欄全部の抹消とみる立場（全部抹消説）と被裏書人の氏名のみの抹消によって当該裏書は白地式裏書となるとする立場（白地式裏書説）とが大きく対立していた。

判例は，かつては，抹消権限をもつ者による抹消の場合には当該裏書は白地式裏書となるが，無権限者による抹消の場合には当該裏書は，法律上，抹消されなかったものとして取り扱われるとする見解（権限考慮説）も唱えられていたが（大判昭2・3・29民集6巻243頁，等），近時の最高裁判決では，白地式裏書説をとることが明らかにされた。すなわち，「被裏書人の記載が抹消されたこ

とにより，当該裏書は被裏書人の記載のみをないものとして白地式裏書となると解するのが合理的であり，かつ，取引通念に照らしても相当であり，ひいては手形の流通の保護にも資することになる」というものである（最判昭61・7・18民集40巻5号977頁）。このように最高裁が白地式裏書説をとることを明らかにしたことで，学説上も，白地式裏書説をとるものが多くなってきた。

[6] 裏書の不連続と権利行使

裏書不連続の場合も，不連続部分の実質的権利移転を立証することによって，その部分が架橋されるとするのが多数説である（架橋説）。たとえば前記【設例17】で多数説によれば，裏書の連続が欠けていることになるが，このような手形によって権利を行使しようとする者は，甲から乙への相続がなされたことを証明すればよいことになる。

2 特殊な裏書

[1] 取立委任裏書

(a) 公然の取立委任裏書　　公然の取立委任裏書とは，裏書人が被裏書人に対して，手形上の権利を行使する代理権を授与することを目的としてなされる裏書のことであり，同様の目的をもって，通常の裏書の方式がとられる場合を「隠れた取立委任裏書」というが（後述），公然の場合は，裏書欄に「回収のため」「取立のため」など，その目的を表す文言を付記してなされる（手18条）。

一般の代理権授与に際しては，委任状が添付されるのが通常であるが，公然の取立委任裏書による場合は，委任状の添付によらず，被裏書人が裏書人の手形取立のための代理人としての地位を有することになり，裏書人のために手形上の権利を行使し得るのである。つまり，公然の取立委任裏書は，取立委任の目的を手形面上に明らかにすることによって，手形取引の安全性・明確性を阻害しないようにしつつ，裏書という制度を利用することによって被裏書人に取立の権限あるいは権利行使の資格を法的に認めようとするものである。

公然の取立委任裏書には，手形上の権利を移転する効力はなく，被裏書人は，

手形から生ずる権利を行使する代理権を取得するにしかすぎない。被裏書人には，その権利の行使のため形式的資格が与えられる（手16条1項）が，権利者でない以上，代理のための裏書（再取立委任裏書）をなすことができるだけである（手18条1項但書）。

公然の取立委任裏書の被裏書人は裏書人のために権利行使するにしかすぎないから，手形債務者は裏書人に対抗することができるすべての抗弁をもって，被裏書人に対抗することができる。一方，手形債務者は，被裏書人自身に対する人的関係に基づく事由をもって対抗することはできない（手18条2項）。

裏書人と被裏書人との間の取立委任関係は，委任者の死亡，行為能力の制限などの事由が生じても，手形取引の安全の見地から消滅しない（手18条3項）。

(b) 隠れた取立委任裏書

【設例19】
　AはBを受取人として約束手形を振り出し，AB間にこの手形を「見せ手形」として利用し，他に譲渡しない特約があったにもかかわらず，Bは，この手形をCに取立のため，裏書譲渡した。このBの裏書に際し取立の旨の記載はなかった。Cは手形所持人として，Aに手形金を請求している。

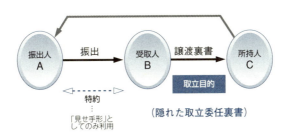

【設例19】のBのCに対する裏書は取立のためになされているが，この裏書に際し取立の旨の記載はなされていない。このような裏書は「隠れた取立委任裏書」と呼ばれている。

「隠れた取立委任裏書」は，形式上，通常の裏書がなされており，たとえ裏書の目的がその形式と異なっていても，この方式の裏書自体有効であることは学説・判例（大判明41・11・12民録14輯1154頁）ともに異論はない。しかし，

その法的性質については，以下の見解の対立がみられる。

▶ ㈠ **資格授与説**　取立委任という実質を重視すれば，隠れた取立委任裏書も，取立委任の目的でなされたものである以上，BからCへ手形上の権利は移転せず，被裏書人であるCには手形上の権利者たる資格とともに，自己の名をもって裏書人Bの権利を行使する権限（取立権）が与えられるにすぎないことになる。

　この見解によれば，【設例19】では，「公然の」場合と同様，AはCからの請求に対し，Bに対抗することができる抗弁（【設例19】では「見せ手形」の抗弁（特約違反の抗弁）⇨＊1）をすべてCにも対抗することができる。

> ＊1　**「見せ手形」の抗弁**　【設例19】のAB間には，Aが振り出した手形を「見せ手形」として利用する旨の特約がある。この意味するところは，もっぱらBの資金繰りのために手形を利用するが，その手形はBが資金を借りる場合に，その手形を見せてAの信用を利用してBが資金を借りやすくすることに使うだけで，それを他に譲渡しないこと，またBがAに対し手形金の請求をしないということにある。
> 　この特約に反してCに手形が譲渡された場合，そのBからCへの裏書が通常の裏書（譲渡裏書）であれば，AB当事者間には「見せ手形」の抗弁があり，そのような人的抗弁の存在を知ってCが手形を取得すれば，Cからの請求に対し，AはCの「害意」を理由として，手形金の支払を拒むことができる（手17条但書）。
> 　もっとも，BからCへの手形譲渡の態様によっては，Aの振出行為について意思表示の瑕疵を問題にする余地が出てくるかもしれない。この場合には，手形行為について意思表示の瑕疵に関する民法の規定（改民93条以下）が適用されるか否かを論じたうえ，このことを肯定する場合には，AB間には手形行為の無効あるいは取消の抗弁が成立することになる。
> 　そして，さらに手形の第三取得者の保護をはかることが要請される（表示主義の規定あるいは権利外観法理）。その場合，手形取得者CがAの意思表示の瑕疵を知っている場合には，AはCに対して，Cの「悪意」を理由として手形金の支払を拒むことができる。

▶ ㈡ **信託裏書説**　譲渡裏書という形式を重視すれば，隠れた取立委任裏書も譲渡裏書である以上，手形上の権利は被裏書人であるCに移転するのであり，BC間の取立委任関係は手形外の関係となる（通説，最判昭31・2・7民集

10巻2号27頁，同44・3・27民集23巻3号601頁）。

　この見解によれば，【設例19】の場合，手形上の権利はCに移転していると解されるので，抗弁制限の法理が適用される結果，Cに「害意」なき限り，AはBに対して有する抗弁をもってCに対抗し得ないことになる（手17条但書）。

　しかし，この結果を認めると，Bは自ら隠れた取立委任裏書の形式を利用することによって，自ら権利を行使する場合や公然の取立委任裏書を利用する場合には認められない債権の取立ができるという結果を生ずることとなり，妥当であるとはいえない。

　そこで，この見解によりながら，CのAに対する権利行使を認めないために，以下の見解が示されている。

① 裏書人と被裏書人との間に取立委任の関係が存在すること自体が，悪意の抗弁（手17条但書）を成立させると考える。

② 判例（大判昭9・2・13民集13巻2号133頁）では，被裏書人に裏書人より優越した地位を与えることは事理の許さないところであるとされている。

③ 隠れた取立委任裏書における被裏書人の実質的地位に注目し，抗弁制限の法理は固有の経済的利益を有する者のために認められるものであるが，隠れた取立委任裏書における被裏書人は裏書人のために権利を行使しているにすぎないから，固有の経済的利益を有しているとはいえず，したがって抗弁制限は認められないと考える（多数説）。

▶　(ハ)　新相対的権利移転説　　隠れた取立委任裏書における形式と実質の相違を，当事者間における効力の問題と第三者に対する効力の問題とに反映させ，隠れた取立委任裏書の場合，第三者との関係では手形上の権利は被裏書人に移転するが，裏書の当事者間では裏書人の許にとどまるとしつつ（大判大3・5・1民録20輯359頁「相対的権利移転説」），第三者の側から当事者間で権利移転がないことを主張することを妨げるものではないとする。この見解によれば，【設例19】の場合，AはCに対して無権利の抗弁（⇨XV章2[2]④）を主張することができる。

▶　(二)　有因論（竹内説）　　この見解は，手形理論における二段階創造説，すなわち，手形行為を手形債務負担行為と手形権利移転行為とに分け，前者は無因的行為であるが，後者は有因的行為であるとする理解を前提としており，

隠れた取立委任裏書における取立委任の関係は有因的行為である手形権利移転行為に反映し，BC 間での権利移転はないとする（竹内「隠れた取立委任裏書と人的抗弁」商法の判例（第3版）224頁）。

[2]　質入裏書

　質入裏書とは，手形上の権利の上に質権を設定する目的をもって，「担保のため」，「質入のため」など質権設定の趣旨を表す文言を記載してなされる裏書のことをいう（手77条1項1号，19条1項）。

　質入裏書がなされることによって，被裏書人は手形上の権利の上の質権を取得し，質権者として，手形より生ずる一切の権利を行使することができる（手77条1項1号，19条1項）。被裏書人は，手形上の権利者ではないが，質権者として自己の質権に基づく権利を行使し得る限りにおいて固有の利益が認められる。したがって，手形債務者は裏書人に対抗することができる抗弁をもって，債務者を害することを知らないで手形を取得した被裏書人には対抗することはできない（手77条1項1号，19条2項）。ただし，被裏書人は自身で手形上の権利を処分することはできず，その者のなした裏書は取立委任裏書としての効力しか認められない（手77条1項1号，19条1項但書）。

　質入裏書についても資格授与的効力が認められる。また，担保的効力も認められる（通説）。

　質入裏書についても，取立委任裏書と同様，公然の質入裏書と隠れた質入裏書が区別される。隠れた質入裏書とは，質入れの目的をもって通常の譲渡裏書の形式が利用されるものである。しかし，隠れた質入裏書の場合は，隠れた取立委任裏書の場合とは異なり，被裏書人には，質権者としての固有の利益が認められる。

　したがって，隠れた質入裏書の場合も，公然の場合と同様，抗弁切断の効果を認めて行くことができる。

[3]　期限後裏書

(a) 意義　期限後裏書とは，支払拒絶証書作成後または支払拒絶証書作成期間経過後になされた裏書のことをいう（手20条）。満期後の裏書が直ち

に期限後裏書となるわけではない。

期限後裏書は債権譲渡（改民466条，以下同様）の効力のみを有するものとされているが，その理由として，支払拒絶証書作成後または支払拒絶証書作成期間経過後（⇨XVII章3[2](a)）は手形としての流通は終了しており，通常の手形が有する流通力を認める必要がないことが掲げられている。期限後裏書であるかどうかは，手形に記載された日時によらず，実際に裏書がなされた日時によって決定される（通説，大判大8・2・15民録25輯82頁）。

なお，支払拒絶証書は手形の裏面の記載事項に接続して記載されるので（拒絶証書令3条2項），その後になされた裏書は，期限後裏書であると推定される。支払拒絶証書が作成されないとき，裏書に日付の記載があればその日に裏書がなされたものと推定されるが，日付の記載がないときは，手形法は，支払拒絶証書作成期間経過前に裏書がなされたものと推定している（手20条2項）。

(b) 効 力　期限後裏書についても権利移転的効力（手14条1項）は認められ，裏書人の有する一切の手形上の権利は被裏書人に移転する。また，このことと対応して，資格授与的効力（手16条1項）も認められる。しかし，期限後裏書による権利移転は，債権譲渡の効力しか有しないのであるから，担保的効力（手15条1項）や人的抗弁切断の効力（手17条）は認められない。したがって，期限後裏書の被裏書人に対し，手形債務者は，その者の善意，悪意を問わず，裏書人に対して有する抗弁を対抗することができる（大判大12・2・16民集2巻16頁）。

さらに，期限後裏書の被裏書人も善意取得（手16条2項）によって保護されるのかが問題となる。これを否定するのが通説・判例（最判昭38・8・23民集17巻6号851頁（小切手に関する事例））である。その理由は，期限後裏書には債権譲渡の効力しかなく，通常の手形が有する流通力は認められないことから，取引安全の考慮を必要とせず，善意取得も認められないということである。

> 【設例20】
> Aの所持していた約束手形がその支払場所であるB銀行に呈示され手形交換に回されたが不渡となり、その旨の付箋が付けられ、返還されてきた。Aはこの手形を、支払拒絶証書作成期間経過前にXに裏書譲渡し、Xはこの手形の振出人Yに手形金を請求した。Yは、AからXへの裏書は期限後裏書と同視できるとして、Aに対抗し得る人的抗弁をXにも主張し、手形金の支払を拒んでいる。

【設例20】で示されているように、手形がその支払のために支払場所である銀行に呈示（⇨XVI章1）され、交換にまわされた手形が不渡になり、不渡付箋が付けられ返還される手続は、手形交換所規則に基づいてなされる独特の集団的決済契約である手形交換の仕組みの中で行われている（⇨XVI章6[4]）。手形交換所での交換決済は、交換尻決済（⇨XVI章6[3]）によって終了し、これによって支払の効力が生ずるが、この効力は不渡による手形・小切手の返還を解除条件（民127条2項）として生ずるものである（通説）。

すなわち、資金不足などの理由で手形金額の引落しができない場合には、その手形を持出銀行に返還し、既に支払った資金の返還を受けて交換決済の組戻しを行うことになる（東京手形交換所規則52条参照）。手形が不渡返還される場合、不渡手形は、不渡事由が不渡手形返還添票（不渡付箋）に記載されたうえ、持出銀行に返還される（東京手形交換所規則施行細則59条参照）。

不渡付箋付手形について、裏書が支払拒絶証書作成期間経過前になされた場合この裏書は期限後裏書といえるか。先に述べたように、支払拒絶証書作成後または支払拒絶証書作成期間経過後になされた裏書が期限後裏書とされることから、この裏書は期限後裏書ではないように思われる。しかし、【設例20】でYが主張しているように、不渡付箋が付けられ手形面上支払拒絶がなされた事実が明らかにされている以上、期限後裏書の制度趣旨からすれば、支払拒絶証書作成期間経過前の裏書であっても、その裏書を期限後裏書と同様に取り扱ってもよいのではないかとも考えられる。

この点について、従来の下級審では、付箋などにより手形面上支払拒絶がなされた事実が明らかにされている以上、支払拒絶証書作成期間経過前になされた裏書であっても期限後裏書と同一の効力を有するとしたものが多かった（福

岡地判昭 35・2・29 下民集 11 巻 2 号 457 頁，等）。学説では，このような場合に，法の認める以外にも期限後裏書に準ずる場合のあることを認めようとする見解と不渡の事実が明らかにされていたとしても，支払拒絶証書作成期間経過前になされた裏書は，支払拒絶証書作成後でない限り，期限後裏書と同一視することはできないという見解とが対立していた。

　これに対して，最高裁は，後者の立場に立つことを明らかにした（最判昭 55・12・18 民集 34 巻 7 号 942 頁）。すなわち，最高裁は，その原審（大阪高判昭 53・12・14）が，手形法 20 条による要件設定は「これを以て形式的に明確な基準となるべき時点を定めようとする趣旨にほかならない」ので，法の認める以外の例外を肯定することはできないとしたことを正当として，支持したのである。

[4] 戻裏書

　戻裏書とは，既に手形の債務者となっている者（振出人・裏書人・引受人・保証人・参加引受人・支払保証人）に対してなされる裏書である（手 77 条 1 項 1 号，11 条 3 項，小 14 条 3 項）。戻裏書がなされることによって，手形の債務者たる地位と手形上の権利者たる地位とが同一人に帰することになり，一般原則によれば混同（民 520 条）によって手形債権は消滅することになるようであるが，転々流通する手形の性質上，所持人の地位は形式的なものとされており，戻裏書がなされても戻裏書を受けた者はさらに裏書によって手形上の権利を移転することができるものとされている。

[5] 裏書抹消による譲渡

　裏書人は自分以下の裏書を抹消した手形の返還を受けることによって，手形上の権利を再取得することができる（大判大 8・11・20 民集 12 巻 2718 頁）。このような裏書抹消による譲渡は，消極的裏書と呼ばれている。ただ，その法的性質については，指名債権譲渡と同様であるとする見解と裏書と同じ効力をもった一種の移転方法であるとする見解が対立している。

3 善意取得

【設例21】
　AはBを受取人として約束手形を振り出した。しかし，Cはこの手形をBから盗取し，BC間の裏書を偽造したうえ，これをDに裏書譲渡した。Dは，Bからの手形取得によって，手形上の権利を善意取得したとして，Aに対して手形金の支払を求めている。

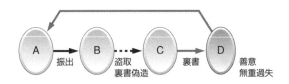

　振出人Aは手形の主たる債務者として，手形債権者に対して手形責任を負っている。したがって，AがDに対して手形責任を負うためには，Dが手形債権者ないし手形上の権利者である必要がある。しかし，【設例21】ではBC間の有効な権利移転行為がないため，Dが権利者であるためには，Dが手形上の権利を善意取得していなければならない。

[1] 善意取得の要件

手形の善意取得（手16条2項）の要件として従来から掲げられていたことは
① 手形法的取得であること
② 形式的資格があること
③ 無権利者からの取得であること
④ 善意・無重過失であること
であった。①は，手形取得者は，裏書または交付という手形法的流通方法によって手形を取得しなければならないということである。
　②は，手形取得者は，裏書の連続する手形の所持人，すなわち，形式的資格者（手16条1項）から手形を譲り受けなければならないということである。これに関し，譲渡行為の瑕疵も善意取得によって治癒されるかということが問題となる（⇨ [2]）。

④は，手形所持人が，手形を悪意・重過失なく取得したことである。この悪意・重過失の内容も，③について問題とされている譲渡行為の瑕疵が善意取得の適用対象とされるか否かによって異なってくる。

【設例21】で，Cは無権利者であるが，CがBC間の裏書を偽造しているので，Cから手形を取得するDからみれば，Cは手形上の権利者としての資格を有していることになる（⇨1［4］(c)）。そこで，Dが，Cは手形上の権利者であると信じて（あるいはそう信ずることについて重過失がなく）Cから手形を裏書によって譲り受けた場合には，Dの手形取得について手形法16条2項が適用され，手形上の権利を原始取得することが認められるのである。すなわち，手形法16条2項では，以上のような要件が充たされた場合に，取得者（D）は「手形を返還する義務を負うことなし」としている。その内容は，手形取得者による手形上の権利（通説によれば，手形債権）の取得であり，その反面としての，原権利者（B）の権利喪失である。

【設例22】
　前記【設例21】において，Dは未成年者であって，Dはこの手形をさらにEに裏書譲渡したが，これについて法定代理人の同意を得ていなかった。この手形の所持人Eは，Dからの手形取得に際して，Dは未成年者であり法定代理人の同意なく手形を裏書譲渡したことを知らなかった。Eは，手形上の権利者となったと主張して，Aに対して手形金の支払を求めている。

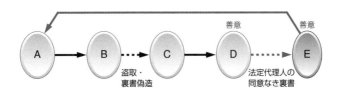

【設例22】では，手形所持人EがAに対する手形上の権利の善意取得を主張しているが，Eによる取得については，譲渡人Dが未成年者であり法定代理人の同意を得ないで裏書譲渡をなしていることから，いわゆる譲渡行為の瑕疵についても善意取得の適用があるかが問題となる。

[2] 譲渡行為の瑕疵と善意取得

　従来の通説は，善意取得が認められるためには，無権利者からの取得であることを要するものとしていた（制限説）。この見解は，手形法16条2項にいう「手形の占有を失いたる者」とは譲渡人以外のものを指すものとし，また，「所持人が前項の規定によりその権利を証明するときは」とは，所持人（手形譲受人）が裏書によって手形を取得しており，その手形取得については譲渡人が裏書連続に基づく資格者であることを前提とするものとしている。つまり，手形の譲渡人と譲受人との間の手形譲渡行為が有効であることを前提としつつ，形式的資格を有する譲渡人が実質的に無権利者である場合に，譲受人に対して善意取得による保護を与えるというのであって，譲渡行為の瑕疵は，善意取得の対象とはならないのである。

　これに対し，最近の多数説は，善意取得によって保護されるのは譲渡人の無権利者性のみならず，裏書人の代理権の不存在，行為能力の制限，意思の不存在，意思表示の瑕疵などの譲渡行為の瑕疵も善意取得による保護の対象となり，さらに，譲渡人の直前の被裏書人と実際の裏書人との人違い（同一性なきこと）にも及ぶものとしている（無制限説，最判昭35・1・12民集14巻1号1頁）。

　このような無制限説に対して制限説から以下のような批判がある。すなわち，
① 規定の構造上，手形法16条は，同条1項を前提としていることが明らかである，すなわち，同条1項による手形上の権利者であるとの資格を前提として，その権利者であることを信頼した者の保護を，同条2項によってはかっているのであるが，無制限説は，このような1項と2項との関連性を無視するものであること，
② 善意取得制度の歴史的沿革からすれば，「何人も自己の有する以上の権利を移転できない」とするローマ法上の原則を継受したことが出発点とされ，そこでは所有権の移転に関し公信力は全面的に否定されていたが，取引安全の要請から，ゲルマン法上の「他人を信頼して占有（ゲヴェーレ Gewere）を与えた者は，その信頼を与えた者だけから，その物の返還を請求することができる」という原理が優勢になっていった一方，自由意思によらないゲヴェーレ喪失の場合には無制限の返還請求が認められていたのであって，このような沿革に照らせば，善意取得制度は取引安全のために

無制限に拡大されたのではなく，占有喪失原因の区別をなくしたという程度であって，譲渡行為の瑕疵も善意取得による保護の対象とするというところまで至っているものではないこと，

③　無制限説の結論を認めると，無権代理，行為能力の制限，意思の不存在，意思表示の瑕疵に関する規定は無意味となること，

である。

しかし，無制限説によれば

①　手形法16条2項では「事由の何たるを問わず」とされており，このことは広く善意の取得者保護をはかる趣旨であると解されること，

②　善意取得制度の歴史的沿革は，原所有者による返還請求権の制限から，近代的な公信原則へと発展してきたものであって，その方向性からしても，手形・小切手取引の分野では善意取得制度のより一層の発展が要請されることから，譲渡行為の瑕疵なども広く善意取得による保護の対象とされるべきであること，

③　手形法16条2項で，「所持人が前項の規定によりその権利を証明するときは」といっているのは，そのまま善意取得者が裏書の連続により権利を証明することを要求されているとだけに読めるのであって，制限説のような解釈はかえって不自然であること，

との主張がなされている。

　【設例22】は【設例21】を前提とする。そこで，BC間の裏書が偽造されていることから，Cは無権利者である。CからDへの裏書譲渡に際し，【設例21】のように，DがCを権利者と信じて手形を取得すれば，Dは手形上の権利を善意取得する。これについては学説上異論はない。これに対して【設例22】では，Dが権利者であることを前提とするものの，DからEに対してなされた裏書は法定代理人の同意を得ないでなされたものであり，取り消すことができる行為となる（民5条2項）（通説）。

　しかし，【設例22】で示したように，上記事情についてEが善意で手形を取得したとすれば，先の無制限説によれば，この瑕疵も善意取得によって治癒され，Eは手形上の権利者として，Aに手形金を請求することができ，Aはこれに応じなければならないのである。なお，D自身が裏書人としての担保責任

を負わないことは，いずれの見解によっても同様である。

[3] 裏書不連続手形の善意取得

　裏書不連続手形について権利行使を認めて行くことができるか否かについて，裏書連続の効果が個別裏書に認められる資格授与的効力の集積したものであるとする通説の立場に基づいて，裏書不連続の場合も，不連続部分について実質的権利移転の立証があれば，その部分は架橋され，裏書連続と同様の効力が回復するとして，所持人による権利行使を認めて行く立場が多数である（架橋説⇨1 [6]）。

　問題となるのは，このような法律構成を，善意取得の場合にも認めることができるかということである。学説では，このことを肯定し，不連続部分について実質的権利移転の立証があれば，不連続部分は架橋され，善意取得が認められるとする見解が多い。

XIV　手形保証

1　手形保証の意義・方式

　手形債務を担保するために手形行為として行われる保証を手形保証という。すなわち，手形保証とは，手形上の債務を担保するため，それと同じ債務を負担することを目的としてなされる手形行為である（手30条1項，77条3項前段）。

　手形保証には「正式保証」と「略式保証」との2つの方式が認められている。「正式保証」とは，手形またはその補箋のうえに「保証」その他これと同一の意義を有する文句（手形保証文句）が記載され，かつ被保証人の名称が表示されたうえで，保証人が署名してなされるものをいう（手31条1項，2項，4項第1文，77条3項）。これに対して，「略式保証」とは，保証人の署名はなされているものの，手形保証文句や被保証人の名称が記載されていない場合をいう。

被保証人の名称が記載されていない場合，手形の表面になされた単なる署名は，それが振出人の署名であるとされる場合を除いて，振出人のための保証であるとみなされている（手31条3項，4項第2文，77条3項）。

なお，手形保証は手形金の一部についてもなすことができる（手30条1項，77条3項前段）。

正式保証

```
┌─────────────────────────────────────┐
│  約 束 手 形                        │
│  ┌───────────────────────────────┐  │
│  │                               │  │
│  └───────────────────────────────┘  │
│  振出人    振出人Aのために手形金額全額を保証します。│
│                                     │
│    A              保証人    甲      │
└─────────────────────────────────────┘
```

2 手形保証の従属性

手形保証人は被保証人と同一の責任を負うものとされている（手32条1項，77条3項）。このことから，以下のことが明らかとなる。

すなわち，裏書人のような遡求義務者（⇨XVII章2[2]）の手形保証人は，手形所持人が遡求の要件（手43条，44条，77条1項4号⇨XVII章3）を充たした場合にだけ責任を負う。約束手形の振出人が満期において弁済しないことによって，利息その他の費用（手48条，49条）を負わなければならないときには，振出人の手形保証人もこれと同額の責任を負わなければならない。保証債務の時効期間は被保証債務の時効期間と同じである。被保証債務が支払などの理由によって消滅するときは，保証債務も消滅する（最判昭45・6・18民集24巻6号544頁）。手形所持人は主たる債務者に対する支払呈示なくして手形保証人に対して請求することができる（民452条，454条参照，大判明37・3・5民録10輯302頁）。

3 手形保証の独立性

　手形保証は，被保証債務が方式の瑕疵によって無効である場合を除いて，その他のどのような理由で無効とされる場合であっても，それ自体は有効である（手32条2項，77条3項）。手形行為には，「独立性」と呼ばれる特性が認められている。それは，前提となる手形行為が実質的に無効であっても，それに続く手形行為の債務は，これによって無効となることはないというものである（手7条「手形行為独立の原則」⇨Ⅳ章3）。手形保証の独立性は，この一般的な手形行為の独立性を，手形保証についてさらに具体化したものである。

　これについて注意しなければならないことは，手形保証について独立性が認められるためには，手形自体について方式の瑕疵がないこととならんで，被保証手形債務自体についても方式の瑕疵がないことが必要とされるということである。たとえば，裏書人について保証した場合，その手形の振出行為は形式的に有効であっても，被保証債務を発生させる裏書について裏書署名が署名としての方式に則っていなかった場合（会社名だけの手書き，など）には，手形保証行為は無効となる。

4 手形保証人による抗弁の援用

> 【設例23】
> 　Aが振り出した約束手形の受取人Xは，Aの手形保証人Yに対して，手形金を請求した。この場合，Yは，AがXに対して対抗することができる人的抗弁を援用して，Xからの請求を拒んでいる。

　手形保証の従属性と独立性との限界例として問題になっているのは，被保証手形行為（【設例23】の場合は，AからXへの手形振出行為）は有効に成立しているものの，それに人的抗弁（⇨ⅩⅤ章2 [2]）が付着している場合に，手形保証人Yもまたその抗弁を主張して保証債務の履行を拒むことができるかどうかということである。

XIV 手形保証

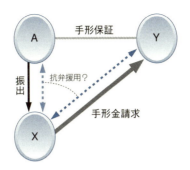

　判例は，かつてこのことを否定していた。すなわち，以前の最高裁判決（最判昭30・9・22民集9巻10号1313頁）は，手形保証の独立性を強調し，被保証手形行為が実質的に無効であっても，手形保証人が責任を負わなければならないとされている以上，被保証手形行為は有効に成立しており，それに人的抗弁が付着しているにしかすぎない場合に手形保証人が責任を負わなければならないのは当然であって，被手形保証債務について存在する人的抗弁を援用することはできないものとしていた。

　しかし，このような結果を認めると不都合が生ずる。この昭和30年の最高裁判決に従って，手形保証人が人的抗弁を援用できないとすると，手形保証人（Y）は手形所持人（X）に手形金を支払うことになる。しかし，その結果，手形金を支払った保証人は被保証人（A）に求償ができることになる（手32条3項）。その償還請求に応じた被保証人は，今度は，不当利得（民703条）を理由として，手形所持人が受領した金額の返還を求めて行くことになる。このような求償権の循環という不都合を回避するためには，手形保証人の手形金支払を認めない方が望ましい。

　そこで，現在では，この場合に，手形保証人はいわゆる権利濫用の抗弁を主張することができるものとされている（最判昭45・3・31民集24巻3号182頁，なお，同昭43・12・25民集22巻13号3548頁参照）。すなわち

　　「将来発生することあるべき債務の担保のために振り出され，振出人のために手形保証のなされた約束手形の受取人は，手形振出の右原因関係上の債務の不発生が確定したときは，特別の事情のない限り，爾後手形振出人に対してのみならず手形保証人に対しても手形上の権利を行使すべき実質

的理由を失ったものである。しかるに，手形を返還せず手形が自己の手裡に存するのを奇貨として手形保証人から手形金の支払を求めようとするが如きは，信義誠実の原則に反して明らかに不当であり，権利の濫用に該当し，手形保証人は手形受取人に対し手形金の支払を拒むことができるものと解するのが相当である」

とされたのである。

　この昭和45年の判決は，後者の抗弁（⇨XV章6）に関する昭和43年の最高裁判決を引用しているが，それはいずれも手形所持人が自己の手残り手形を利用して権利行使することが権利濫用となるという構成を使っていることが共通している。また，前記昭和30年判決との関係で注意しなければならないのは，昭和45年判決においても手形保証行為の独立性が維持されているということである。ただ，昭和45年判決は，昭和30年判決とは異なり，結果の妥当性を重視して，そこに権利濫用論をもってきているのである。学説も，昭和45年判決と同様，手形保証人が権利濫用の抗弁を主張することで所持人の請求を否定するという見解が多数である。

5　隠れた保証

　手形保証について「正式保証」と「略式保証」との2つの方式が定められているにもかかわらず，実際には手形保証という形式をとらず，共同振出や裏書など他の手形行為の形式をかりて事実上の保証がなされることも多い（隠れた手形保証）。なぜなら，あからさまに保証をすることを手形面上に明らかにすることで，かえって被保証手形債務者の信用の不安定さが示されることになるからである。隠れた保証がなされた場合には，その法律関係は，保証という実質によるのではなく，振出や裏書といった手形行為の形式に基づいて判断される。

XV 手形抗弁

1 「手形抗弁」とは

これまでは，手形が振り出され，流通に置かれる過程において，手形法上どのような法制度があるのか，それに関わる者についてどのような法律効果が認められるかについて，概観してきた。本章では，手形がその流通を終えて最終の支払の段階で，手形によって請求を受ける者が，手形金を請求してきた者に対して，その請求を拒むことができるさまざまな場合について考えて行くことになる。

「手形抗弁」とは，手形によって請求を受けた者が，その請求を拒むために主張し得る事由のことをいう。誰が，どのような場合にどのような抗弁を主張ないし対抗して行くことができるのであろうか。

2 手形抗弁の種類

手形抗弁は，物的抗弁と人的抗弁に分けられる。

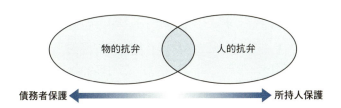

[1] 物的抗弁とは何か

物的抗弁とは，特定の手形債務者からすべての手形所持人に対して対抗することができるものをいう。物的抗弁には次のようなものがある。

> ①　手形要件が欠けていること，有害的記載事項が記載されていること，満期が未だ来ていないこと，支払場所以外で手形が呈示されていること，署名方式に瑕疵があること，無担保文句が記載されていること，一部支払などの記載があること，等。

①　これらの事柄は，手形面上から明らかなものであるので，そのことは誰から請求を受けても主張することができるわけである。たとえば手形要件が欠けている手形によって請求を受けた者は，その手形は要件が欠けていることを抗弁として主張することによって手形金請求を拒むことができる。

> ②　手形債務者によって適法に手形金額が供託されていること（手42条），除権決定によって手形として失効していること，手形上の権利が時効により消滅したこと，等。

②　これらの事項は，①の場合と異なり，手形面上明らかではない。そこで，たとえば除権決定による手形の失効（非訟118条1項）を知らないで手形を取得した者が手形金を請求した場合であっても，除権決定によって手形が既に失効したことを抗弁されることによって，手形金を支払ってもらえないことになってしまい，なにも知らないで手形を取得しその手形で請求をなした者にとって酷ではないかとも考えられる。しかし，その取得者を保護してしまうと，そのことで逆に，法律上認められている除権決定の効果やさらにいえば除権決定制度の存在意義を失わせてしまうことになる。したがって，除権決定制度や時効制度（⇨XVII章1＊1）などの一定の制度上の利益に結びつけられた事由は，物的抗弁事由として，すべての手形所持人に対して対抗することができるものとされているのである。

> ③　手形が変造されていること。

③　手形の記載事項が変造されていることを主張することである。たとえば，振出人は変造前の記載に基づく責任を負っているが，変造後の記載に基づく責任を負っていないので（手69条），変造後の手形を取得し，その手形に基づいて手形金を請求してきた者に対しては，自分は変造前の記載によって責任を

負っているので，変造後の記載に基づく責任はないと主張することができるのである。

> ④ 手形行為者に意思能力が欠けていること，制限行為能力者であること，偽造による署名であること，無権代理による手形行為であること，等。

④ これらの抗弁が物的抗弁とされていることは，②の場合と同様，手形所持人の保護よりも，手形債務者の利益や一定の法律制度上の利益の保護をより優先すべきことが理由とされている。ただ，偽造，無権代理について，表見代理，表見偽造が成立する場合があるが，この場合には，表見代理，表見偽造によって保護される手形所持人から手形金を請求された者は，偽造，無権代理を主張して手形金の支払を拒むことができない。その限りで，これらの抗弁は人的抗弁化されている。なお，後記 [2] 人的抗弁の③および＊1（235頁）参照。

[2] 人的抗弁とは何か

人的抗弁とは，特定のまたはすべての手形債務者から特定の手形所持人に対抗することができるものをいう。言い換えれば，この抗弁が存在するからといって，そのことを主張して誰に対しても手形金の支払を拒むことはできないが，それぞれの抗弁に関わる一定の範囲の手形金請求者に対しては抗弁があることを主張して手形金の支払を拒むことができるものである。たとえば，Aによる手形金請求に対しては，抗弁を対抗することができるが，Aから手形を譲り受けたBによる手形金請求に対しては，同じ抗弁を対抗することができないとすれば，その抗弁は人的抗弁ということになる。

人的抗弁には次のようなものがある。

> ① 原因関係が無効・不存在あるいは消滅したこと，特約が存在すること，相殺がなされること，対価が交付されていないこと，融通関係が存在すること。

① これらの抗弁は伝統的に手形法17条にいう「人的関係ニ基ク抗弁」に属するものと解されている。つまり，手形法17条が予定する典型的な人的抗弁である。それゆえ，これらの抗弁は，手形法17条による抗弁制限の法理

(⇨ 3) に服する。

② 原因関係が不法であること。

② この抗弁の例として信託法10条（旧11条）違反の裏書であることを理由とする抗弁がある。判例は，隠れた取立委任のための手形の裏書が訴訟行為をなさしめることを主たる目的としてなされた場合には裏書行為自体が無効となるものとしている（最判昭44・3・27民集23巻3号601頁）。多数説も同様である。

③ 交付行為が欠けていること，手形行為について意思表示の瑕疵があったこと，手形行為が利益相反取引にあたるにもかかわらず株主総会，取締役会の承認がないこと，手形金が既に支払われていること，等。（手形債務の有効性に関する抗弁）

③ これらの抗弁が人的抗弁とされていることは，先に掲げた物的抗弁の④とは逆に，手形債務者の保護よりも，手形所持人利益の保護をより優先すべきことが理由とされている。たとえば，約束手形に振出人として署名した者は，その手形交付行為が欠けていることをもって，そのことを知らないで手形を取得した手形所持人に対抗することはできない。

ここで注意しなければならないのは，人的抗弁の①については，手形法17条の規定が適用されるのに対し，ここで掲げた抗弁が人的抗弁となるのは，つまり善意の手形所持人への手形の移転によって抗弁が制限されるのは，手形法17条の規定が適用されるからではなく，それぞれ別個の法理や規定が適用される結果であるということである。たとえば，上記の交付行為が欠けているという抗弁が制限されるのは，権利外観法理の適用の結果である（⇨ ＊1）。

④ 手形所持人が手形上の権利者ではないこと。

④ 手形所持人が手形上の権利者ではないことを理由とする抗弁である（無権利の抗弁）。この抗弁は，手形取得者が手形法16条2項による善意取得の保護を受け，手形上の権利者になれば，結果的に主張することができなくなるので，人的抗弁に属する。

＊1 新抗弁論（有効性の抗弁） 先に述べたように，手形抗弁を人的

抗弁と物的抗弁に分けるのが一般である。これに対して，物的抗弁の④や人的抗弁の③のような手形債務自体の成立や存続に関わる抗弁（有効性の抗弁）を別個のグループとして区分し，これについて手形法17条とは別の善意者保護の主観的要件（たとえば，権利外観法理，手10条）をあてがって行こうとする考えがある。このような「新抗弁論」といわれる考え方は，ドイツでは支配説的な地位を占めてきた。しかし，わが国では少数説にとどまっている。

3 人的抗弁の制限

人的抗弁の①に属するものは，その抗弁が制限される。つまり，一定の手形取得者に対しては，その抗弁を主張することができなくなる。このことの根拠となる規定として，手形法17条を掲げている。同条は，「前者ニ対スル人的関係ニ基ク抗弁」が善意の手形所持人に対して制限される旨規定している（手17条）（「手形抗弁の制限」）。

それでは，手形法17条によって人的抗弁が制限されることは，どのように説明されてきたのであろうか。

通説とされる債権承継説（手形の移転によって，前者の有していた手形債権が後者に譲渡され，移転して行くという考え方）によれば，手形が手形授受の当事者の許を離れて転々流通して行くことは，手形上の権利すなわち手形債権が譲渡される過程であるとして位置づけられる。ここで，手形上の権利の譲渡が民法上の債権譲渡（改民466条）と同様のものであるならば，債権はその同一性を保ったまま譲り渡されて行くことになり，債務者は譲渡人に対して有している抗弁のすべてを譲受人に対してそのまま対抗することができる（改民468条1項参照）。しかし，手形上の権利移転に伴い抗弁関係も承継されるとすると，手形の経済性が阻害される結果を導く。すなわち，手形にあって，善意で手形を譲り受けた者が，自己の知らない抗弁を債務者から主張されるようなことになり，手形の流通は阻害されてしまうことになる。そこで手形法は，人的抗弁の制限を定めることによって（手17条），善意の手形譲受人には抗弁の付着していないいわばきれいな権利が移転するものとし，手形取引の安全をはかり，

手形の流通性を高めたとされるのである。この構成の理論的根拠として「権利外観法理」が掲げられている（通説）。

人的抗弁の制限

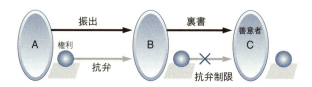

4 悪意の抗弁

【設例24】
　AがBに対して請負契約に基づく代金の支払のために約束手形を振り出し，BがこのDRAFT手形をCに裏書譲渡した。CがBから手形を取得する際に，AB間で請負契約の目的物の引渡がないことを知って手形を取得した。Cからの手形金請求に対し，AはCの「悪意」を理由に手形金の支払を拒んでいる。

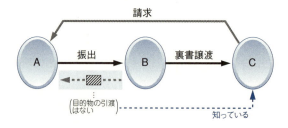

　悪意の抗弁とは，手形法17条の抗弁制限の法理に服する抗弁（前記，人的抗弁①）が，手形の譲渡に際して，「債務者ヲ害スルコトヲ知リテ」手形を譲り受けた者に引き継がれていく場合，その引き継がれた抗弁を総称していうものである。
　抗弁制限の法理は，手形取引の安全をはかるために，一般原則とは逆に，手形抗弁は手形債務の譲渡とともに譲受人に引き継がれていかないことを明らか

にしたものである。したがって，手形取引の安全，すなわち，手形取得者の保護をはかる必要がない場合には一般原則に戻り，手形抗弁はそのまま譲受人に引き継がれて行くと考えるべきである。とりわけ，手形を取得する際に抗弁が存在することを知りながらあえて手形を譲り受けた悪意の手形取得者を保護する必要はない。そこで，手形法はその者について手形法17条但書の要件を充たした場合に抗弁が承継されることを明らかにしている。その結果，手形債務者はそのような手形取得者に対してはその前者に対抗し得た抗弁をそのまま対抗することができることになる（通説）。

　このような悪意の抗弁が成立するためには，手形の譲受人が「債務者ヲ害スルコトヲ知リテ」手形を取得したことが必要である（手17条但書）。これについて，判例（大判昭16・1・27民集20巻1号20頁，同昭19・6・23民集23巻14号378頁，等）は，原則的に，前者の抗弁の存在を知って手形を取得すれば悪意の抗弁は成立するとしながら，「特別の事情」のある場合に例外を認めるという態度をとってきた。学説では，手形取得者が，満期において債務者が抗弁を主張することが客観的に確実だという認識を有していたと認められることが必要であると解している。そして，そのような認識が形成されるために人的抗弁の了知だけで足りる場合と，ほかに附加的事実の了知があってはじめて形成される場合とが区別されている（いわゆる「河本フォーミュラ」）。【設例24】は，上記の（Aによる）抗弁主張の客観的確実性の認識が，附加的事実の了知があってはじめて形成される場合である。つまり，【設例24】で，CがBから手形を取得する際に，AB間で請負契約の目的物の引渡がないことを知って手形を取得しただけでは，（Aによる）抗弁主張の客観的確実性の認識は形成されていない。なぜなら，Cの手形取得時には目的物の引渡がなかったとしても，手形の満期までに目的物が引き渡される可能性があるからである。これに対して，Cが，手形取得時に目的物の引渡がないことだけでなく，AB間の請負契約が必ず解除されることを知っていた場合には，Cには（Aによる）抗弁主張の客観的確実性の認識があったことになり，悪意の抗弁が成立する。

5 融通手形の抗弁

【設例25】
Bは金銭の融通のため，Aに頼んで約束手形を振り出してもらい，その手形をCに割り引いてもらった。Cは，Bから手形を取得するときに，その手形が融通手形として振り出されたことを知っていた。Cからの手形金請求に対し，AはCの「悪意」を理由に手形金の支払を拒んでいる。

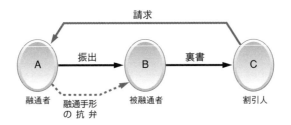

[1] 融通手形の意義

融通手形が振り出される場面は，今までのように手形が商取引の決済手段として利用される場面とは異なる。融通手形は，たとえば，融通者（【設例25】では，A）が被融通者（【設例25】では，B）に対して約束手形を振り出し，被融通者が，融通者の信用を利用して，この手形を割引人（【設例25】では，C）によって割り引いてもらうことによって融通目的を達しようとする場合に，利用されるものである。融通手形が相互に振り出され，それを受け取った双方の者が手形を割り引くことによって，融通の目的を達しようとすることもある。このように融通手形が交換的に振り出される場合の手形を特に「交換手形（相落手形，書合手形）」という。融通手形は，手形が割り引かれること，すなわち振り出された手形が，融通当事者以外の者に譲渡されることを前提としている。

交換手形

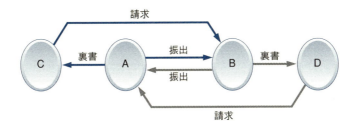

[2] 融通手形の抗弁

　一般に，融通手形として約束手形が振り出された場合，融通当事者である受取人（被融通者B）が直接振出人（融通者A）に対して，手形金の請求をしてきたならば，振出人はこの手形が融通手形として振り出されたことを主張して，受取人からの手形金請求を拒むことができる。このような「融通手形の抗弁（融手の抗弁）」の法的性質については特殊抗弁説と一般抗弁説との対立が見受けられ，さらに最近の有力説として，融通契約違反説も主張されている。

① 特殊抗弁説

　従来の通説的見解は，融通当事者間における融通手形の抗弁を「生来的に人的な抗弁」であると解していた。すなわち，その抗弁は融通手形の性質上，全くその当事者限りのものであり，手形債権の移転とともに移転して行くものではない（債権承継説を前提とする）。つまり，融通手形の抗弁は手形法17条における人的抗弁とは異なる特殊な抗弁であり，17条但書にいう悪意の抗弁が成立する余地はない。したがって，割引人（C）が被融通者（B）から手形を割り引くにあたって，その手形が融通手形であることを知っていたとしても，振出人（A）は，その割引人（C）からの手形金請求を拒むことができない。

② 一般抗弁説

　多数説は，融通手形の抗弁を手形法17条における人的抗弁と同じものであるとする一般抗弁説である。ただ，この見解によっても，割引人（C）が融通手形であることを知りつつ割引に応じただけでは，17条但書にいう悪意の抗弁は成立しないものとされている。これはいわゆる「河本フォーミュラ」（⇨4）の適用によれば，この場合は，手形取得者の満期における債務者の抗弁

主張の客観的確実性の認識が形成されるためには，人的抗弁の了知だけでは足りず，ほかに附加的事実の了知があってはじめて形成される場合にあたるものとされているからである。

③ 融通契約違反説

この見解は，融通手形の抗弁の内容を，融通当事者間で締結される融通契約の違反にかからしめるものである。この見解も，融通手形の抗弁を手形法17条における人的抗弁と同じものであるとしている点で，一般抗弁説に属するものであるといえる。しかし，割引人が融通手形であることを知りつつ割引に応じただけでは17条但書にいう悪意の抗弁は成立しないとすることの理由づけとして「河本フォーミュラ」を持ち出さず，あくまで融通契約違反を基準としている点に特色がある。この見解によってみれば，割引人（C）が融通手形であることを知りつつ割引に応じただけでは，融通契約違反の状態は生じていないことから，抗弁成立の要件は充たされていないことになる。

[3] 債務者が抗弁を主張できる場合

①～③の見解いずれによっても，割引人（C）が融通手形であることを知りつつ割引に応じただけでは，振出人（A）は，割引人（C）からの手形金請求を拒むことができない。それでは，振出人（A）が割引人（C）からの手形金請求を拒むことができる場合があるのか。

この点で，振出人が割引人からの手形金請求を拒むことができる場合として以下のような場合が掲げられている。すなわち，(i) 交換手形の振出に際し，振出当事者間でかわされた手形買戻ないし決済資金提供の約定違反があることまたは当然に違反となるべき事実があることを知りながら第三者が手形を取得した場合（最判昭42・4・27民集21巻3号728頁），(ii) 割引人たる第三者が融通手形であることを知っていたにもかかわらず，対価を交付せずに手形を取得した場合（大阪高判昭40・7・15金判420号9頁，傍論として広島高岡山支判昭39・6・25高民集17巻5号282頁），(iii) 満期（正確には支払拒絶証書作成期間経過後）以降に融通手形を譲り受けた場合（大阪高判昭44・12・17下民集20巻11=12号928頁），(iv) 融通目的が達成された後受け戻された手形が再度金融の目的に利用されることを知りながら第三者が手形を取得した場合（最判昭40・12・21民集

XV 手形抗弁　241

19巻9号2300頁），である。

　これらの場合，特殊抗弁説（前記①）によれば，債務者は割引人ないし第三者からの手形金請求に対し，信義則違反を理由とする抗弁ないし一般悪意の抗弁を対抗して行くと解される。これに対し，一般抗弁説（前記②）によれば，上記の（i）〜（iv）の事情が手形法17条但書による悪意を形成するための附加的事実にあたると解される。また，融通契約違反説（前記③）によれば，上記の（i）〜（iv）の事情が融通契約違反という状況を生ぜしめることになるので，そのことを知って手形を取得した者に対して，債務者は手形法17条但書による悪意の抗弁を主張することができると解される。

6　後者の抗弁

【設例26】

　AがBに対して約束手形を振り出し，BはこれをCに裏書譲渡したが，BC間の裏書行為の原因関係が消滅した。手形所持人Cは，振出人Aに対して手形金を請求している。

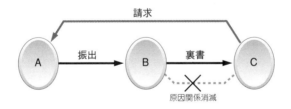

　【設例26】の場合に，もし原因関係の当事者であるBC間で，CからBに対して手形金請求がなされたのならば，Cの請求に対してBは原因関係消滅の抗弁を主張することができる。この原因関係に基づく抗弁は，手形法17条の適用対象となる人的抗弁である（通説）。しかし，【設例26】では，Cが，Bではなく，振出人Aに対して手形金を請求している。この場合に，Aは，BがCに対して主張することができる抗弁を，Cに対抗することはできないとするのが一般である。つまり各手形債務者は，自己の有する抗弁を主張し得るだけ

であって，他の手形債務者の抗弁を援用できないのである。このことを「人的抗弁の個別性」という（大判昭16・1・27民集20巻25頁）。

しかし，【設例26】のような事例について判例は「自己の債権の支払確保のため，約束手形の裏書譲渡を受け，その所持人となった者が，その後右債権の完済を受け，裏書の原因関係が消滅したときは，特別の事情のない限り爾後右手形を保持すべき何らの正当な権限を有しないことになり，手形上の権利を行使すべき実質的理由を失ったものである。然るに，偶々手形を返還せず手形が自己の手裡に存するのを奇貨として，自己の形式的権利を利用して振出人から手形金の支払を求めようとするが如きは，権利の濫用に該当し，振出人は，手形法77条，17条但書の趣旨に徴し，所持人に対し，手形金の支払を拒むことができるものと解する」とし，いわゆる権利濫用の抗弁によって，AはCからの請求を拒むことができるとしている（最判昭43・12・25民集22巻13号3548頁）。つまり，BC間の原因関係が消滅すれば，CはBに手形を返さなければならないのに，返さないでおいて，その手形を利用して，Aにかかって行くのは，権利の濫用であるというのである。学説においてもこの見解を支持するものが多い。

7 二重無権の抗弁

【設例27】
　AがBに対して約束手形を振り出し，BはこれをCに裏書譲渡したが，AB間の振出行為の原因関係が消滅し，さらにBC間の裏書行為の原因関係も消滅してしまった。手形所持人Cは，振出人Aに対して手形金を請求している。

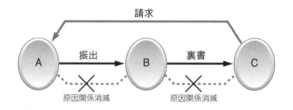

XV 手形抗弁

判例は,【設例27】のようないわゆる「二重無権 (Doppelmangel)」の事例について，AはBに対して有する抗弁をもって，Cに対抗することができるとしている。すなわち,

「Aは手形振出の原因関係消滅の抗弁をもって，受取人たるBに対してのみでなく，Bから右手形の裏書譲渡を受けたCにも対抗し，手形債務の履行を拒むことができるものと解するのが相当である。けだし，かかる原因関係に由来する抗弁は，本来直接の相手方に対してのみ対抗しうるいわゆる人的抗弁たりうるにすぎないが，人的抗弁の切断を定めた法の趣旨は，手形取引の安全のために，手形取得者の利益を保護するにあると解すべきことにかんがみると，前記のように，自己に対する裏書の原因関係が消滅し，手形を裏書人に返還しなければならなくなっているCのごとく，手形の支払を求める何らの経済的利益も有しないものと認められる手形所持人は，かかる抗弁切断の利益を享受しうべき地位にはないものというべきだからである」

としている（最判昭45・7・16民集24巻7号1077頁）。

注意しなければならないのは，この判例で「Cのごとく，手形の支払を求める何らの経済的利益も有しないものと認められる手形所持人」といっていることである。Cに「経済的利益」のないことが，BC間で抗弁切断の効果を認めない理由とされているのである。この「経済的利益」という表現について，以前に隠れた取立委任裏書について「固有の経済的利益」について述べたことを思い出してもらいたい（⇨【設例19】）。すなわち，隠れた取立委任裏書の法的性質として信託裏書説をとったうえ，取立当事者間に抗弁切断の効果を認めない理由として持ち出されていたのが，被裏書人に「固有の経済的利益」がないことだったのである。【設例27】のCや，隠れた取立委任裏書の被裏書人（【設例19】のC）のように，一定の経済的利益が認められない者については，人的抗弁切断の効果を認めるべきではないとされているのである。

XVI 手形の支払

1 手形の呈示

　これまで論じてきたように，手形は商取引の決済手段として利用されるのが通常である。そこで，手形がその決済手段としての使命を果たすためには，手形が最終的に決済されなければならない。この決済の場面が，手形の支払の場面である。すなわち，手形上に表彰されている金銭債権としての手形債権が行使され，これに対する手形債務者がその債務を履行すること，すなわち手形金が支払われることによって，手形が決済されたことになり，手形上の法律関係が消滅するのである。手形法は，そのような手形の決済がなされるために，いつ，どこで，どのようにして手形債権を行使すればよいか，どのようにして債務が履行されるのかについて，基本となる規定を置いている。

　そこで，手形債権の行使は，手形の呈示という方法によって行われるべきものとされている。すなわち，手形上の請求をなしたり，遡求権（⇨XVII章1）を保全しようとする手形所持人は，必ず手形証券を呈示しなければならない（呈示証券性）。手形の呈示のうち，支払呈示期間内に，約束手形の振出人や為替手形の支払人，引受人のような手形の支払をなすべき者に対してなされる呈示が，「支払呈示」，支払のための呈示である。もちろん約束手形の振出人や為替手形の引受人のような手形の主たる債務者や，それらの者の手形保証人に対しては，支払呈示期間が過ぎてしまってからでも，手形上の権利が時効によって消滅してしまうまでは，手形を呈示し手形金の請求をすることができる。この場合の呈示を「請求呈示」という。

　裏書人やその他の遡求義務者に対する償還請求（⇨XVII章1）をなすためには，支払呈示期間において支払呈示をなしておく必要がある。また，支払呈示がなされることで，手形の主たる債務者を遅滞に陥らせるとともに（手48条1項2号，77条1項），時効の完成を猶予させる効果が生ずる。

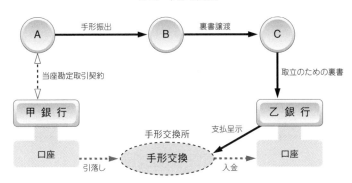

　このような支払呈示期間における支払呈示に基づく支払が，手形の正常な経過における支払である。したがって，満期前には手形債務者は，支払を受ける必要はない（手40条1項，77条1項）。たとえ，満期前に支払がなされても，その支払をなす者は，自己の危険においてなすものとされる（手40条2項，77条1項）。

2　支払呈示期間

　支払呈示がなされるための期間（支払呈示期間）は，それぞれの手形の満期日の決定の仕方によって異なっている。すなわち，確定日払手形（平成17年4月1日というような確定の日を満期とする），日付後定期払手形（振出の日後1ヶ月とか3ヶ月とかの手形に記載した期間の末日を満期とする）および一覧後定期払手形（振出の日から定められた期間内に一覧のための呈示がなされ，その呈示の日から手形に記載された期間の末日を満期とする）の場合には，支払をなすべき日とそれに続く2取引日が支払呈示期間となる（手38条1項，77条1項）。一覧払手形（支払のための呈示のあった日を満期とする）の場合，支払呈示期間は振出日から1年間であるが，振出人はその期間を延長したり短縮したりすることができるし，裏書人もそれを短縮することができる（手34条1項，77条1項）。また，国内小切手の場合，振出日付後10日間が支払呈示期間となる（小29条1項）。

　たとえば，平成30年10月14日を満期とする確定日払手形の支払呈示期間はどのように算定されるか。この場合満期日は日曜日（取引の行われていない

日) となるから,「支払をなすべき日」は翌日の 15 日となる (手 72 条 1 項, 77 条 1 項)。そして,それに続く 2 取引日は,10 月 16・17 日であるから,この手形の支払呈示期間は,10 月 15 日から 17 日ということになる。

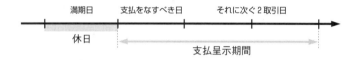

支払呈示期間の算定

3 支払呈示と支払地・支払場所

　手形の支払のための呈示は,原則として,為替手形の引受人や約束手形の振出人など支払をなすべき者の,支払地内における (手 1 条 5 号, 75 条 4 号),債務者の現在の住所でなされるべきものとされている (改民 520 条の 8) (平成 29 年改正前商法 516 条 2 項は削除された)。しかし,支払をなすべき者の取引銀行が支払場所 (「第三者方払文句」手 4 条, 27 条, 77 条 2 項) として指定され,支払場所とされた欄に銀行の営業所名が記載され,あるいは統一手形用紙の場合,営業所名があらかじめ印刷されている (⇨V 章 1)。

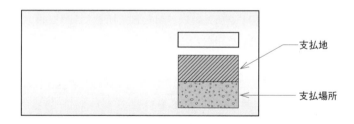

4 支払呈示期間経過後の支払地・支払場所の効力

【設例 28】
　満期日が平成 30 年 10 月 15 日と記載された約束手形の所持人 X は，平成 30 年 10 月 18 日にこの手形を，支払場所に呈示した。X は，この手形の振出人 A に手形金の支払を拒否されたが，A の附遅滞に係る責任を追求しようとしている。

　【設例 28】で問題となっているのは，X によってなされた手形の呈示が，支払呈示としての効力を有するか否かということである。この手形の支払呈示期間は，先ほどの算定例から明らかなように，平成 30 年 10 月 15 日から 17 日である。しかし，X は，10 月 18 日に A に手形を呈示している。そこで，支払呈示期間経過後に支払場所になされた支払呈示は有効であるかについて考慮しなければならない。もし，X による手形の呈示が正規の支払呈示として，認められなければ，附遅滞の効力（有効な支払呈示があったにもかかわらず支払わないがゆえに遅滞の責任が負わされる効力）はなくなる。

　この判断の前提として問題となるのは，支払呈示期間経過後における支払地および支払場所の効力である。この点について，最高裁昭和 42 年 11 月 8 日判決（民集 21 巻 9 号 2300 頁）では，支払場所の記載は支払呈示期間の経過とともに失効するとの判断を下しており（⇨＊1），また学説も支払場所のみならず支払地の記載についても，支払呈示期間の経過とともに失効すると解している（⇨＊2）。

　このことを【設例 28】に当てはめてみれば，支払呈示期間の経過によって支払場所の記載は無効となるので，X が手形を支払場所として記載されている場所に呈示したとしても，その呈示は支払呈示としての効力はなく，それゆえ，X が A の附遅滞を問題にすることもできない。

　　＊1　**判例の理由づけ**　　最高裁昭和 42 年 11 月 8 日判決は，「支払呈示期間経過後は支払場所の記載のある手形も，本則に立ちかえり，支払地内における手形の主たる債務者の営業所または住所において（平 29 改正前商 516 条 2 項）支払われるべきであり，したがって支払の呈示もその場所で手形の主

たる債務者に対してなすことを要し，支払場所に呈示しても適法な支払の呈示とは認められず，手形債務者を遅滞に附する効力を有しない」と判示している。同判決が支配場所の記載が支払呈示期間の経過によってその効力を失うとしている理由として述べているのは，次のようなことである。すなわち

① 本来，手形は支払呈示期間内における手形金額の支払をたてまえとし，それを予定して振り出されるものであって，支払場所の記載もまたこのような手形の正常な経過における支払を前提としてなされるものと解するのが，これを記載する当事者の意思に合致するのみならず，手形取引の在り方からみても合理的であると考えられること，

② 支払場所の記載がある場合には，手形の主たる債務者は，支払呈示期間中，支払場所に支払に必要な資金を準備しておかなければならないのが当然であるが，もし支払呈示期間経過後もその手形の支払が支払場所でなされるべきであるとするならば，手形債務者としては，手形上の権利が時効にかかるまでは，いつ現れるかわからない手形所持人の支払の呈示に備えて，常に支払場所に上記の資金を保持していることを要することとなって，不当にその資金の活用を阻害される結果となるし，であるからといって上記の資金を保持しなければ，自己の知らない間に履行遅滞に陥るという甚だ酷な結果となること，

である。

＊2 学説の理由づけ　学説が，支払呈示期間の経過とともに支払場所の記載のみならず支払地の記載も効力を失うとする理由として掲げていることは，支払地および支払場所の記載は，正常な経過における支払，すなわち支払呈示期間内における支払についてのみ法的意義を有する（当座勘定規定7条1項参照）ということである。

5 支払による免責

[1] 支払をなす者の調査義務

手形が支払のために呈示されたことに対して，「支払をなす者」（手40条3項⇨＊1）は，漫然と支払をすればよいわけではない。支払をなすにあたって手形法40条3項後段では，満期において支払をなす者は「裏書の連続の整否を調査する義務あるも裏書人の署名を調査する義務なし」と規定している。つまり，呈示された手形について，少なくとも裏書の連続が整っているかを調べた

うえで，支払をしなければ，その支払について免責されないのである。これに対して，裏書人の署名の真否，すなわち，裏書人としての署名が裏書人本人または本人から権限を与えられたものによって有効になされているか否かについては一々，調査する必要はない。

＊1　支払をなす者　　「支払をなす者」とは，約束手形の振出人や為替手形の引受人のような手形の債務者のことをいうが，引受をなしていない支払人や，手形の支払担当者（手4条参照）も含まれる（通説）。

[2] 善意支払

　前項[1]で述べたように，支払をなす者が調査をなすべき事項について調査をなし，支払をなしたときは，免責される。免責されるということはどのような意味があるか。それは，たとえ手形を呈示してきた者が，手形上の権利者でなかったとしても，それに支払えば，後で真の権利者が現れ，支払ってくれといわれても，二重に支払わなくてもよいということである。

　ただし，このような免責力が認められるためには，支払をなす者が「悪意または重大な過失」なく手形金を支払ったことが必要である（手40条3項）。この「悪意または重大な過失」の意義について，学説は，一般に，単純な了知あるいは了知なきことに関わる重過失（手16条2項参照）ではなく，証拠方法に関する了知あるいは了知なきことに関わる重過失を意味するものとされている（通説，最判昭44・9・12判時572号69頁）。すなわち，手形所持人が無権利者であることを立証し得る確実な証拠方法を有していたにもかかわらず，あえて支払をなすことが「悪意」であり，手形所持人が無権利者であることを立証し得る確実な証拠方法が存在することを重過失によって知らなかったり，証拠方法が存在することは知っていたが重過失によって支払をなしてしまうことが「重大な過失」であることになる。

　このような解釈がなされることの理由は，手形の支払をなす者が手形の支払を義務づけられていることに求められる。すなわち，手形の支払をなす者は，流通段階にあって任意に手形を譲り受ける者と違って，手形の支払を義務づけられている。このような立場にある手形の支払をなす者が，手形所持人の無権利を理由として手形金の支払を拒んだことに対して，所持人から手形金の支払

を求めて訴えを提起された場合，手形の支払をなす者は，手形所持人の無権利を立証することができなければ，敗訴せざるを得ない。したがって，手形の支払をなす者が免責されるための要件としての「悪意または重大な過失」なきことにおける「悪意・重過失」の内容も，単純な了知あるいは了知なきことに関わる重過失ではなく，証拠方法に関する了知あるいは了知なきことに関わる重過失と解されなければならないのである。

6 手形交換と不渡

[1] 手形交換所と手形交換

　実際に流通に置かれている手形・小切手のほとんどが手形交換によって決済されている。手形交換は，銀行が取引先から受け入れた他行払いの手形・小切手などを銀行相互間で集団的に決済するものである（東京手形交換所規則22条参照）。手形交換は，手形交換所（現在では，電子交換所）で行われている。手形交換所は，法務大臣が指定するものとされているが（手83条，小69条），この指定を受けていない小規模の交換所（未指定手形交換所）もあり，そこでも同様に手形交換がなされている。手形交換は，手形交換所規則に基づいてなされる無名契約としての集団的決済契約である（通説）。

[2] 交換呈示と支払呈示

　手形交換所における手形の呈示は，支払呈示としての効力を認められている（手38条2項，77条1項3号，小31条）。

　手形・小切手の支払呈示は，所持人と被呈示者（為替手形の支払人，約束手形の振出人，小切手の支払人，または支払担当者）とが合意すれば，もともと支払をなすべきものとされていた場所である主たる債務者の営業所や支払場所以外のところでもなすことができるものとされている。このような考え方を手形交換の場合にあてはめてみれば，手形交換は加盟銀行間の集団的合意によって，店頭呈示を排除し，呈示の場所を，各銀行店舗から手形交換所に変更したものとみることができる。したがって，たとえ未指定交換所においてなされた呈示であっても，それは，支払呈示として有効なものであると解することができる（多数説）。

[3] 交換尻決済

　手形交換所での交換決済にあたって，加盟銀行ごとに手形の授受が行われるのはもちろんだが，手形金額の決済は，各銀行ごとに受取総額と支払総額の差額を算出し，これを，原則として，日本銀行の本支店における各銀行の当座勘定の貸借振替によって決済するという方法で行われている。これを交換尻決済というが，これによって手形交換は終了し，個々の手形についても支払の効力が生ずる。もう少し正確にいえば，支払の効力は不渡による手形・小切手の返還を解除条件（民127条2項）として生ずるのである（通説）。

[4] 店頭返還・逆交換

　資金不足などの理由で手形金額の引落しができない場合には，その手形・小切手を持出銀行に返還し，既に支払った資金の返還を受けて交換決済の組戻しを行う（東京手形交換所規則52条参照）。この場合には，支払銀行が不渡手形を直接持出銀行の店頭に持参して代わり金を受け取る「店頭返還」の方法と，不渡手形を翌営業日の手形交換に他の持出手形に組み入れて持出銀行に返還する「逆交換」の方法がある。このうち，「逆交換」の方法が多く利用されている。

　このことを上記の図に沿って見てみよう。Aが，Bに対して振り出した約束手形を，BがCに裏書譲渡し，Cが手形金の取立のため裏書譲渡した場合である。①Cから手形を受け取った乙銀行は，持出銀行として，この手形を交

引落しができない場合の流れ

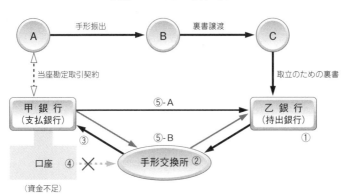

換に持ち込む。②この手形は，手形交換所において，他の手形とともに交換決済される。③交換後，この手形は支払銀行である甲銀行に引き渡される。④甲銀行は引き渡された手形の手形金額をこの手形の振出人であるAの口座から引き落とそうとするが，口座に資金がなく引き落とせない（つまり，振出人Aによって手形の支払が拒絶されたことになる）。⑤この手形は「資金不足」を理由とする不渡手形として（⇨ [5]，第1号不渡事由)，持出銀行である乙銀行に返還される。⑤－Aが「店頭返還」の方法であり，⑤－Bが「逆交換」の方法である。

手形・小切手が不渡返還される場合，不渡手形は，不渡事由が不渡手形返還添票（不渡付箋）に記載されたうえ，持出銀行に返還され，代わり金が受け取られるか，あるいは逆交換手続に組み入れられることとなる。

不渡事由の記載

```
この手形（または小切手）は本日呈示されましたが，資金不足（またはその他の事由）
につき支払いたしかねます。

  平成　　年　　月　　日

                                    銀行　　　　支店      押切印
```

[5] 不渡事由

不渡事由には，「0（ゼロ）号不渡事由」「第1号不渡事由」「第2号不渡事由」の区別がある（東京手形交換所規則施行細則77条）。このうち「0号不渡事由」は「形式不備」，「期日未到来」など支払呈示自体が適法になされていないことを理由とするもので，不渡届の対象とはされていない。これに対して，「第1号不渡事由」は，「資金不足」，「取引なし」など，資金関係を理由とするものであり，「第2号不渡事由」は，「債務不履行」，「詐取」，「紛失」，「偽造」，「変造」など，取引関係を理由とするものである。それぞれの不渡事由に対応して，「第1号不渡届」・「第2号不渡届」が提出されなければならない（東京手形交換所規則63条）。

XVI 手形の支払

[6] 異議申立提供金と異議申立預託金

　資金関係以外の，信用に関しない不渡で提出された「第2号不渡届」に対し，支払銀行は，交換日の翌々営業日の営業時限までに，交換所に不渡手形金額相当額（異議申立提供金）を提供して，異議申立をすることができる（東京手形交換所規則66条1項本文）。支払銀行が手形交換所に提供するこの異議申立提供金とは別に，不渡手形の振出人等の支払義務者が支払銀行に異議申立を依頼するに際して，手形金相当額が預託されることになっている（異議申立預託金）。

　前者の異議申立提供金は，当該不渡が信用に関しないものであることを証明させ，かつ異議申立の濫用を防止するために支払銀行に対しその提供が義務づけられているものである。交換所に提供された異議申立提供金は，不渡事故が解消し，持出銀行から交換所に，不渡事故解消届（東京手形交換所規則施行細則80条）が提出された場合，当該手形の支払義務のないことが裁判などにより確定した場合，不渡が偽造，変造，詐取，紛失，盗難，取締役会承認不存在その他これに相当する事由によるものと認められる場合には，支払銀行の請求に基づき，手形交換所から返還される（東京手形交換所規則67条1項）。

　これに対して，後者の異議申立預託金は，振出人等の支払義務者が支払銀行に異議申立を委託するにあたって，委任事務処理費用を前払いするものであると解される（民649条）（最判昭43・1・30判時525号79頁，等）。したがって，先に掲げたように不渡事故が解消されたりして異議申立提供金が交換所から支払銀行に返還されたときには，委任事務の終了により，異議申立預託金の返還請求権を生じ（民646条1項）同時に請求権の履行期が到来して（最判昭45・6・18民集24巻6号527頁），振出人等の支払義務者はその返還を請求することができると解されている（通説）。

[7] 不渡異議申立預託金返還請求権による相殺の可否

　不渡手形の所持人等が第三債権者として，振出人等の異議申立預託金返還請求権を差し押さえようとする場合，支払銀行は，振出人等に対する貸金債権や割引手形買戻請求権を自働債権として，異議申立預託金返還請求権と相殺することで，差押に優先することができるか否かが問題となる。

　判例は，異議申立預託金返還請求権も銀行に対する一般債権と異なるところ

はないとして，銀行側の相殺権が制限される理由はないとして，銀行が相殺することで差押に優先することができるとしている（最判昭38・10・1裁判集民事68号39頁，前記最判昭45・6・18，同昭45・8・20判時606号29頁，同昭51・11・25民集30巻10号939頁，同昭56・11・13金法989号47頁，等）。

[8] 取引停止処分

（「第1号不渡事由」「第2号不渡事由」について）不渡届が出され，不渡報告（交換の日から起算して4日目の営業日に掲載され参加銀行に通知される）に掲載された者は，その交換日から6ヶ月以内の日を交換日とする手形・小切手について再度不渡届が提出されたときには，取引停止処分（不渡処分）の対象となり，その処分日から2年間は当座勘定取引および貸出取引から排除されてしまう（東京手形交換所規則62，65条）。

不渡と取引停止

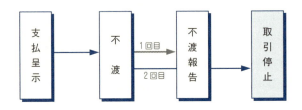

XVII 遡求

1 「遡求」とは

　手形は，満期における手形金の支払に向けて振り出され，流通して行く。しかし，満期以前に手形金の支払が不可能になった場合や，引受が拒絶されたり，あるいは前記XVI章で述べたように，手形が資金不足で不渡となるなど，満期

において支払が拒絶されることがある。もちろん、この場合でも、手形上の権利が時効にかかるまでは、手形所持人は、手形上の権利者として、手形の主たる債務者に対する責任を追及して行くことができる（⇨＊1）。また、手形上の権利が時効によって消滅した場合でも利得償還請求権（手85条）を行使して行くことも考えられる（⇨＊2）。

しかし、手形の主たる債務者が無資力となっている場合には、いくらその者の責任を追及できるといっても、実際に手形金を払ってもらうあてはない。利得償還請求権についても、その成立・行使の要件が充たされていなければならない。このような場合に、手形金を支払ってもらえない手形所持人のために手形法上なんらかの方法によって、支払を受けたのと同様の経済的効果を与えようとするのが「遡求」の制度なのである。すなわち、手形法上、手形所持人に対して、自己の前者に対する償還請求権（遡求権）を認めている。つまり、一定の遡求要件（実質的要件および形式的要件）が充たされた場合に、手形所持人は裏書人などの遡求義務者に対し、手形金額の償還請求をなし、償還を受けることによって、実際に手形金を支払ってもらったのと同じ経済的効果を受けられるのである。

たとえば、Aが振り出した約束手形を受け取ったBが、Cにこの手形を裏書譲渡し、CがさらにDにこの手形を裏書譲渡し、Dが手形を所持している場合を考えてみよう。満期になって、Dが、この手形を支払のため呈示したが、Aが支払を拒絶した。ここで、Dは、遡求条件が充たされている限り、自己の直前の裏書人Cあるいはその前者Bに遡求権を行使して、その裏書人としての責任を追及して行くことができる。

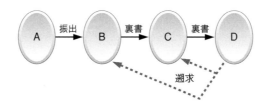

＊1 時効期間 約束手形の振出人や為替手形の引受人など主たる手形債務者に対する債権は、満期の日から3年（手70条1項）、手形所持人の

前者に対する遡求権は、拒絶証書（⇨ 3 [2]）作成の日あるいは無費用償還文句（⇨ 3 [3]）の記載のある場合は満期の日から1年（同条2項）、裏書人などの前者に対する再遡求権は、償還受戻の日あるいは償還請求の訴えを提起された日から6ヶ月（同条3項）で時効にかかる。債権は、民事・商事を問わず、債権の消滅時効期間ついて、改正民法は、旧法と同様、債権を行使することができる時から10年としつつ（改民166条1項2号）、債権を行使することができることを知った時から5年としている（同項1号）（前記第1編Ⅷ章［3］）。これに比べて短期に定められている（手形債務についての時効の完成猶予・更新とその効力について、手86条、71条、小52条）。

＊2　利得償還請求権　手形法85条により、手形上の権利が保全手続の欠缺や短期消滅時効によって消滅した場合であっても所持人は手形上の義務者に対しその「受ケタル利益（利得）」の限度において償還の請求をすることができるものとされている。この利得償還請求権は、衡平の理念から認められた特別の権利である（通説）。利得償還請求権は、手形所持人の被請求者に対する手形上の権利が消滅することだけで発生するというのが判例（大判昭3・1・9民集7巻1号1頁、同昭13・5・10民集17巻11号891頁、等）・多数説である。

2　誰が誰に対して遡求をすることができるか

[1] 遡求権者

遡求をすることができる者（遡求権者）は、(1) 最終の手形所持人（手43条、47条1項）、(2) 遡求義務を果たして手形を受け戻した者（手47条3項、49条）、(3) 保証義務を果たした保証人（手32条2項）、(4) 参加支払人（手63条1項）、さらに (5) 手形債務を弁済した無権代理人（手8条）である。このうち手形の償還受戻をなした者の有する遡求権を特に「再遡求権」という。

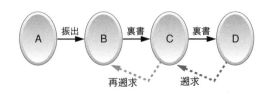

[2] 遡求義務者

遡求を受ける者（遡求義務者）は，(1) 裏書人，(2) 為替手形の振出人，(3) (1)および(2)の保証人，(4) 無権代理人（手8条）および (5) 参加引受人（手58条）である。ただし，裏書人であっても，無担保裏書人（手15条1項），裏書禁止裏書以降の裏書人（手15条2項），取立委任裏書人（手18条），期限後裏書人（手20条）は，償還義務者ではない。

3 遡求の要件

遡求が認められるためには，以下の実質的要件と形式的要件とが充たされなければならない。

[1] 実質的要件

(a) 満期における支払拒絶　遡求の実質的要件として主要なものは，満期における支払拒絶である。すなわち，手形所持人が支払呈示期間内に，為替手形の支払人・引受人・約束手形の振出人に対し，適法な支払の呈示をなし，その支払が拒絶されたことである（手43条1文）。

(b) 満期前における支払可能性の消滅　満期前においても遡求が認められる場合がある。それは，手形が支払われる可能性がほとんど失われた場合である（⇨*1）。すなわち，(i) 引受の全部または一部が拒絶されたこと（手43条1号），(ii) 支払人もしくは引受人が破産手続開始の決定を受けたこと（手43条2号），または引受呈示禁止手形の振出人が破産手続開始の決定を受けたこと（手43条3号），(iii) 支払人もしくは引受人が支払停止となったこと，もしくはその財産に対する強制執行が効を奏しなかったこと（手43条2号）。

> **＊1　約束手形の満期前遡求**　満期前の遡求に関する手形法43条各号は，為替手形に関する規定であって，約束手形については満期における支払拒絶による遡求のみを認めているだけである（手77条1項4号）。しかし，為替手形の場合との均衡からして，約束手形の場合にも満期前遡求を認めるのが判例（最判昭57・11・25判時1065号182頁）・学説である。

[2] 形式的要件

前記 [1] の実質的要件が充たされた場合，それを確実に証明する手段として，形式的遡求要件が充たされなければならない。

(a) 満期における支払拒絶　満期後の支配拒絶を理由とする遡求のため，原則として，支払呈示期間内に支払拒絶証書が作成されなければならない（手44条3項）。一覧後定期払手形についても，支払拒絶証書は支払呈示期間内に作成されなければならないものと解される（同項後段）。なお，拒絶証書の作成が免除されている場合（手46条1項）および不可抗力による作成不能の場合（手54条4・5項）には拒絶証書を作成しなくてもよい。また，既に引受拒絶証書が作成されていれば，支払拒絶証書の作成を要しない（手44条4項）。

(b) 満期前における支払可能性の消滅

(i) 引受の拒絶（手43条1号）がなされたことの証明は，原則として，引受拒絶証書によらなければならない（手44条1項）。引受拒絶証書は，引受呈示期間内に作成されなければならない。すなわち，一般には満期の前日までであるが（手21条），一覧後定期払手形および引受呈示命令の記載された手形では，法定のまたは指定の呈示期間内である。ただし熟慮期間が求められているときは，その翌日までである（手22条4項，23条，24条1項，44条2項）。この法定期間内に拒絶証書を作成しない場合には，遡求権を喪失するが（手53条1項），例外的に拒絶証書の作成が免除されている場合（手46条1項）および不可抗力による期間の伸長が満期より30日を超える場合（手54条4項）には拒絶証書を作成しなくても遡求権を行使することができる。

(ii) 支払人もしくは引受人が破産手続開始の決定を受けたまたは引受呈示禁止手形の振出人が破産手続開始の決定を受けた（手43条2号）場合，所持人が遡求権を行使するには，破産手続開始の決定の裁判書を提出することをもって足りる（手44条6項）。

(iii) 支払人もしくは引受人の支払停止もしくはその財産に対する強制執行不奏効（手43条3号）の場合に，支払能力なきことを確実に証明させる必要上，所持人としては，満期前であるにもかかわらず一応支払のための呈示がなされ，さらに支払拒絶証書の作成が要求されている（手44条5項）。

[3] 拒絶証書作成免除

遡求の形式的要件として要求されている拒絶証書の作成を免除することが認められている（手46条）。拒絶証書の作成が免除されれば，償還義務者は証書作成を義務づけられず，手続も簡略化される。

拒絶証書の作成を免除するためには，「無費用償還」，「拒絶証書作成不要」その他これと同一の意義を有する文句（無費用償還文句）を手形面上に記載するとともに，免除権者である為替手形の振出人，裏書人およびそれらの者の保証人が署名をしなければならない（手46条1項⇨＊1）。現在使用されている統一約束手形用紙の裏書欄および統一為替手形用紙の表面には，「拒絶証書不要」の文言が印刷されている。

＊1　**約束手形の振出人による作成免除**　約束手形の振出人も免除権者であるとするのが多数説である。判例は，かつてこれを否定していた（大判大13・3・7民集3巻2号91号）が，その後の下級審の判決では，約束手形振出人の拒絶証書作成免除の記載を有効としたものがある（東京高判昭29・6・10高民集7巻4号398頁）。

4　遡求の方法

遡求は，通常，遡求の通知がなされたうえ（手45条），合同責任（同法47条⇨＊1）を負う遡求義務者に対し，所持人が，遡求義務者の債務を負った順序に関わりなく，各別に，または共同に遡求金額（同法48条）の請求をすることによって行われる（「跳躍的遡求」同法47条2項）。また，遡求義務者が償還義務を

履行して手形を受け戻したうえ（同法50条），自己の前者に対して遡求して行くこともできる（「再遡求」同法47条3項，49条）。さらに遡求義務者の一人に対して請求した後に他の者に対し請求することもできるし，その際，既に請求した者の後者に対しても請求することができる（同法47条4項）。また，遡求義務者が遡求権が行使される場合に備えて，その準備をなし得るように，遡求の通知がなされなければならない（同法45条）。

手形所持人が満期における支払拒絶を理由として遡求する場合は，支払を受けなかった手形金額，満期以後の利息（平29改手48条1項2号参照），拒絶証書・通知その他の費用を遡求金額として請求することができる（手48条1項）。また，満期前の遡求の場合は，手形金額から，所持人の住所における遡求の日の公定割引率（銀行率）による中間利息を減じた額が遡求金額となる（同条2項）。

また遡求義務を果して，手形を受け戻した者（手50条）（再遡求権者）が前者に請求する場合の再遡求金額は，①遡求に応じて支払った総金額，②遡求に応じて支払をなした日以後の利息，および③支出した費用，である（手49条）。

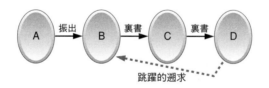

＊1 合同責任と連帯責任との相違　手形の振出人，引受人，裏書人およびそれらの保証人など手形債務者は，所持人に対して合同責任を負っている（手47条）。この合同責任と民法上の連帯責任（改民436条以下参照）とは以下の点で異なる。すなわち，

①　連帯責任の場合，各債務者は全額について債務を負担しているが，合同責任の場合，各手形債務者の負う義務の範囲は必ずしも同一ではなく（手26条1項，30条1項参照），また債務履行の場所も異なる，

②　連帯責任の場合，その責任の発生原因は全債務者にとって同一であるが，合同責任の場合は異なる。すなわち，約束手形の振出人および為替手形の引受人は主たる債務者として無条件に責任を負うが，遡求義務者は支払人の引受または支払拒絶など法定の条件の充足を前提として責任を負う，

③　連帯責任の場合，債務者の一人のなした弁済（更改・相殺・混同・供託などこれと同視すべき事由）により他の債務者の債務は消滅するが，合同責任の場合，約束手形の振出人および為替手形の引受人について生じた以上の事情のみが同様の効果をもたらすにすぎず，遡求義務者の一人によってなされた債務の履行は，同人の後者およびそれらの保証人の手形債務を消滅させるだけで，同人の前者および主たる手形債務者の債務に影響を及ぼすものではない，

　④　合同責任の場合は1人の手形債務者に対する履行の請求は，他の手形債務者に対し，時効の完成を猶予させる効力を生じない。なお，これまで連帯債務について，1人に対する履行請求について絶対的効力を認めていた（旧民434条）。しかし，改正民法では，これを変更し，相対的効力を原則とし（平29改正前民441条本文），結果的に合同責任と同一となった，

　⑤　連帯責任の場合，各債務者間には負担部分が存在するが，合同責任の場合にはそれがなく，したがって負担部分の存在を前提とする民法の諸規定（改民439条2項参照）は合同責任には適用されない。

5　遡求権保全手続の懈怠による遡求権の喪失

　①一覧払または一覧後定期払の手形の呈示期間，②引受拒絶証書または支払拒絶証書の作成期間，③無費用償還文句がある場合の支払のための呈示期間，が経過したときには，前者に対する遡求権を失う。ただし，引受人の債務については時効消滅以外の喪失事由はない（手53条1項）。また，振出人が引受呈示期間を定めた場合（手22条1項，23条2項）所持人による引受呈示がその期間内になければ，引受拒絶による遡求権のみならず支払拒絶による遡求権も失う（手53条2項，ただし，引受呈示命令の記載の内容が引受担保責任のみを免れようとする趣旨のものであれば，支払拒絶による遡求権は失わない，同項但書）。裏書人が引受呈示期間を定めたときは，当該裏書人に限ってこれを援用することができる（同条3項）。

XVIII 為替手形の法律関係はどうなっているか

1 為替手形の法律関係

　今まで論じてきた約束手形の場合，約束手形が振り出されることによって，振出人は，約束手形の主たる債務者となる。これに対して，為替手形の場合，その振出行為は，振出人による，支払人に対する手形金の支払委託行為となる（為替手形は「金銭支払委託証券」と呼ばれる）。同じ振出人であっても，為替手形の振出人は，裏書人，手形保証人と同様，手形の支払引受を担保する合同責任を負う者にしかすぎない。為替手形の支払人は，引受をなすことによってはじめて手形の主たる債務者としての引受人となる。

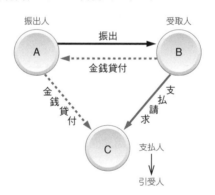

　為替手形において，振出人が支払人を指定するのは，両者の間に，通常，「資金関係」と呼ばれるなんらかの実質的法律関係があるからである。たとえば，AがCに対して金銭を貸し付け，CはAに対し借受債務を負っている一方，BはAに対して金銭を貸し付け，AはBに対し借受債務を負っている場合，Aは自己を振出人として受取人Bに対して為替手形を振り出し，資金関係（AB間の金銭貸付関係）上の債務者であるCを支払人として指定する。Cが手形を引き受け，Bからの支払請求に対して手形金を支払えば，Bは，Aの借受債務の履行を，Cからしてもらったことになるし，CはAに対する借受

債務を支払ったと同様の効果が生ずる。

2 為替手形要件

為替手形の振出に際しても，約束手形と同様，振出人は，以下①～⑨の手形要件（為替手形要件）を記載しなければならない（手1条）（以下の①～⑨は，下図「為替手形用紙」の①～⑨に対応しているので，参照すること）。

① 為替手形文句（手1条1号）

為替手形であることを示す文字である。

② 支払委託文句（手1条2号）

金銭支払委託証券たる為替手形を振り出す振出人が支払人に対し手形金の支払を委託するという趣旨が，手形面上に表示されなければならない。

③ 手形金額（手1条2号）

④ 支払人（手1条3号）

金銭支払委託証券たる為替手形が振り出される場合の名宛人である。振出人が支払人を兼ねること（自己宛）もできる（手3条2項）。支払人は，引受をなすことによってはじめて手形の主たる債務者たる引受人となり，引受をなさない支払人はまだ債務者ではない。

⑤ 満期の表示（手1条4号）

為替手形用紙

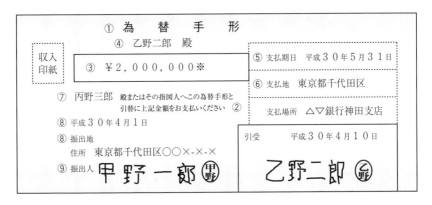

⑥ 支払地（手1条5号）
⑦ 受取人（手1条6号）
　振出人は受取人を兼ねること（自己受）ができる（手3条1項）。
⑧ 振出日・振出地（手1条7号）
⑨ 振出人の署名（手1条8号）

　前記の為替手形要件のほかに，有益的記載事項として，約束手形について掲げたもの以外に，次のようなものがある。
(イ) 支払人の肩書地（手2条3項）
(ロ) 引受呈示命令・呈示禁止・呈示期間の変更（手22条1〜3項，23条2項）
(ハ) 引受無担保文句（手9条2項）
(ニ) 予備支払人（手55条1項）
　予備支払人とは，「参加引受」（⇨4）または「参加支払」（⇨5）をなすべき者としてあらかじめ手形上に記載された者をいう。
(ホ) 複本不発行文句（手64条3項）
(ヘ) 複本番号（手64条2項）
　為替手形には，謄本以外に，複本の制度があることに注意しなければならない（手64条〜66条）。

3　引　受

　為替手形の主たる債務者は引受人である。為替手形が振り出される場合，振出人は，手形上に支払人を指定し，この者に対し手形金の支払を委託するが，支払人として記載された者は，引受をなすまでは未だ手形上の義務を負担してはいない。支払人とされた者が引受をなすことによってはじめて手形の主たる債務者たる引受人となるのである。
　引受は，手形に「引受」その他これと同一の意義を有する文字（引受文句）を記載して，支払人が署名または記名捺印をなすことによって行われる（手25条1項，なお引受文句の記載のない，いわゆる略式引受も認められている）。
　手形理論において契約説に立った場合にも，引受を単独行為とするのが通説

である。

　引受は，手形上に支払人とされた者によってなされなければならないが，支払人と引受人との同一性を認定する基準について，判例（最判昭44・4・15判時560号84頁）・多数説は，支払人と引受人とは実質的に同一であるだけでなく，形式上も同一であることを要するとしている。ただこの見解にあっても，支払人の表示と引受人署名の名称が一字一句同一である必要はなく，手形上の記載において，両者に重要でない部分において相違があったとしても，取引上同一人の表示があったとみることができれば引受は有効であるとされている。

4　参加引受

　参加引受とは，遡求がなされる状態にある場合に，遡求権の行使を阻止するために，（引受人およびその保証人以外の）第三者が，参加引受人として，被参加人となる遡求義務者のために（手55条），引受の形で手形上の法律関係に介入する手形行為である。参加引受がなされるのは満期前に遡求がなされる一切の場合である。ただし，引受のための呈示を禁じた手形にあっては，満期前遡求が許される場合であっても，参加引受は認められない（手56条1項）。

　参加引受は，手形自体に参加引受をする旨を記載して，参加引受人が署名することが必要である。参加引受には被参加人を表示すべきであるが，もしこれを記載しないときには，振出人のために参加引受をなしたものとみなされる（手57条）。

　参加引受をした者（参加引受人）は，所持人および参加された者（被参加人）より後の裏書人（その保証人）に対し，被参加人と同一の義務を負う（手58条1項）。さらに，参加引受がなされた場合に被参加人およびその後者全員に対する満期前遡求権は消滅する（手56条3項後段）。ただ，被参加人の前者はなお遡求義務を負担しているので，その者の償還権について，被参加人の前者は，手形金額および拒絶証書作成費用などを償還し，これと引換に手形の交付を請求することができ，また拒絶証書および受取を証する記載をなした計算書があるときは，これらの交付を請求することができる（手58条2項）。

5 参加支払

　参加支払は，満期前たると満期後たるとを問わず，参加人が被参加人のために手形金の支払をなすことによって行われる。参加支払がなされれば，被参加人およびその後者は遡求を免れることができる。手形法55条1項は，振出人・裏書人・保証人が，参加の当事者としての予備支払人を定めることができるとしている。この意味における予備支払人とは，参加引受または参加支払をなすべき者としてあらかじめ手形上に記載された者をいう。

XIX　小切手の法律関係はどうなっているか

1 「小切手」とは

　小切手は，支払証券，すなわち現金代用物である。手形が満期までの一定期間の流通を予定しており，信用証券としての性格を有しているのとは異なる。もっとも，小切手と為替手形とは，ともに金銭支払委託証券である点で共通している。しかし，小切手には引受の制度はない。それに代わって，小切手は銀行に宛てて振り出されるものとされており（小3条），振出人と銀行との間の資金関係に基づいて小切手の支払がなされるのである。つまり，小切手は振出人が銀行に預けている資金を支払資金として小切手を振り出し，受取人およびその後者たる小切手所持人に対して銀行に支払をなしてもらうことを内容とした支払証券である。

　このことを下の図で見てみると，Aは，C銀行に預金口座（当座預金口座）を開設し，そこに預けてある資金をもとにBに小切手を振り出し，Bはこの小切手を，支払人であるC銀行に呈示し，C銀行は，小切手金の支払をなすが，その支払分はAの口座から引き落とされる。

XIX 小切手の法律関係はどうなっているか　　267

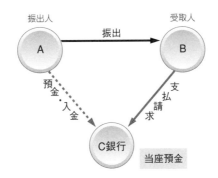

2 支払証券性の確保

　現金代用物としての小切手は，いつでも支払われるものでなければならない。そこで，小切手は，一覧払のものとされ，一覧払性に反する記載がなされてもこれを記載されていないものとみなす，すなわち，その記載は無益的記載事項となる（小28条1項）。たとえば，一定の期日を満期日として支払委託をする旨の記載があっても，満期日を指定した部分は記載されないものとされる。なお，小切手に振出日として記載された日と現実に振り出した日が異なっており，現実に振り出した日より将来の日を振出日として振り出されたもの（「先日付小切手」）も有効である。もちろん先日付小切手であっても，小切手の一覧払性は確保されなければならない。そこで，法は，先日付小切手について振出日前の支払呈示を認めている（小28条2項）。

　先の例で述べたように，小切手は銀行（先の例ではC銀行）に宛てて振り出されるものとされており（小3条），小切手の支払人は銀行でなければならないものとされている。ここにいう「銀行」とは，銀行法上の規定による「銀行」（銀行1条）の他，法令によって銀行と同視される人または施設も含まれる（小59条，「小切手法ノ適用ニ付銀行ト同視スベキ人又ハ施設ヲ定ムルノ件」（昭和8年12月28日勅令第329号））。

　小切手は，引受が禁止されている。引受の記載をしても，これは記載されないものとみなされる（小4条）。為替手形のように引受人の信用によって証券

が長期にわたって流通することは，短期決済を旨とする小切手の支払証券性と相容れないものであるからである。

3 小切手の振出

先の例で述べたように，小切手の支払は，振出人が支払人たる銀行に有している口座に預け入れられている資金を引き落し処分することによって行われる。そのため，小切手が振り出される際には，振出人と支払人たる銀行との間で，振出人が処分し得る資金を銀行に預けたうえで，小切手が支払われることによって資金処分が行われる旨の契約（「小切手契約」）が締結される。このような小切手契約の内容は，実際には，銀行と顧客との間に取り交わされる包括的な取決めとしての「当座勘定（取引）契約」に含まれている。

4 小切手要件

小切手の振出についても，以下①〜⑧の小切手要件が記載されなければならない（なお，特に説明がないものは，前記約束手形要件（⇨XI章2），為替手形要件（⇨XVIII章2）について述べたところと同様である）。

① 小切手文句（小1条1号）
② 支払委託文句（小1条2号）
③ 小切手金額（小1条2号）
④ 支払人（小1条3号）
　先に述べたように，支払人は銀行でなければならない（小3条）。
⑤ 支払地（小1条4号）
⑥ 振出日（小1条5号）
⑦ 振出地（小1条5号）
⑧ 振出人の署名（小1条6号）

なお，手形要件の場合と比べて異なることは，満期の表示および受取人が小切手要件とはされていないことである。まず，満期の表示がないことは，先に述べたように，小切手が一覧払とされていること（小28条1項）に対応するも

小切手用紙

```
① 小 切 手
    ⑤ 東京都千代田区○○×-×-×
    ④ ○○銀行××支店

    ③ ￥2,000,000※

上記の金額をこの小切手と引き替えに
持参人にお支払いください ②
⑥ 平成30年4月1日
⑦ 東京都千代田区  ⑧ 振出人    甲野一郎㊞
```

のである。

　次に，小切手における受取人の記載には，記名式，指図式，持参人払式，記名持参人払式が認められている（小5条1・2項）。また，受取人名のない小切手は持参人払式であるとされている（同条3項）。そして，記名式または指図式の小切手は法律上当然の指図証券であるとされる（小14条1項）。したがって，小切手における受取人の記載は，有益的記載事項である（後記⇨(ハ)）。小切手には，自己指図および自己宛のものが認められる（小6条1項，3項）。とりわけ，銀行が自行を支払人として振り出した小切手を「預手(よて)」といい，支払保証に代わるものとして機能している（⇨6）。

　前記の小切手要件のほかに，有益的記載事項として以下のものがある。

　(イ) 支払人の肩書地（小2条2項）

　(ロ) 振出人の肩書地（小2条2項）

　(ハ) 受取人（小5条）

　(ニ) 支払場所（小8条）

　(ホ) 裏書禁止文句（小14条2項）

　(ヘ) 外国通貨換算率の表示（小36条2項）

　(ト) 外国通貨現実支払文句（小36条3項）

　(チ) 線引（小37条）（⇨9）

(リ) 拒絶証書作成免除文句（小42条）

(ヌ) 複本文句（小48条）

さらに，小切手における無益的記載事項として以下のものがある。

(i) 引受（小4条）（⇨2）

(ii) 満期（小28条1項）（⇨2）

(iii) 利息文句（小7条）

(iv) 振出人の無担保文句（小12条）

5 支払委託の取消

　小切手の振出人は，支払人である銀行に対し，そこに開設された口座に存する資金から小切手金を支払うように支払委託をなしている。この支払委託の取消がなされる場合がある。たとえば，小切手を所持していた者がその小切手を紛失してしまったような場合である。この場合，小切手を紛失してしまった者は，振出人に依頼し，その小切手の支払を停止してもらうようにし，振出人はこの依頼に基づいて，支払人である銀行に対し支払委託の取消をなすのである。

　小切手にあっては，為替手形の場合と異なり，支払委託の取消は，呈示期間経過後においてのみその効力を生ずるものとされている（小32条1項）。小切手の場合，振出人が自由に支払委託の取消をなし得るとすると，小切手所持人の利益が害され，支払証券としての小切手の機能が阻害されるからである（通説）。

6 支払保証

　支払人は，小切手の支払保証をなすことができる（小53条1項）。支払保証は，支払人である銀行が，小切手の表面に「支払保証」その他これと同趣旨の文字で支払をなす旨の表示をし，日付を付して署名をすることによって行われる（同条2項）。支払保証は単純でなければならない（小54条1項）。小切手の記載事項に変更を加えてから支払保証をすることは許されず，変更が加えられてもこれは記載されないものとみなされる（同条2項）。

支払保証がなされることによって，支払保証人となる銀行（支払保証人）は，小切手の支払の義務を負う（小55条1項）。そのための，要件は，呈示期間内に支払呈示がなされ（同条1項），また，所持人が適法に支払呈示をなしたが支払がなく，かつ，そのことが拒絶証書または支払拒絶宣言によって証明されたことである（同条2項）。

このような支払保証は，小切手の振出人の信用力を支払人たる銀行が保証する制度として機能しているが，実際に支払保証がなされることはあまりない。それに代わって，銀行は自行を支払人とするいわゆる「預手」を振り出している（当座勘定規定13条）（⇨4）。これによって，銀行は振出人として遡求義務を負うこととなり，支払保証がなくても，支払が確実になる。

7　小切手の流通

記名式または指図式で振り出された小切手は法律上当然の指図証券であるとされる（小14条1項）。したがって，裏書によって，これを譲渡することができる。これに対して，持参人払式，無記名式および選択無記名式の小切手は，単なる引渡によって譲渡できる。わが国では，小切手は持参人払式が一般に利用されている。

小切手についても，手形と同様の善意取得制度が認められている（小21条）。とりわけ，持参人払式小切手の場合（小5条）は，証券の所持だけで，善意取得適用の前提となる信頼対象要件が充たされる。また，小切手の場合に，支払人は権利者ではないので（小15条3項），支払人を権利者と信じて小切手を取得しても，善意取得は認められない。

8　小切手の支払

小切手法35条は，支払人は裏書の連続の整否を調査する義務はあるが，裏書人の署名を調査する義務はないと規定しているだけで，善意支払に関する手形法40条3項前段のような支払をなす者が免責されるという規定にはなっていない。しかし，これは，小切手の支払人が小切手上支払義務を負っていない

ために，支払義務を前提としたうえでの免責という表現をなし得なかったためであって，未引受の為替手形の支払人の支払の場合にも手形法40条3項が適用される以上，小切手の支払人による悪意重過失なき支払についても免責力が働くとするのが通説である。

これに対して，小切手が偽造された場合，その小切手について支払人に対する支払権限の付与なきことは明らかである。したがって，偽造小切手の支払については，有効な支払権限授与を前提とした支払に関する小切手法35条の規定は適用されない。そこで，偽造小切手が支払われた場合に，そのことによって生じた損失を振出人と支払人とのいずれが負担すべきか問題となる。学説においては，特約のない限り，支払人がその損失を負担すべきであるとする見解，反対に，小切手の偽造を許してしまったことについて多くの場合に過失有りと認められる振出人が損失を負担すべきであるとする見解，さらに，受領権者としての外観を有する者に対する弁済の規定（改民478条）を類推して，この規定により支払人たる銀行が免責されるときは振出人が損失を負担するとする見解がそれぞれ主張されている。

これについて，当座勘定規定では「手形，小切手または諸届け書類に使用された印影または署名を，届出の印鑑（または署名鑑（署名の見本））と相当の注意をもって照合し，相違ないものと認めて取り扱いましたうえは，その手形，小切手，諸届け書類につき偽造，変造その他の事故があっても，そのために生じた損害については，当行は責任を負いません」としている（当座勘定規定16条1項）。

9 線引小切手

線引小切手（横線小切手）とは，小切手上に2条の平行線が引かれたものである。小切手に線引がなされた場合，そのような線引小切手は，支払人は銀行または自己の取引先に対してのみ支払をなすことができ，また，銀行は，自己の取引先または他の銀行からのみ取得し，もしくはその取立委任を受け得るものとなる（小38条）。

XIX 小切手の法律関係はどうなっているか 273

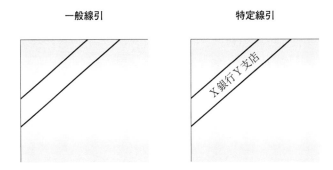

　　　　一般線引　　　　　　　　特定線引

　このような線引がなされることによって不正な小切手所持人が支払を受けることが妨げられることになり，小切手における静的安全保護に資する制度として，線引の制度は重要な役割を担っている。
　線引には，一般線引と特定線引との2種類がある。いずれも小切手上に2条の平行線を引くことによってなされる（小37条2項）。一般線引は，2条の平行線内になんの記載もないもの，または，「銀行」もしくはこれと同一の文字（たとえば，「銀行渡り」，「BANK」）が記載されているものをいう。特定線引は，2条の平行線内に「甲銀行」などの特定の銀行名が記載されたものである（同条3項）。
　このような線引をなし得る者は，振出人および小切手の所持人である（小37条1項）。実務上は，小切手の振出に際しては線引がなされるのが常識であり，小切手の取立委任を受けた銀行が交換持出し用に線引したり，社員銀行でない被指定銀行から代理交換を委託された社員銀行が重ねて特定線引する場合（数個の線引）もある。
　一般線引がなされた場合，その小切手（一般線引小切手）は，支払人において，銀行に対し，または，支払人の取引先に対してのみ支払うことができ（小38条1項），銀行は自己の取引先または他の銀行だけからそれを取得ないし取立委任をすることができる（同条3項）。
　特定線引がなされた場合，その小切手（特定線引小切手）は，支払人において，指定された銀行に対してのみ，または，指定された銀行が支払人であるときは自己の取引先に対してのみ支払うことができ（小38条2項），銀行は自己の取

引先または他の銀行だけからそれを取得ないし取立委任をすることができる（同条3項）。特定線引は，原則として，1個に限られ，数個の特定線引があるときは支払人は支払ってはならない（同条4項本文）。ただし，2個の特定線引のうち1つが，手形交換所における取立のためになされているときは支払うことができる（同条4項但書）。この場合は先に示した数個の線引がなされる場合に該当する。

一般線引小切手について，支払人が，銀行または支払人の取引先以外の者に支払った場合，特定線引小切手について，支払人が，指定された銀行以外の者に，または，指定された銀行が支払人であるときは自己の取引先以外の者に支払った場合，および，一般線引小切手・特定線引小切手いずれについても，銀行が自己の取引先以外の者または他の銀行以外の者から線引小切手を取得したり取立委任を受けた場合，には線引に関する小切手法規違反となる。このような違反行為をなした支払人または銀行は，違反行為によって生じた損害について，小切手の金額に達するまで賠償する責任を負う（小38条5項）。

一旦なされた線引の変更について，一般線引を特定線引に変更することは許されるが，特定線引を一般線引に変更することは許されない（小37条4項）。

線引の抹消や被指定銀行の名称の抹消は許されない。これらの抹消がなされても，抹消されていないものとみなされる（小37条5項）。

なお，当座勘定規定18条1項は「線引小切手が呈示された場合，その裏面に届出印の押なつ（または届出の署名）があるときは，その持参人に支払うことができるものとします」と規定している。このような取扱いは，当座勘定の当事者である当座取引先と銀行との間の線引排除の特約として，有効である（多数説）。

10 遡求・時効

小切手において支払が拒絶された場合には，小切手の所持人は裏書人，振出人その他の債務者に対し遡求権を行使して行くことができる。この場合，遡求権保全の形式的要件として，支払拒絶証書の作成または支払人ないし手形交換所の支払拒絶宣言が必要とされている（小39条）。実際には，支払人の支払拒

絶宣言（不渡宣言）が多く利用されている。この支払人の支払拒絶宣言は，小切手上になされなければならないものとされている（同条2号）。一方，公証機関による小切手の支払拒絶証書は付箋にすることができるものとされている（拒絶証書令3条）。

　小切手所持人の，裏書人，振出人その他の債務者に対する遡求権は，呈示期間経過後6ヶ月で時効にかかる（小51条1項）。また，小切手の支払をなすべき債務者が小切手を受け戻したうえ，他の債務者に対して再遡求する場合における再遡求権は，小切手を受け戻した日またはその者が訴えを受けた日から6ヶ月で時効にかかる（同条2項）。

　なお，以上とは異なり，支払保証人に対する請求権は，呈示期間経過後1年で時効にかかる（小58条）。小切手については，手形の場合と異なり，主たる債務者は存在せず，債務者はすべて遡求義務者となる。

XX　手形の電子化

1　「電子記録債権法」制定まで

　平成19年に制定された「電子記録債権法」（平成19年法律第102号）は，電子記録債権の発生，譲渡等について定めるとともに，電子記録債権に係る電子記録を行う電子債権記録機関の業務，監督等について必要な事項を定める法律である（電子記録1条）。ここにいう「電子記録債権」とは，その発生または譲渡について同法による電子記録を要件とする金銭債権をいう（同法2条1項）。この電子記録債権には，金銭債権としての改正民法466条以下の債権の他，手形債権も含まれるので，電子記録債権法によって手形ないし手形債権の電子化が図られたものと評価することができる。

　電子記録債権法制定に至る経緯として，まず，社団法人沖縄県銀行協会において電子手形導入実証実験が実施され，経済産業省が同実証実験に対する調査

事業を行った（平成17年3月まで）。これを受けて、「電子債権法」の制定を視野に入れた具体的な検討が行われ（経済産業省・電子債権を活用したビジネスモデル検討WG報告書「電子債権構想——IT社会における経済・金融インフラの構築を目指して——」、平成17年4月13日・電子債権の管理・流通インフラに関する研究会報告書「電子債権プログラム——次世代産業金融インフラの構築を目指して——」平成18年3月）、平成19年に入って、電子化への具体的施策が示された。すなわち、経済産業省は、手形をペーパーレス化した「電子手形」を普及させるための基本計画案をまとめ、電子手形の一括管理機関への政府の出資を検討し、平成21年度からの制度の開始を目指すことになった。これに関連し、手形の電子化を認める「電子記録債権法案」が国会（第166回通常国会）に提出された（平成19年3月14日）。同法案の提出理由は「金銭債権について、その取引の安全を確保することによって事業者の資金調達の円滑化等を図る観点から、電子債権記録機関が調製する記録原簿への電子記録をその発生、譲渡等の要件とする電子記録債権について定めるとともに、電子記録債権に係る電子記録を行う電子債権記録機関の業務、監督等について必要な事項を定めることにより、電子記録債権制度を創設する必要がある」というものであった。同法案は、平成19年6月20日参議院で可決され、「電子記録債権法」が成立した。同法は、同年6月27日に公布され、平成20年12月1日から施行された。

2 「電子記録債権」の発生・譲渡・消滅

[1] 電子記録債権の発生

電子記録債権は、記録原簿への発生記録によって生ずる。

たとえば、従来であれば、A会社がB会社との取引に基づき、B会社に代金を支払う代わりに、B会社に宛てて約束手形を振出していた。

これに対し、電子記録債権制度を利用する場合には、A・B両社による発生記録の請求に基づき、電子債権記録機関が記録原簿に発生記録をすれば、A会社を債務者、B会社を債権者とする電子記録債権が発生する。

すなわち、まず、A会社が「電子記録義務者」（電子記録2条7項）、B会社が「電子記録権利者」（同条8項）として、その双方によって電子記録の請求（同

法5条1項）がなされる。右請求は，「双方が」しなければならないが（同項），共同して（つまり全員同時に）する必要はない。ただ，共同しない場合における電子記録の請求は，電子記録義務者と電子記録権利者のすべてが電子記録の請求をした時に，効力を生ずる（同法5条3項）。

　電子債権記録機関は，右の電子記録の請求があったときは，遅滞なく，当該請求に係る電子記録をしなければならない（同法7条）。

　A・B両社間の電子記録債権は，発生記録によって生ずるが（同法15条），この発生記録には，①債務者が一定の金額を支払う旨，②支払期日，③債権者の氏名または名称および住所，④債権者が2人以上ある場合において，その債権が不可分債権または連帯債権であるときはその旨，可分債権であるときは債権者ごとの債権の金額（平29年改正），⑤債務者の氏名または名称および住所，⑥債務者が2人以上ある場合において，その債務が不可分債務または連帯債務であるときはその旨，可分債務であるときは債務者ごとの債務の金額，⑦記録番号（発生記録，分割記録または記録機関変更記録をする際に一の債権記録ごとに付す

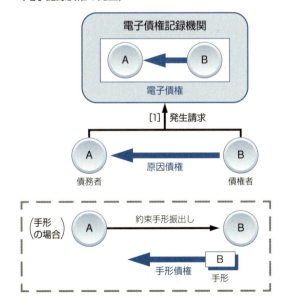

（電子記録債権の発生）

番号），⑧電子記録の年月日，等が記録されなければならない（①〜⑧について，同法16条1項，その他「記録できる」事項について，同条2項），前記①〜⑥は絶対的記録事項である（同条3項）。

このようにして発生した電子記録債権は，AB間の取引に基づく債権とは別個の新たな債権として発生し，その内容は，当該電子記録債権の債権記録の記録によって定められる（同法9条）。

[2] 電子記録債権の譲渡

前記[1]で発生したAB間の電子記録債権を，C会社に譲渡するには，B会社が譲渡人，C会社が譲受人として譲渡記録の請求を電子債権記録機関に行ない，同機関が譲渡記録をすることによって効力が生ずる（電子記録17条）。右譲渡記録には，①電子記録債権の譲渡をする旨，②譲渡人が電子記録義務者の相続人であるときは，譲渡人の氏名および住所，③譲受人の氏名または名称および住所，④電子記録の年月日，が記録されなければならない（同法18条1項，その他「記録できる」事項について，同条2項）。

右譲渡記録がなされることによってC会社は当該電子記録債権を取得し，新たな債権者となる（電子記録債権については，その一部を譲渡することも認められている）。この譲渡記録については，善意取得（電子記録19条），抗弁切断（同法20条）の効力が認められている。

（電子記録債権の譲渡）

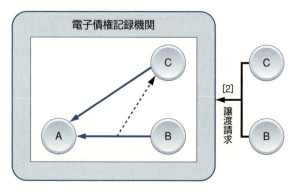

① 善意取得

まず，善意取得について，譲渡記録の請求により電子記録債権の譲受人として記録された者は，その者に悪意または重大な過失なき限り当該電子記録債権を取得する（電子記録19条1項）。

先の例を借りれば，A会社とB会社の発生記録に基づいて発生した電子記録債権について，電子債権記録機関の過誤によって，C会社への譲渡記録がなされ，さらにC会社からD会社への譲渡記録がなされた場合，D会社がC会社を正当な電子記録債権者であると信じて，当該譲渡記録請求を行った場合には，D会社はA会社に対する電子記録債権を取得することになる。なお，誤った譲渡記録を行った電子債権記録機関について，電子記録債権を失ったB会社の損害を賠償する責任（電子記録11条，10条1項2号参照）が生ずることは勿論である。

一方，①善意取得に係る電子記録債権法19条1項の規定を適用しない旨の定め（電子記録16条2項8号）が発生記録に記録されている場合，②電子記録債権の譲受人として記録された者が，支払期日以後にされた譲渡記録の請求により電子記録債権（分割払の方法により支払うものにあっては，到来した支払期日に係る部分に限る）の譲受人として記録されたものである場合，③個人（個人事業者である旨の記録がされている者を除く）である電子記録債権の譲渡人がした譲渡記録の請求における譲受人に対する意思表示が効力を有しない場合において，電子記録債権の譲受人として記録された者が当該譲渡記録後にされた譲渡記録の請求により記録されたもの，すなわち，個人の譲渡記録請求に意思表示の瑕疵（同法12・13条参照）がある場合の転得者であるとき，以上①〜③の場合には善意取得は認められない（同法19条2項）。

② 抗弁制限

抗弁切断について，発生記録における債務者または電子記録保証人（以下「電子記録債務者」）は，電子記録債権の債権者に当該電子記録債権を譲渡した者に対する人的関係に基づく抗弁を，当該債権者が，当該電子記録債務者を害することを知って当該電子記録債権を取得したのでない限り，当該債権者に対抗することができない（電子記録20条1項）。

ここでいう「人的関係に基づく抗弁」としては，手形の場合と同様，当事者

間の原因関係に基づく抗弁に該当する場合，先の例で言えば，A会社とB会社との間の電子記録債権が生ずる原因となった取引に係る契約が解除されたり，消滅したこと等が考えられる。

　一方，①債務者が法人または個人事業者（その旨の記録がされる者に限る）である場合に，抗弁切断に係る電子記録債権法20条1項の規定を適用しない旨の定め（同法16条2項10号）が発生記録に記録されているか，または保証人が法人または個人事業者（その旨の記録がされる者に限る）である場合に，保証記録をした時の債権者に対抗することができる事由について同旨の定め（同法32条2項6号）が保証記録に記録されている場合，②電子記録債権の債権者が支払期日以後にされた譲渡記録の請求により電子記録債権（分割払の方法により支払うものにあっては，到来した支払期日に係る部分に限る）の譲受人として記録されたものである場合，③前記の電子記録債務者が個人（個人事業者である旨の記録がされている者を除く）である場合，以上①～③の場合には抗弁切断は認められない（同法20条2項）。

[3] 電子記録債権の消滅

　電子記録債権も金銭債権として，弁済等の債権の消滅事由によって消滅する。先の例（前記 [2] で①・②の問題がない場合）でいえば，B会社から電子記録債権を譲り受けたC会社に対し，債務者であるA会社が当該電子記録債権に係る弁済をなせば，当該電子記録債権は消滅する。つまり，電子記録債権の消滅は支払等の記録（電子記録25条）によって効力を生ずるわけではない。ただ，弁済を受けたC会社の請求によって（同条1項1号）支払等の記録がなされれば，債権記録に債権消滅の事実を反映させることができる。他方，C会社の承諾を受けてA会社が請求することで（同条1項3号イ）支払等の記録がなされれば，二重支払のリスクを回避できることになる。なお，前記 [2] ①の場合は，善意取得によって，D会社が電子記録債権者となっているので，A会社がD会社に当該債権に係る弁済をなせば，当該債権は消滅することになる。

　電子記録債権は，これを行使することができる時から3年間行使しないときは，時効によって消滅する（電子記録23条，平29年改正）。

3 電子記録債権制度と手形制度

「電子記録債権法」による電子記録債権制度の実施によって，従来の手形制度が廃止されてしまうわけではない。ただし，一定の取引によって生じた債権を原因として手形を振出すのではなく，相応する事項を記録原簿に発生記録すれば，新たな電子記録債権が発生し，その債権は，手形のような紙（有価証券）ベースではなく，電磁的記録をベースとして流通し，決済されることになる。紙ベースでのコスト節減や盗難のリスク防止を図ろうとしている企業にとっては，手形制度よりも電子記録債権制度を優先しようとする傾向が生ずることは否定できない。

一方，電子記録債権制度は，主務大臣（財務大臣・内閣総理大臣）の指定を受けた電子債権記録機関を通じて実施されなければならないことから（同法51条，56条），同機関の業務管理コストは制度利用者の手数料に反映されることになる。また，電子記録債権に関する訴訟については，手形に関する手形訴訟のような簡易な訴訟手続が用意されているわけではない。さらに，電子記録債権制度には，手形に関する不渡り処分のような制度がない。これらのことを考慮すれば，電子記録債権制度が直ちに手形に取って代わると考えることはできず，当分の間，両制度は併存することになる。

なお，前記2で掲げた電子記録債権法に係るそれぞれの規制について，実際に制度を運用する電子債権記録機関がその利用者との間で約款を通じて，電子記録債権法に掲げられている問題ができるだけ生じないように，制度の利用条件を整備し，問題に対処しているのが現状である（たとえば，でんさいネット（株式会社全銀電子債権ネットワーク）業務規程，同規程細則における利用条件や前記の不渡り処分に代わるものとしての「支払不能処分制度」，とりわけ，災害時における同制度の運用について，金融法務事情2040号68頁）。さらに，最近の報道によれば，経済産業省は，2026年をめどに，企業が取引先への支払に使う「紙の」約束手形について，利用廃止の方針を取りまとめ，そのための準備を進めることを明らかにしている（2021年2月18日日本経済新聞）。既に，金融機関では，手形交換所を廃止し，電子交換所（電子債権記録機関とは異なる）による電子交換に切り替える動きが具体化している（2022年9月21日日本経済新聞）。

4 電子交換所による交換決済と「紙による」手形の利用廃止

　一般社団法人全国銀行協会（「全銀協」）は，2022年7月19日から電子交換所システムを稼働させ，同年11月4日から電子交換所による交換決済を実施している。全銀協は，最終的な手形廃止に向けた取組みとして，電子手形交換所における約束手形等の交換枚数および約束手形等の利用廃止に係る前記経済産業省方針を参照したうえ，電子交換所における約束手形等の取扱いを2026年度末までに廃止することについて「決議可否も含めて判断する」としている（「手形・小切手機能の全面的な電子化に向けた自主行動計画　～約束手形等の利用の廃止等に向けた自主行動計画～」2021年7月19日制定，2022年6月17日改定18頁）。

　したがって，現時点では，「紙による」手形決済は，従来の手形交換所による交換決済から電子交換所による交換決済に移行しており，2026年度以降は「手形」は「交換決済」の対象から外れ，従来の「紙による」手形の機能は，ほぼなくなることになる。

　しかし，2026年以降「紙による」手形債権を前提とした手形法・小切手法が直ちに廃止されるか否かは，別途考慮しなければならない。「紙による」手形債権を前提とした債権債務関係が「紙による」手形廃止時点で，なお存在し（たとえば，支払期日が2026年以降となるもの），当該手形債権に係る紛争の確定の必要がある限り，なお手形法・小切手法の適用および解釈の必要性があることはもちろんのことである。また，「紙による」手形に代わる「電子記録債権」について適用される「電子記録債権法」については，第1編Ⅷ章6［1］＊1で既述した「民法上の規定の適用順位」との関係を今一度確認する必要がある。

索 引

事項索引

あ
悪意の抗弁 … 236

い
異議申立提供金 … 253
異議申立預託金 … 253
一部裏書 … 208
一覧後定期払 … 192
一覧払 … 192
一般抗弁説 … 239
一般商業使用人 … 46
一般線引 … 273
一方的商行為 … 19
印紙 … 194

う
受取人 … 153, 193
裏書 … 206, 207
　――の連続 … 211
　一部―― … 208
　裏書禁止―― … 210
　期限後―― … 218
　記名式―― … 207
　質入―― … 218
　白地式―― … 207
　無担保―― … 210
　戻―― … 221
裏書禁止裏書 … 210
裏書禁止手形 … 207
裏書禁止文句 … 194
裏書人 … 207
裏書不連続 … 213, 214, 226
裏書抹消 … 221
運送 … 23
運送営業 … 111
運送取扱営業 … 106

運送取扱人 … 106
　――の責任 … 109
運送人 … 112

え
営業意思客観的認識可能説 … 30
営業意思主観的実現説 … 29
営業意思表白説 … 29
営業財産 … 55
営業所 … 48, 61
営業譲渡 … 55
営業的商行為 … 22
営業標 … 33
営業用財産 … 55
営利性 … 11

お
送り状 … 114

か
カード … 126, 128
会計帳簿 … 65
会社の事業と商行為 … 27
会社法 … 3, 11
回数券 … 126, 128
介入義務 … 99
介入権 … 104, 108
架橋説 … 214, 226
確定期売買 … 88
確定日払 … 191
隠れた買入裏書 … 218
隠れた取立委任裏書 … 215
隠れた保証 … 230
加工 … 23
株式会社 … 9
為替手形 … 153, 262
河本フォーミュラ … 237

完全手形	189	契約説	160
完全有価証券	80	契約による質物の処分	75
		結約書	98
き		原因関係	157, 158
機関方式	172	——に基づく抗弁	158
企業維持	11	権限考慮説	213
企業会計原則	64	検査・契約不適合に関する通知義務	89
企業形態	8	権利移転的効力	209
企業法	6	権利外観説	161
企業法説	6, 7	権利外観法理	39, 236
期限後裏書	218	権利外観理論	161
危険物通知義務	117	権利濫用の抗弁	229, 242
擬制商人	17	**こ**	
偽造者行為説	183		
偽造者の手形責任	183	高価品	119, 134
寄託	25, 130	交換尻決済	251
商事——	130	交換呈示	250
基本的商行為	18	交換手形	238
基本的手形行為	164	交互計算	91
記名式裏書	207	——契約	92
記名式所持人払証券	82	——の消極的効力	93
記名証券	83	——の積極的効力	95
記名捺印	168	——不可分の原則	93
記名拇印	168, 169	段階——	92
逆交換	251	合資会社	9
客観説	201	後者の抗弁	241
競業禁止義務	57, 69	公正妥当な会計の慣行	64
供託権	87	公然の質入裏書	218
共同署名方式	171	公然の取立委任裏書	214
拒絶証書作成免除	259	合同会社	9
銀行取引	24	合同責任	260
金銭支払委託証券	153, 262, 266	抗弁	
金銭支払約束証券	153	悪意の——	236
禁反言	39, 185	原因関係に基づく——	158
く		権利濫用の——	229, 242
		後者の——	241
空券	143	人的——	233
組合員代理方式	171	手形——	231
組合代理方式	171	手形保証人による——の援用	228
組合の手形署名	171	二重無権の——	242
倉荷証券	139	物的——	231
け		無権利の——	234
		有効性の——	235
形式行為説	163, 164	融通手形の——	238
形式的意義における商法	3	合名会社	9
形式的審査主義	50	小切手	154, 266
契約	71	——契約	268

――の支払	271	支払地	192, 246
先日付――	267	支払呈示	244
線引――	272	――期間	245
小切手要件	268	支払に代えて	159
小商人	28	支払のために	158
個人商人	8	支払場所	194, 246
固有の経済的利益	217	支払保証	270
固有の商人	16	支払約束文句	191
		支払をなす者	248, 249
さ		氏名黙秘義務	99
債権譲渡	207	周知商号	38
債権的効力	142	主観説	201
最少金額優先の原則	197	出版・印刷または撮影	23
再遡求	260	準問屋	106
再取立委任裏書	215	場屋営業者	131
債務引受の広告	59	場屋取引	24, 132
債務履行	78	商業使用人	42
先日付小切手	267	――一般	46
作業または労務の請負	23	商業帳簿	62
指図証券	81	商業登記	49
サービスマーク	33	――の効力	51
参加支払	266	消極的公示力	51
参加引受	265	商号	32
		――自由主義	34
し		――使用権	37
資格授与説	216	――真実主義	34
資格授与的効力	210	――専用権	38
事業	27, 55	――単一の原則	35
事業譲渡	55	――の引き続き使用	57
資金関係	262	周知――	38
時効	255, 274	折衷主義（商号選定について）	34
自署	167	登記――	36
自助売却権	87, 104, 137	未登記――	36
質入裏書	218	商行為	18
隠れた――	218	――の委任	86
公然の――	218	――の代理	84
実質的意義における商法	3	一方的――	19
実質的審査主義	50	営業的――	22
支店	61	基本的――	18
品違い	143	絶対的――	18, 19
支配人	43	相対的――	18
――の代理権	44	双方的――	19
表見――	46	附属的――	26
支払委託の取消	270	補助的――	18
支払委託文句	263	商事寄託	130
支払拒絶	257	商事売買	86
――証書	258	乗車券	126

カード	126, 128		0号不渡事由	252
回数券	126, 128		善意支払	249
定期券	126, 128		善意取得	222
普通――	126, 127		線引小切手	272
商的色彩説	8		全部抹消説	213
譲渡裏書	207		**そ**	
譲渡行為の瑕疵	224			
商人	16		倉庫	135
擬制――	17		倉庫営業	135
個人――	8		倉庫営業者	135
固有の――	16		倉庫証券	139
商人資格	29		相次運送	122
消費貸借	70		相次運送取扱	109
商標	33		創造説	161
商法	3		相対的商行為	18
――対象論	7		相対的登記事項	50
――の法源	3		相対的無効説	179
形式的意義における――	3		双方的商行為	19
実質的意義における――	3		遡求	254, 274
消滅時効	79		再――	260
除権決定	204		跳躍的――	259
署名	98		満期前――	257
白地式裏書	207		遡求権	255
白地式裏書説	213		遡求権者	256
白地手形	189, 198		**た**	
――による訴提起	206			
白地補充権	200		第1号不渡事由	252
仕訳帳	65		代行者による手形行為	180
新抗弁論	234		代行方式	182
新相対的権利移転説	217		第三者方払文句	194
信託裏書説	216		貸借対照表	64
人的抗弁	233		第2号不渡事由	252
――の個別性	242		代理	26
――の制限	235		代理商	67
せ			――契約	67
			締約――	67
請求呈示	244		媒介――	67
政策説	165		代理的代行	180
正式保証	226		代理人による手形行為	173
製造	23		代理方式	173
精力分散防止義務	45		立替金	70
積極的公示力	52		段階交互計算	92
設権性	157		段階説	30
絶対的商行為	18, 19		単券主義	140
絶対的登記事項	50		担保的効力	209
折衷主義	34		担保のために	158
折衷説	201			

ち

チェックライター優先の原則	198
跳躍的遡求	259

て

定期券	126, 128
定型取引	6
定型約款	5
呈示証券	244
締約代理商	67
手形関係	157
手形偽造	182
手形金額	191
——の複数記載	196
手形行為	162
基本的——	164
代行者による——	180
代理人による——	173
附属的——	164
手形交換	155, 250
手形交換所	250
手形抗弁	231
——の制限	235
手形・小切手用法	198
手形サイト	153
手形署名	167
組合の——	171
手形の電子化	275
手形の変造	187
手形の割引	155
手形法における「対立」構造	149
手形法8条類推適用説	184
手形保証	226
——の従属性	227
——の独立性	228
正式保証	226
略式保証	226
手形保証人による抗弁の援用	228
手形要件	165, 189
手形理論	159, 160
手荷物	125
電気またはガスの供給	23
電子記録債権	276
電子記録債権法	275
店頭返還	251

と

問屋（といや）	100, 102
——契約	102
問屋営業	100
統一手形用紙	165
統一約束手形用紙	190
投機購買	20
登記商号	36
投機貸借	22
投機売却	21
当座勘定規定	198
当座預金口座	155
当事者申請主義	50
当然説	165
特殊抗弁説	239
特定線引	273
匿名組合	9
取立委任裏書	214
隠れた——	215
公然の——	214
再——	215
取次（ぎ）	26, 101, 106
取引時間	79
取引停止処分	254
取引の安全	11
問屋（とんや）	102

な

名板貸	39, 184
名板貸人	39, 185
——の手形責任	186
仲立ち	26
仲立営業	95
仲立人	95
——日記帳	98

に

荷受人	113
二重無権	243
——の抗弁	242
二段階（創造）説	161, 163
日記帳	65
荷渡指図書	141

は

媒介	96

媒介代理商	67	補助的商行為	18
発行説	161	本店	61

ひ

被裏書人	207	満期の表示	191
——の氏名のみの抹消	213	満期前遡求	257
引受	264		
被偽造者の手形責任	183	## み	
日付後定期払	192	未完成手形	198
百円手形事件	197	未成年者	31
表見支配人	46	見せ手形	216
表見代理	176	未登記商号	36
		見本保管義務	97
## ふ		民法上の組合	9
不可抗力	132		
部課長	45	## む	
複券主義	140	無因性	158
複合運送	124	無益的記載事項	195
不実記載	142	無記名証券	83
不実登記	52	無権代理	174
不正の目的	38	無権利の抗弁	234
附属的商行為	26	無担保裏書	210
附属的手形行為	164		
普通乗車券	126, 127	## も	
普通取引約款	5	申込み	71
物権的効力	144	文字優先の原則	196
物的抗弁	231	戻裏書	221
物品運送契約	113	持分会社	10
振出地	193	元帳	65
振出人	153	文言性	157
——署名	193		
振出日	193	## や	
不渡事由	252	約束手形	153
0号——	252	——の振出	156
第1号——	252	統一——用紙	190
第2号——	252	約束手形文句	190
不渡付箋	220		
		## ゆ	
## へ		有因論	217
併用主義	140	有益的記載事項	194
		有害的記載事項	196
## ほ		有価証券	79
法人成り	13	完全——	80
法定利率	70	有効性の抗弁	235
法律上当然の指図証券性	206	有償性	69
保管・供託義務	90	融通契約違反説	240
保険	25	融通手形	238

——の抗弁	238	旅客運送	124
		旅客運送契約	124

り

利益相反取引	177, 178
利得償還請求権	256
略式保証	226
流質契約	75
留置権	68, 76, 105, 108, 137

れ

レセプツム責任	131
連帯債務	73
連帯責任	260
連帯保証	75

判例索引

■第1編　商法総則・商行為法

東京控判明 38・5・16 新聞 285 号 5 頁··145
大判明 41・1・21 民録 14 輯 15 頁··79
東京地判大 3・5・23 新聞 954 号 25 頁··25
大判大 4・12・24 民録 21 輯 2182 頁··5
大判大 9・1・28 民録 26 輯 79 頁···95
大判大 9・11・15 民録 26 輯 1779 頁··88
大判大 10・1・29 民録 27 輯 158 頁···69
大判大 10・12・7 民録 27 輯 2095 頁··74
大判大 14・2・1 民集 18 巻 77 頁···128, 129
大判大 14・2・10 民集 4 巻 2 号 56 頁···29
大判昭 4・9・28 民集 8 巻 769 頁··20
大判昭 6・4・24 民集 10 巻 293 頁···27
大判昭 11・3・11 民集 15 巻 327 頁··93
大阪地判昭 11・10・24 新聞 4062 号 6 頁··38
大判昭 12・11・26 民集 16 巻 1681 頁··24
大判昭 19・2・29 民集 23 巻 90 頁··4
大阪地判昭 25・2・10 下民集 1 巻 2 号 172 頁··134
最判昭 28・10・9 民集 7 巻 10 号 1072 頁···72
福岡高判昭 29・8・2 下民集 5 巻 8 号 1231 号···136
東京高判昭 29・9・30 判時 43 号 21 頁···47
最判昭 29・10・7 民集 8 巻 10 号 1795 頁···59
最判昭 30・9・27 民集 9 巻 10 号 1444 頁···25
最判昭 32・2・19 民集 11 巻 2 号 295 頁··136
最判昭 33・6・19 民集 12 巻 10 号 1575 頁··29
最判昭 35・5・6 民集 14 巻 7 号 1136 頁··79
最判昭 35・11・1 民集 14 巻 13 号 2781 頁··79
最判昭 35・12・2 民集 14 巻 13 号 2893 頁··90
最判昭 36・10・13 民集 15 巻 9 号 2320 頁··59
最判昭 37・5・1 民集 16 巻 5 号 1031 頁··47
最判昭 37・12・25 民集 16 巻 12 号 2430 頁···61
最判昭 41・1・27 民集 20 巻 1 号 111 頁··40
最判昭 42・2・9 金判 54 号 10 頁··40
最判昭 42・6・6 判時 487 号 56 頁···40
最判昭 43・7・11 民集 22 巻 7 号 1462 頁··103
最判昭 45・12・24 民集 24 巻 13 号 2187 頁···5

最判昭47・2・24 民集 26 巻 1 号 172 頁·································30
最判昭47・3・2 民集 26 巻 2 号 183 頁··································59
最判昭47・6・15 民集 26 巻 5 号 984 頁·································53
最判昭50・6・27 判時 785 号 100 頁····································25
最判昭52・12・23 民集 31 巻 7 号 1570 頁·······························41
最判昭57・7・8 判時 1055 号 130 頁··································145
最判昭58・1・25 判時 1072 号 144 頁··································41
最判昭62・4・16 判時 1248 号 127 頁··································53
大阪地判平6・2・24 金判 947 号 32 頁·································77
大阪高判平6・9・16 金法 1399 号 28 頁································77
大阪地判平7・2・28 金判 1020 号 44 頁································77
東京地判平8・9・27 判時 1601 号 149 頁······························133
大阪高判平9・3・25 金判 1020 号 36 頁································77
東京地判平9・12・1 金判 1044 号 43 頁································27
最判平10・4・14 民集 52 巻 3 号 813 頁································74
最判平10・7・14 民集 52 巻 5 号 1261 頁······························76
最判平16・2・20 民集 58 巻 2 号 367 頁································58
最判平20・2・22 民集 62 巻 2 号 576 頁···························17, 28
最判平20・6・10 金判 1302 号 46 頁····································58
東京地判平21・1・20 金法 1861 号 26 頁································77
東京高判平21・9・9 金法 1879 号 28 頁································77
最判平23・12・15 民集 65 巻 9 号 3511 頁·······························78
最判平28・9・6 金判 1508 号 48 頁······································9
最判平29・12・14 民集 71 巻 10 号 2184 頁·····························76
堺簡判令3・1・14 金判 1656 号 46 頁··································69
東京地判令3・6・24 金判 1626 号 34 頁································28

■第 2 編　手形法・小切手法

大判明37・3・5 民録 10 輯 302 頁····································227
大判明39・1・4 民録 11 輯 1203 頁··································168
大判明41・11・12 民録 14 輯 1154 頁·································215
大判明42・3・6 民録 15 輯 198 頁·······························168, 170
大判大8・2・15 民録 25 輯 82 頁·····································219
大判大8・11・20 民集 12 巻 2718 頁··································221
大判大8・11・22 民集 12 巻 24 号 2756 頁·····························177
大判大12・6・30 民集 2 巻 9 号 432 頁································176
大判大13・3・7 民集 3 巻 2 号 91 号··································259
大判大14・3・12 民集 4 巻 3 号 120 頁································176
大判大15・5・22 民集 5 巻 426 頁·····································192

大判昭2・3・29民集6巻243頁…………………………………………213
大判昭3・1・9民集7巻1号1頁…………………………………………256
大判昭5・7・14新聞255号16頁…………………………………………191
大判昭6・6・25新聞3302号14頁…………………………………………170
大判昭7・11・19民集11巻20号2120頁……………………………………170
大判昭8・9・15民集12巻2168頁……………………………………168, 170
大判昭8・9・28新聞3620号7頁…………………………………………182
大判昭9・2・13民集13巻2号133頁………………………………………217
大判昭13・5・10民集17巻11号891頁……………………………………256
大判昭13・12・19民集17巻2670頁………………………………………195
大判昭16・1・27民集20巻1号20頁………………………………………237
大判昭16・1・27民集20巻25頁…………………………………………242
大判昭19・6・23民集23巻14号378頁……………………………………237
最昭27・11・25民集6巻10号1051頁……………………………………212
最昭29・6・8民集8巻6号1029頁…………………………………………212
東京高判昭29・6・10高民集7巻4号398頁………………………………259
最判昭30・9・23民集9巻10号1403頁……………………………………212
最判昭30・9・30民集9巻10号1513頁……………………………………212
最判昭31・2・7民集10巻2号27頁…………………………………………216
広島高判昭33・1・21下民集9巻1号60頁…………………………………177
最判昭33・6・17民集12巻10号1532頁……………………………………175
最判昭35・1・12民集14巻1号1頁…………………………………………224
名古屋高判昭35・5・25判時230号30頁…………………………………212
最判昭36・7・31民集15巻7号1982頁……………………………………171
最判昭36・12・12民集15巻11号2756頁…………………………………177
最判昭38・8・23民集17巻6号851頁………………………………………219
最判昭38・10・1裁判集民事68号39頁……………………………………254
広島高岡山支判昭39・6・25高民集17巻5号282頁………………………240
最判昭39・9・15民集18巻7号1435頁……………………………………177
最判昭40・4・1判時411号79頁……………………………………………207
大阪高判昭40・7・15金判420号9頁………………………………………240
最判昭40・12・21民集19巻9号2300頁……………………………………240
最判昭41・10・13民集20巻8号1632頁……………………………………193
最判昭41・11・2民集20巻9号1674頁……………………………………206
最判昭42・2・9金判54号10頁……………………………………………186
最判昭42・4・27民集21巻3号728頁………………………………………240
最判昭42・6・6判時487号56頁……………………………………………186
最判昭42・11・8民集21巻9号2300頁……………………………………247
最判昭43・1・30判時525号79頁…………………………………………253
最判昭43・4・12民集22巻4号911頁………………………………………205

最判昭 43・12・12 民集 22 巻 13 号 2963 頁··················169
最判昭 43・12・24 民集 23 巻 13 号 3382 頁··················183
最判昭 43・12・25 民集 22 巻 13 号 3548 頁··············229, 242
最判昭 44・2・20 民集 23 巻 2 号 427 頁······················201
最判昭 44・3・4 民集 23 巻 3 号 586 頁·······················192
最判昭 44・3・27 民集 23 巻 3 号 601 頁··················217, 234
大阪高判昭 44・12・17 下民集 20 巻 11=12 号 928 頁···········240
最判昭 45・2・17 金判 207 号 17 頁····························205
最判昭 45・3・26 判時 587 号 75 頁····························177
最判昭 45・3・31 民集 24 巻 3 号 182 頁·······················229
最判昭 45・6・18 民集 24 巻 6 号 527 頁··················253, 254
最判昭 45・6・18 民集 24 巻 6 号 544 頁·······················227
最判昭 45・7・16 民集 24 巻 7 号 1077 頁······················243
最判昭 45・8・20 判時 606 号 29 頁····························254
最判昭 45・11・11 民集 24 巻 12 号 1876 頁····················206
最判昭 46・10・13 民集 25 巻 7 号 900 頁······················179
最判昭 46・11・16 民集 25 巻 8 号 1173 頁·····················160
最判昭 49・2・28 民集 28 巻 1 号 121 頁·······················207
最判昭 49・6・28 民集 28 巻 5 号 655 頁·······················184
最判昭 51・4・8 民集 30 巻 3 号 183 頁························205
最判昭 51・6・18 金法 802 号 34 頁····························205
最判昭 51・11・25 民集 30 巻 10 号 939 頁·····················254
最判昭 52・12・9 判時 879 号 135 頁···························177
最判昭 54・9・6 民集 33 巻 5 号 630 頁························164
最判昭 55・9・5 民集 34 巻 5 号 667 頁························184
最判昭 55・12・18 民集 34 巻 7 号 942 頁······················221
最判昭 56・7・1 判時 1014 号 128 頁···························212
最判昭 56・11・13 金法 989 号 47 頁···························254
名古屋高判昭 57・7・29 判時 1051 号 142 頁···················197
最判昭 57・11・25 判時 1065 号 182 頁·························257
最判昭 61・7・10 民集 40 巻 5 号 925 頁·······················197
最判昭 61・7・18 民集 40 巻 5 号 977 頁·······················214
最判昭 62・7・7 民集 41 巻 5 号 1133 頁·······················175
名古屋地判平 9・7・25 判タ 950 号 220 頁·····················164

著者紹介

丸山　秀平（まるやま　しゅうへい）

1950 年　千葉県に生まれる
1974 年　中央大学法学部法律学科卒業
同　年　中央大学法学部助手
1979 年　中央大学法学部助教授
1986 年　中央大学法学部教授（商法）
現　在　中央大学名誉教授

主要著書

『演習講義手形・小切手法[第 2 版]』（法学書院，2001）
『手形法小切手法概論[第 2 版]』（中央経済社，2001）
『株式会社法概論[4 訂版]』（中央経済社，2003）
『新株式会社法概論』（中央経済社，2009）

■基礎コース[法学]—6■

基礎コース
商　法 I　総則・商行為法/手形・小切手法　第 4 版

1999 年 10 月 10 日 ©	初 版 発 行
2005 年 10 月 10 日 ©	第 2 版 発 行
2009 年 12 月 25 日 ©	第 3 版 発 行
2018 年 11 月 10 日 ©	第 4 版 発 行
2024 年 2 月 25 日	第 4 版第 7 刷発行

著　者　丸山　秀平　　　発行者　森平　敏孝
　　　　　　　　　　　　印刷者　篠倉奈緒美
　　　　　　　　　　　　製本者　小西　惠介

【発行】　　　　株式会社　新世社
〒151-0051　東京都渋谷区千駄ヶ谷 1 丁目 3 番 25 号
編集 ☎(03)5474-8818(代)　　サイエンスビル

【発売】　　　　株式会社　サイエンス社
〒151-0051　東京都渋谷区千駄ヶ谷 1 丁目 3 番 25 号
営業 ☎(03)5474-8500(代)　　振替 00170-7-2387
FAX ☎(03)5474-8900

印刷　ディグ　　　　製本　ブックアート
《検印省略》

本書の内容を無断で複写複製することは，著作者および出版者の権利を侵害することがありますので，その場合にはあらかじめ小社あて許諾をお求め下さい。

ISBN978-4-88384-280-3
PRINTED IN JAPAN

サイエンス社・新世社のホームページのご案内
http://www.saiensu.co.jp
ご意見・ご要望は
shin@saiensu.co.jp　まで。